房地产经纪人

FANGDICHAN JINGJIREN

唐立军◎主编

旅游教育出版社

策　　划：刘　权
责任编辑：张瑞芳　孙春燕

图书在版编目(CIP)数据

房地产经纪人/唐立军主编. —北京：旅游教育出版社，2010. 3
ISBN 978-7-5637-1911-2

Ⅰ. ①房…　Ⅱ. ①唐…　Ⅲ. ①房地产业—经纪人—中国—教材
Ⅳ. ①F299. 233

中国版本图书馆 CIP 数据核字(2009)第 235981 号

房地产经纪人
唐立军　主编

出版单位	旅游教育出版社
地　　址	北京市朝阳区定福庄南里 1 号
邮　　编	100024
发行电话	(010)65778403　65728372　65767462(传真)
本社网址	www. tepcb. com
E-mail	tepfx@ 163. com
印刷单位	北京中科印刷有限公司
经销单位	新华书店
开　　本	787×960　1/16
印　　张	18. 75
字　　数	273 千字
版　　次	2010 年 3 月第 1 版
印　　次	2010 年 3 月第 1 次印刷
定　　价	38. 00 元

(图书如有装订差错请与发行部联系)

《房地产经纪人》编写组成员名单

主　　　编　唐立军

编写组成员　唐立军　李　蓓　李慧杰
白　洁　武晶晶　富　斌

前　言

房地产业是我国国民经济的重要支柱产业，房地产经纪行业是房地产业的重要组成部分，在活跃和繁荣房地产市场、满足国计民生需要、促进国民经济的发展中发挥着重要作用。

随着我国房地产市场的发展，房地产经纪发展的空间和市场越来越大，同时对房地产经纪人的要求也越来越高。但是，由于我国房地产市场发展比较晚，而且也不均衡，房地产业的市场体系尚未完善，市场主体发育水平还不高，政府对房地产市场的调控与监管也未完全规范和标准，加之经纪人、房地产经纪人的发展又不很成熟，因此，房地产经纪行业和市场还存在着不容忽视的问题。房地产经纪市场的培育与发展同房地产经纪人的培育和发展关系密切，需要政府、行业组织、企业和社会各方面高度重视，并积极推进房地产经纪人的发展。

基于以上考虑，本教材从房地产经纪、房地产经纪人、房地产市场、房地产交易、房地产经纪交易、房地产经纪业务运营以及开发与管理等方面，较全面地归纳、介绍、分析了房地产经纪人必备业务与管理的知识与技术规范。本教材的特点是全面、实用、实践性强，在每章前提示了“本章概要”，在每章后提出了研究思考题，便于读者学习。

本书符合房地产经纪从业人员岗位的技能鉴定与考核的需要，可供房地产业的经纪从业人员学习和培训之用，同时，对相关人员了解、学习房地产经纪业务具有较大的参考价值。

本书由于编写周期较短，加之编写人员对房地产市场及其经纪运作问题认识、把握的局限，本教材难免有疏漏和不足之处，欢迎读者批评指正。在教材编写过程中，参阅了一些专家学者出版的与房地产经纪有关的教材、专著和相关读物，在此一并表示感谢。

作者

2010 年 1 月

目　录

第一章

房地产经纪概述

本章概要：

房地产经纪的有关概念、内容和形式

房地产经纪的必要性和特点

房地产经纪人的地位、作用和沿革

第一节　房地产经纪的概念和特点

房地产业是我国国民经济的重要支柱产业，步入21世纪，随着经济的飞速发展以及国家政策的调整，我国房地产业发展迅速，市场日趋成熟。作为房地产业的重要组成部分，房地产经纪业发展的空间也越来越大，在活跃和繁荣房地产市场、促进国民经济的发展中发挥了重要作用。本节我们将从经纪和经纪人的概念出发，进一步了解房地产经纪人的概念和特点。

一、经纪、经纪人、房地产经纪人

（一）经纪

我们来了解一下经纪的内涵。在《辞源》中，经纪被解释为：经营；经纪人；料理，安排；买卖；法度，秩序。随着社会经济活动的不断发展，经纪逐渐发展成为一种中介服务行为，具体是指为促成各种市场交易而从事的居间、代理及行纪等有偿服务活动。从以上定义我们可以看到，经纪有两方面内涵。

中介性：在充分尊重买卖双方权益的基础上，提供信息和专业知识，促成交易。

有偿性：经纪活动是以获得一定报酬为最终目的的。

从定义中我们也可以看出，经纪活动有三种形式，即居间、代理和行纪。

居间，是指经纪机构向委托人报告订立合同的机会或者提供订立合同的媒介服务，撮合交易成功并从委托人取得报酬的商业行为。这种经纪行为服务对象广泛，经纪人员与委托人之间没有长期固定的合作关系，经纪人以自己的名义进行经纪活动。

代理，是指经纪机构在受托权限内，以委托人名义与第三方进行交易，并由委托人直接承担相应法律责任的商业行为。

行纪，是指经纪机构受委托人的委托，以自己的名义与第三方进行交易，并由经纪人自己承担规定的法律责任的商业行为。

那么经纪活动都有哪些特点呢？

首先，经纪活动范围广泛。作为一种社会中介服务活动，经纪活动的范围是广泛的，这是由商品的多样性所决定的，商品的多样性给经纪服务提供了广泛的活动空间。

其次，经纪活动具有服务性。经纪活动的内容具有服务性，经纪机构只提供服务，经纪活动的前提是存在委托目标的承受人，经纪服务的行为人只是提供信息和专业知识，撮合委托人与委托目标的承受人进行交易，不直接从事经营，对所中介的商品没有所有权、抵押权和使用权。

再次，经纪活动具有有偿性。正如我们讨论经纪的内涵所提到的，经纪活动具有有偿性的特点，经纪活动的目的是获取利益，所提供的服务也是一种商品，因此有权向享受服务的个人或机构收取合理的报酬。

最后，经纪活动具有确定性。在经纪活动中，经纪机构和委托人要通过签订合同的方式，明确各自的权利和义务，经纪活动的责任具有确定性。

（二）经纪人

1. 经纪人的概念

经纪人，顾名思义，就是在经纪业中实施经纪行为的主体。

经纪人概念来自于英美国家的“broker”一词，英美法系并没有对经纪人、代理人和代销人及其行为作严格的区分，经纪被认为是一种职业行为。经纪人在我国的《经济大辞典》中定义为：“中间商人，旧时称掮客，处于独立地位，作为买卖方的媒介，促成交易，以赚取佣金的中间商人。也称居间人、中介人等。”美国市场学家菲利浦 · R. 特奥拉在他的《国际市场经济》一书中将现代经纪人描述为“提供廉价、代理服务的各种中间人的总称，他们在客商之间无连续性关系”。

由以上的两个定义，再结合我们所了解的经纪的概念，我们就可以很容易地理解我国国家工商行政管理局颁布的《经纪人管理办法》中关于经纪人的定义：

经纪人是指在经济活动中，以收取佣金为目的，为促成他人交易而从事居间、行纪或者代理等经纪业务的自然人、法人和其他经济组织。

经纪人在商业活动中不归属委托方或第三方，完全处于中间地位，充当媒介，撮合买卖成交。

2. 经纪人的分类

经纪人的分类方法有很多，根据经纪人的结构形式不同，可以分为个体经纪人、合伙经纪人、企业或公司经纪人；根据经纪人服务的社会区域不同，可以分为农村经纪人、城市经纪人、边贸经纪人；根据经纪人的素质水平不同，把它分为一般经纪人、专家经纪人，等等。

事实上，经纪人的身份常常是由其经纪活动所涉及的内容来确定的，因此，我们主要根据经纪人的活动在服务内容上的不同，把经纪人分为以下几类。

(1)商品经纪人：是直接为商品现货买卖双方充当中介的经纪人。其中包括撮合商品现货买卖者之间交易的一般经纪人，以及在交易所内开展业务的交易所经纪人。

(2)商品期货经纪人：是指专门在期货市场上为买卖双方充当中介而收取佣金的经纪人。

(3)金融经纪人，又分为证券经纪人、外汇经纪人和期货经纪人。证券经纪人是指同时接受许多买者和卖者的委托，通过公平的集中竞价原则，使买卖双方尽量按自己的意愿成交的经纪人；外汇经纪人是指在外汇市场上，在买方和卖方之间促成双方议定彼此可以接受的合约的经纪人；期货经纪人是介于期货交易所和客户之间的中介者，是代理客户买进或卖出订单并提供一切必要协助的经纪人。

(4)房地产经纪人：是指在房地产经纪活动中，受客户委托，为客户提供房地产居间、行纪、代理等服务并收取佣金的经纪人。

(5)保险经纪人：是指连接保险需求和供给的经营者、安排者的经纪人。与其他行业经纪人不同的是，保险经纪人的报酬一般由保险公司支付。

(6)技术经纪人：是指在科技市场上为科技成果的转让和吸收、科技成果的嫁接和辐射，充当中介的经纪人。

(7)信息经纪人：是指从事信息中介服务的经纪人。

(8)文化和体育经纪人：是指从事文化和体育行业中介服务的经纪人。

3. 经纪人的特点

我们可以看到，经纪人作为一种社会中介服务活动的主体，具有区别于其他商人活动的特点。

(1)经纪人不占有商品,是以信息为生存资本的。经纪人本身并不占有商品,也无须垫支大笔的资金,只需要掌握某类商品或服务的供需信息,就可以为供求双方提供服务,通过中间撮合促成交易的实现。通过中介活动,赚取佣金。

(2)经纪人应该是具有高素质的专业人才。正是由于经纪人不占有商品,而是以信息为生存资本的,这就要求经纪人应该是具有高素质的专业人才,要为客户提供各种经纪服务,必须熟悉所属行业的各种专业知识以及宏观、微观的经济政策,掌握必要的信息和技能。

(3)经纪人与客户之间无连续性的关系。经纪活动的主要方式是居间,经纪人服务的对象十分广泛,他们可以利用大量的信息同时为多个客户服务,也可以提供多种经纪服务。因此,经纪人与客户之间一般不存在固定的、长时间的协议关系。

(三)房地产经纪人

房地产经纪是基于房地产这个特殊的物质所形成的市场而产生的,具体而言,是指向进行房地产开发、转让、抵押、租赁等房地产经济活动的当事人有偿提供居间、行纪、代理服务的经营性活动。从对经纪和经纪人的了解,我们知道,房地产经纪人当然就是实施房地产经纪活动的主体,正如我们在前面已给出的定义:

> 房地产经纪人是指在房地产经纪活动中,受客户委托,为客户提供房地产居间、行纪、代理等服务并收取佣金的经纪人。

因为房地产一般被称为不动产,所以房地产经纪人也叫不动产经纪人,其活动主要内容有:现房交易、期房交易、地产交易 、房地产抵押服务、房屋租赁代理、房地产合资、合作或联营的项目交易以及房地产的广告策划、过户纳税、产权调换和售后服务等代理活动。关于房地产经纪人的具体知识我们将在以后的章节中详细介绍。

二、房地产经纪的必要性

房地产经纪服务,是房地产开发、经营、销售过程中不可或缺的重要环节。进入21世纪,随着市场经济体制改革的深入和完善,房地产行业呈现出前所未有的光明前景。房地产作为一种特殊商品,其标的物的属性决定了房地产交易的特殊性和复杂性,房地产经纪服务的重要性也被越来越多的人所认可。房地产经纪存在的必要性主要通过以下三个方面表现出来。

首先,房地产商品自身的特殊性要求房地产经纪的存在。房地产是一种比较特殊的商品,其价值和使用价值的构成不仅包括结构形式、平面布置、室内装修、楼层、朝向、设备、年代建筑结构等质量因素,而且也包括地段、交通、生活文化服务设施等环境因素,现在,人们又把更多的目光投向邻里素质、社区氛围、城市规划等其他因素。此外,房地产具有价值高、难变现、使用周期长等特性,所以人们一般很少重复购买。在经验和专业知识缺乏的情况下,置业者不可能在短时间内正确判断各种不同的因素对物业质量、使用功能以及价格的影响,因此,就必须求助于提供专业服务的房地产经纪。只有通过经纪人对市场信息进行收集、反馈和分析,对投资项目进行精心策划,以及对推出的物业进行良好的促销代理,才能在最大限度上使置业者降低投资风险。

其次,房地产市场机制客观上要求房地产经纪的存在。房地产的不可移动性使得房地产市场具有非物流性,这不同于一般商品市场,而是一个地域性很强的市场。在房地产市场进行的是产权交易而非实物交易,买卖双方往往会受到地点、交通、时间以及信息传递等因素的制约,从而增加了成交的难度,这就需要有人奔波于买卖双方和房地产商品之间,传递信息,提供全方位的代理服务,促成交易。

最后,房地产交易的复杂性也要求房地产经纪的存在。房地产市场结构复杂、流通方式多样,房地产市场交易呈现主体多样化、政策多元化、程序多层化等特点,它涉及权属的变更、有关的政策法规、城市规划、交易程序和交易手续等一系列的问题,一般人会因为规范不明和手续繁杂而难以胜任,置业者或投资者就很容易掉进人为的或非人为的陷阱,蒙受巨大的经济损失。因此,在大多数情况下必须求助于专业人士的指导和帮助,在经纪人的帮助下,他们将能顺利办妥各种必要的手续,并获得相应的法律保障。

三、房地产经纪的特点

前面我们提到,房地产经纪是基于房地产这个特殊的物质所形成的市场而产生的,具体而言,是指向进行房地产开发、转让、抵押、租赁等房地产经济活动的当事人有偿提供居间、行纪、代理服务的经营性活动。伴随着房地产市场的快速发展以及市场细分进程的进一步推进,房地产经纪活动也逐步发展起来。房地产经纪活动有其自身的特点:服务性、地域性和专业性。

服务性我们不再多讲,在讨论经纪的特点时,我们已经介绍过。房地产经纪的地域性是由房地产的不可移动性、唯一性以及各地政策的不统一性所决定的，房地产市场是一个区域性的市场，房地产经纪从业人员需要提供的是大量的区域性数据资料，因此，房地产经纪活动具有很强的地区性。另外，房地产市场是一个较为特殊的市场，房地产从开发到交易的各个环节中涉及大量专业性、技术性很强的事务，这就要求从事中间服务的房地产经纪人员具备必要的相关知识和技能，除房地产经纪专业知识外，还必须掌握经济管理、会计、统计、建筑规划、法律及心理学等方面的相关专业知识，此外，对国家宏观、微观政策也应有相当的了解。

除以上特点之外，与房地产开发、房地产交易相比，房地产经纪还具有如下两个特点。

（一）投资小、风险小

房地产经纪机构本身不需要投入大量的资金，而主要以其拥有的信息、技术、劳务等为各投资方、开发方、交易方提供中间服务。因此比起房地产开发与交易，它的投入资金小，经营风险也较小。

（二）独立性与附属性并存

房地产经纪服务是随着房地产开发和交易的发展而发展的，它只充当房地产开发和交易的媒介，因此具有附属性。同时，房地产经纪机构又是独立存在的，是在房地产市场发展过程中逐渐形成的独立的专门行业，他所提供的服务更加规范和繁荣了房地产市场。因此我们说，房地产经纪的独立性与附属性并存。

第二节　房地产经纪的内容和形式

随着房地产业的发展，房地产经纪人的工作不再只是房屋买卖、租赁中介，而是要为客户提供房地产居间、行纪、代理等多种形式的高水平服务，服务内容也趋于多样化。

一、房地产经纪的对象

房地产经纪服务是为房地产市场交易中的当事人提供中间媒介服务，因此，房地产中介服务的对象就是房地产市场交易中各种类型的当事人。从房地产行业开发、流通到消费的各个环节来看，具体包括以下几个方面。

（一）国有土地供求者

国有土地的供应者包括政府部门和其他土地使用权转让者，国有土地的需求者是各种各样的土地使用权的受让者。

（二）房地产开发企业

（三）房地产买卖、租赁双方

常见的服务对象有：

(1)商品房的销售者和购买者；

(2)存量房的出售者和购买者；

(3)房地产产权交易者；

(4)房屋的出租者和承租者；

(5)差价换房者；

(6)公有房屋使用权的转让者和受让者；

(7)房地产的抵押者和典当者。

（四）物业管理企业

现代的大型房地产大多引入了物业管理制度，将房地产项目的售后阶段统一交给物业管理企业运作。因此，房地产经纪服务的对象又增加了一个在房地产的消费阶段存在的物业管理企业。物业管理企业在提供房地产售后服务与日常维护过程中，需要房地产经纪人提供相关的经纪服务，如物业的验收与接管、物业租赁合同的签订等。

二、房地产经纪的内容

房地产交易的多样性与复杂性，决定了房地产经纪服务的内容也具有多样性与复杂性。它既要向客户提供交易信息与政策咨询，又要参与具体的协商与谈判，帮助起草合同与协议，还要承担相应的法律责任等。

我们将按房地产开发、经营销售和消费三个自然阶段来介绍房地产经纪的具体内容。

（一）房地产开发阶段

(1)为房地产开发商寻找项目用地或投资伙伴，从事有关房地产的合资、合作或联营的项目交易活动；

(2)为房地产开发项目进行可行性分析与研究；

(3)为房地产开发商提供融资与信贷等金融信息服务；

(4)为房地产开发商代办各种申请手续，主要包括工程项目立项、申请规划条件、申请用地规划许可证、申请建设工程规划许可证、申请房屋拆迁许可证、申请国有土地使用证、申请建设工程开工证等。

（二）房地产经营销售阶段

(1)为房地产开发企业代理广告策划、销售或出租新建商品房等活动；

(2)为房屋需求者购买或租赁新建商品房；

(3)为存量房地产所有者出售、出租、转让房地产；

(4)为存量房地产需求者购买、承租或受让房地产;

(5)为房地产产权交换者与差价换房者寻找交换目标和换房对象;

(6)为公有房屋使用权转租、转让者寻找承租者或受让者;

(7)为房地产买卖双方代办土地使用权出让、转让和房屋交易过户手续;

(8)为房地产购买者代办抵押贷款手续。

(三)房地产消费阶段

(1)为房地产业主和物业管理公司双方协商物业委托管理事项提供服务;

(2)为房屋保险者代办房屋保险手续。

三、房地产经纪的形式

与一般的经纪活动相同,在房地产经纪活动中,由于经纪人与委托人的关系不同,通常也存在三种形式:房地产居间、房地产行纪和房地产代理。

(一)房地产居间

房地产居间,是指房地产经纪人在房地产经营活动中以自己的名义、作为中介人为委托方提供房地产成交机会或撮合委托方与他方成交,并取得报酬的商业活动。房地产居间是房地产经纪活动中最本质、最经常的服务行为,主要包括房地产买卖居间、房地产投资居间、房地产抵押居间、房地产租赁居间等多种形式。房地产居间是以自己的名义,根据自己所掌握的信息、资料等独立从事经纪活动的,因此居间人要对自己的行为承担相应的法律责任。

(二)房地产行纪

房地产行纪是指经纪人接受委托方的委托,以自己的名义进行买卖或其他业务而取得报酬的活动。行纪与居间相同,要以自己的名义进行活动,但它要与第三方发生业务关系,并要承担法律责任。而居间人只与委托人确立合同关系,与相对第三方有业务上的接洽,但不一定产生法律关系。在房地产居间活动中,有时经纪人也可能同时接受相对第三方的委托,确立合同关系,成为交易双方的委托人。但是,受托人与第三方的居间合同中的标的物是居间人的劳务,而行纪活动中受托人与第三方的业务合同的标的物却不同,如拍卖合同的标的物是所要拍卖的物品。另外,居间活动中的居间人既可以是个体经纪人,也可以是经纪人事务所或经纪公司,而行纪活动中的受托人通常为从事信托业务的企业法人,如信托商店、拍卖行或拍卖公司等。

（三）房地产代理

房地产代理是指房地产经纪人在委托权限内，以委托人的名义与第三方进行交易，并由委托人承担相应的法律责任的经纪活动。相对房地产居间，房地产代理的经纪人与委托人之间有更加长期且较稳定的合作关系，根据服务对象的不同，代理业务又可以分为买方代理和卖方代理。买方代理是指委托人受购买或承租房屋的机构及个人委托而进行的代理行为；卖方代理是指委托人受房地产开发商、存量房的所有者或是出租房屋的业主委托而进行的代理行为。房地产代理只是在委托人的授权范围内，以委托方的名义活动，并且由委托方承担委托权限内的相应法律责任。

综上所述，我们可以看到三种经纪活动形式既有区别，也有相同之处。它们之间最大的区别就在于经纪人与委托方的关系及其相应的法律责任。房地产居间是以自己的名义活动并且承担相应的法律责任，但不占有商品；房地产行纪也是以自己的名义活动并且承担相应的法律责任，但前提是占有商品；房地产代理只是以委托方的名义活动，并且由委托方承担委托权限内的相应法律责任。

第三节　房地产经纪人的地位和作用

一、房地产经纪人的地位

房地产经纪人的工作主要是代表卖方、买方或买卖双方出售、出租或购买、租用物业，在经纪活动过程中将物业介绍给有意向的客户或将买家介绍给业主，协助业主宣传其物业，向有关客户提供有关物业资料，提供市场信息，向买方客户提供多个物业以供选择，并安排准买方客户实地视察有关物业。当买卖双方都表示兴趣时，房地产经纪人协助买卖双方商议价钱及买卖条件，以便双方能达成协议。而当买卖双方达成协议后，协助买卖双方签署买卖合约或业主租客签署租赁合约，并继续跟进有关交易直至该交易完成为止。

房地产市场中介组织、房地产经纪人的产生都不是偶然的，而是社会分工在房地产市场领域里的深化。市场经济越发达，市场主体之间的经济联系就越广泛，市场交易活动越活跃，就越需要建立市场中介组织，经纪人的地位就越发重要。由于房地产商品的特殊性以及房地产质量和价格的复杂性，加之房地产交易的多样性与专业性，决定了房地产交易的特殊要求，即房地产交易的各项活动离不开中介组织的帮助，房地产交易主体需要专业的经纪人为之服务，房地产经纪人虽然不是房地产市场交易的主体，但却是保证房地产交易成功的服务主体和必要环节，房地产交易对中介环节具有很强的依赖性。

当然，随着房地产服务市场的发展，为交易主体提供法律服务、投资咨询、信息咨询以及金融服务等一系列服务的专业机构也层出不穷。房地产交易当事人可以通过房地产服务市场选择各种专业机构为其提供单项的专业服务。然而，如何选择服务内容和服务机构仍然离不开房地产经纪人的桥梁作用。可见，房地产经纪人在围绕房地产交易的一系列服务活动中处于核心地位。

二、房地产经纪人的作用

房地产经纪人的出现是房地产经济活动的客观需要，在活跃房地产市场、促进房地产流通、提高房地产市场运行效率、降低房地产交易成本、满足国计民生需要、保证房地产消费者的合法权益等方面都起着十分重要的作用，具体表现为以下几点。

（一）整合和传播市场信息

房地产的特性决定了房地产商品交易的复杂性、流通方式的多样性，而房地产市场本身又存在着信息缺乏的特点。房地产交易的政策性、法制性强，涉及面广，交易顺利进行的基础是必须要有灵通而有效的信息，因此，房地产经纪人必须不断地收集大量的信息并加工成为具有系统性和连续性的信息，这些信息在经纪人的经营活动过程中又以不同的方式及渠道传播开来，为各界人士所用。房地产经纪人只有掌握了大量的房地产供求信息，才能有效地为买卖双方牵线搭桥，促成交易，活跃房地产市场。

（二）提供广泛的服务

房地产经济活动从开发、流通到消费各个环节的交易活动涉及许多专门知识，如房地产产权，房地产价格构成，税收，交易手续，房地产的抵押、按揭、典当等。房地产经纪人可以利用自己掌握的知识、信息及其他有利条件，为房地产买卖双方提供各种服务，包括提供房源信息、介绍市场行情；解释、宣传房地产交易过程中所涉及的法律、法规、政策和交易程序；代办产权过户登记、有关税费等烦琐的交易手续；代为联系房屋装修、提供优良的售后服务，等等。总之，房地产经纪人从消费者有置业动机开始，直至协助置业者完成置业的全部过程，可以为其提供广泛的服务。

（三）促成交易，繁荣房地产市场

房地产商品的非移动性和地域性，以及房地产市场的不完全开放性，决定了房地产经纪人能以其拥有的优势和特点，居于买卖双方之间。一方面，房地产经纪人运用丰富的信息和专业技能，影响买卖双方，协调在房地产交易中出现的各种问题，促成交易；另一方面，房地产经纪人专业化的营销策略，强有力的促销手段，提高了房地产市场交易的运作效率，因而达到增大交易量、加速资金周转、繁荣市场的目的。

（四）引导投资，促进资源的合理配置

房地产经纪人处于房地产市场的前沿，对市场的供求情况和市场的走势把握得较为准确，通过市场分析和项目策划，经纪人可协助开发商做出正确的投资决策，减少投资的盲目性。正确的投资保证新建成的物业符合社会的需求，使得社会资源得到最优配置。

（五）规范市场行为，为政府的决策和实施有效的管理提供依据

房地产交易涉及的法律法规和产权问题非常复杂，经纪人在促成交易的同时，为双方宣传有关的法规政策，甚至为双方办妥有关的法律手续，这不仅可以避免当事人因缺乏法律知识而产生不合法的行为，同时也有效地减少了房地产纠纷。由经纪人中介的房地产交易是按法律程序办理一切手续，进行规范化操作，也可以使政府的有关法规政策得到贯彻执行。另外，通过经纪人的活动可以收集房地产市场存在的问题，从而有助于政府制定更为行之有效的管理措施。

总之，在房地产经济活动中，房地产经纪人发挥着十分重要的作用，不仅促进了房地产交易，活跃了房地产市场，加速了房地产的流通，而且起到了推动房地产业发展的作用。尤其是在我国当前房地产业飞速发展的今天，房地产经纪人的作用显得更为重要。因而，必须重视房地产经纪人队伍的建设，培养高素质的房地产经纪人，繁荣房地产市场。

第四节　我国房地产经纪的沿革和发展

一、我国房地产经纪的历史沿革

我国房地产经纪人的出现可以追溯到元代。据《通制条格》卷十八《关市》记载："凡买卖人口、马匹、房屋及一切货物，须要牙保人等与卖主明白书写籍贯住坐去处，仍召知买卖主人或正牙保人保管画完押字，许令成交，然后赴务投税。"其中从事房屋买卖说和的"牙保人"即是现在所讲的房地产经纪人的原形，当时被称为"房牙"。

最先出现在中国房地产经纪人历史舞台的是"二房东"们。鸦片战争以后，通商口岸和租界的设立，使得许多外国商人进入中国投资房地产，从事土地买卖、房屋建造、房屋租赁及抵押等经营活动，在攫取暴利的同时也活跃了房地产市场。在当时，大的房地产投资商主要经营的业务是房屋的直接出租，即将其修建的大楼以高价直接出租给各类商店、银行等。但这些大的房地产投资商不愿直接经营零散的小住户承租业务，所以，他们就采取转手出租的方式经营，房产的出租业务委托给一个可信赖的人经营，这个专门为房地产业主经营和转手出租房屋的人，即被称为“二房东”。“二房东”转手出租房屋，在房租上进行盘剥。同时，“二房东”还伺机以各种名义额外收取费用。由于有“二房东”的帮助，房地产业主基本上能够按时收取零散承租者的房租。在旧中国，较早推行转手承租的是上海，其后，全国的各大房地产业主相继采取转手出租的方式经营零散承租业务。“二房东”作为一个社会阶层也由此逐渐形成，并一直延续至解放初期。

之后，国内还出现了被称为“白蚂蚁”和“房纤”的房地产经纪人。民国之后，国外及国内的一些大房地产投资商大规模地兴建高楼大厦，出租获利，中国的房地产业处于上升时期，发展比很快。相继从海外回乡的华人也加入到房地产投资经营行列，使房地产业再掀高潮。相应的房地产经纪活动也十分活跃，出现了一大批专门从事房地产经纪活动的从业人员，在上海，出现的从事房屋租赁中介的房屋经纪人，被称为“白蚂蚁”。他们从事经纪活动主要有两种方式：一是以“顶屋公司”的形式，他们有固定的经营场所，以在报纸上刊登广告的方式招揽生意，出租人在委托公司出租房屋时，只需登记房屋的地点、朝向、大小等情况，并注明“顶手费”的上下幅度即可，而承租人则要向公司填写委托书，并在成交时交付佣金及委托费；二是以“单干个体户”的形式，他们以茶楼为其经营的据点，在那里交换信息，撮合成交。在北京，从事房屋买卖说合的经纪人俗称为“房纤”或“纤手”，他们分布于市内各区，每区还设有一个“纤头”，即房纤里的代表人物。纤头们一般配有若干助手，协助其从事房屋交易的经纪活动。平时房纤们专门搜集买卖房屋的信息，担任撮合者，买卖成功后，按房屋成交总价，买卖双方共同出资5%作为付纤手的佣金。一般置产者出3%，让产者出2%，俗称“成三破二”。1937年卢沟桥事变后，北平市内的房屋租金不断上涨，房纤见有利可图，也增加了房屋租赁代理内容。在这个时期，我国房地产经纪活动表现出以下一些特点：

1. 房地产经纪行为不规范

由于从事经纪活动的人遍布社会各个阶层，五行八作、三教九流都有，以致泥沙俱下，鱼龙混杂。一些不法经纪人利用其所处的特殊地位，对客户进行欺诈、勒索。在北京，还有所谓的“倒饰房”，即房纤手将年久失修的房屋以低价购入，略加修缮，然后以高价售出。在广州，有所谓的“卖定帖”、

"挂胡"等伎俩，即经纪人在为买卖双方牵线时，先同买方讲好价钱，预收少量定金，然后持契证冒充卖方，索取更高的价钱，以独吞差价。如此种种不法行为，使受害人对经纪人深恶痛绝，"白蚂蚁"、"房纤"、"房帘"等带有鄙视含义的称呼也由此产生。

2. **没有形成行业组织**

在当时，房地产经纪人平时交往密切，接触频繁，有许多没有成文的行规。如广州的经纪人喜欢在茶楼酒馆相聚，在那里交换行情、交流信息；而在北京，房纤们更是专门约定每年农历二月初二举行大集会，俗称"财神会"，以扩大交往。但是没有像其他行业的经纪人那样成立行会，以规范其行为。

3. **政府管理力度不够**

政府为了加强对不法经纪人炒卖地皮、乱收费的管理，陆续颁布了一些经纪人管理及房地产交易管理的暂行办法。如1947年2月，广州市政府公布了《广州市地政局管理经纪人的暂行办法》，规定了经纪人的服务费是：土地及定着物（房屋）的买卖为买卖价额的2%；土地及定着物的典押为典押额的1.5%；土地及定着物的租赁为租赁价额的8%；土地价格的评估为土地价额的0.1%。房地产经纪人收取服务费，如有超过规定者，吊销其营业执照。这些管理措施的实施，在一定程度上约束了经纪人的行为，但因执法不严、管理力度不够等问题，经纪人违法现象仍屡禁不止，房屋买卖及租赁纠纷也时有发生。

从20世纪50年代初开始，政府加强了对经纪人的管理，采取了一系列如淘汰、取代、改造、利用以及惩办投机等手段，整治了房地产经纪业。在广州，市人民政府于1950年发布了《广州市房屋租赁暂行办法》，同年取缔了"二房东"。还批准成立了广州市房地产交易所，负责办理政府机构及个人委托买卖房地产交易业务。1951年5月，市工商局公布《广州市经纪人管理暂行办法》，规定经纪人在从事经纪活动时，必须持有经纪人许可证，同时按规定的范围收取佣金。1952年成立房屋租赁介绍所，为市民提供租赁介绍服务。1953年3月，市房地产管理局公布了《广州市试行房地产交易员暂行办法》，取缔了经纪人，并在房地产信托公司下设置交易员，明确交易员应具备的条件、工作守则及应收取的手续费和有关奖惩办法等。在北京，1951年4月，北京市人民政府根据市第三届第一次各界人民代表大会的决议发布布告，取缔"纤手"即拉房纤的。规定市民买卖或租赁房屋或由当事人双方自行洽商，或到本市房地产交易所及其公所登记。这一系列管理措施实行之后，有力地抵制了房地产经纪人的违法行为。

之后直到1978年改革开放前，在计划经济体制下，房屋作为"福利品"，由国家分配，而不是通过市场交易，民间的房屋交易活动也减少到最低限度。另外，政府部门认定经纪活动是一种投机倒把行为，将其视为非法，坚决予以取缔。因此，在这一时期，房地产经纪活动基本消失。城镇绝大多数房地产买卖和租赁活动都是由买卖或租赁双方自行串联，自找对象，自己到房地产交易所办理手续，由于买卖双方彼此信息不灵，行情不明，给房地产交易带来很大困难，还出现了明码暗价、偷税、价格失控等现象，极大地影响了房地产业的发展。

改革开放以后，随着城市土地使用制度和住房制度的改革，我国房地产市场的快速发展，房地产经纪活动也顺应市场需求，重新发展起来。1987 年深圳特区首先以批租的形式出让了城市国有土地的使用权，建立了土地使用权市场。同年党的“十三大”会议指出，社会主义市场体系不仅包括商品市场，而且包括生产要素市场。为此，建设部、国家物价局和国家工商行政管理局发出《关于加强房地产交易市场管理的通知》，要求“各城市要抓紧组织建立房地产交易所，配备必要的管理人员和交易人员，开展各项工作”，并指出，“对一些在房地产交易活动中出现的尚存争议的问题，如房地产经纪人问题等，可通过试点，从实践中摸索经验”。通知发出后，房地产交易所在各地成立，同时，房地产中介机构也逐渐发展起来。随着市场经济体制的建立，房地产中介组织作为房地产市场的重要组成部分，作用凸显。

20 世纪 90 年代以来，房地产经纪人队伍以新的面貌逐步壮大起来，活跃在房地产市场上，为繁荣房地产市场，促进经济发展发挥了积极的作用。特别是 1994 年《城市房地产管理法》的颁布，对房地产中介机构做出了明确规定，为房地产经纪行为提供了法律依据，使房地产经纪业逐步得到了社会的承认，进一步推动了全国房地产经纪业的发展。当时，房地产经纪机构主要集中在北京、深圳、上海等房地产市场发展迅猛的地区。

二、我国房地产经纪的发展状况

党的十一届三中全会以后，随着城镇国有土地有偿使用和住房制度改革的逐步推进，我国房地产业得到了迅猛的发展，房地产经纪活动顺应房地产市场发展的要求，如雨后春笋般地涌现出来。房地产经纪人迅速成长，并开始初步形成一个独立的富有生命力的行业——房地产经纪业。由于房地产具有价值高、位置固定、使用周期长和交易复杂等特点，房地产市场活动中交易各方往往需要有关专门知识和信息的帮助，因此，在我国房地产市场快速发展中，房地产经纪作为房地产市场的一个重要环节，发挥了重要的作用，成为活跃房地产市场的一个重要方面。据不完全统计，目前，全国注册登记的房地产经纪机构有三万多家，同时提供中介、代理、咨询服务的专职、兼职房地产经纪人员有过百万人。

在房地产经纪人迅速发展的同时，政府对房地产经纪人和房地产经纪企业的管理进一步加强。为了加强对房地产经纪人及企业的管理，1996 年 1 月，政府颁布了《城市房地产中介服务管理规定》，并于当年 2 月 1 日起正式施行。《城市房地产中介服务管理规定》中明确规定："房地产经纪人必须是经过考试、注册并取得《房地产经纪人资格证》的人员。未取得《房地产经纪人资格证》的人员，不得从事房地产经纪业务。"随着《城市房地产管理法》和《房地产中介服务管理规定》的相继出台，各地都制定了房地产经纪行业管理的专门性法规政策。这些法规及政策的实施，为规范房地产经纪行为，加强对房地产经纪人员和经纪活动的管理起到了促进作用。

另外，房地产经纪人协会也开始出现。随着房地产经纪业的发展，一些房地产交易活动较为活跃的城市，在政府房地产主管部门的指导下，开始成立房地产经纪人协会。房地产经纪人协会是从事房地产经纪活动的中介机构自愿组成的社会团体。房地产经纪人协会将发挥政府、房地产经纪企业、客户之间的桥梁和纽带作用。它通过制定行规、行约，组织开展行检行评，逐步建立起行业的自律机制；它将促进会员单位之间高层次、各种形式的合作交流；它还组织各种层次的专业培训，提高从业人员的专业水平和业务素质。2004 年 7 月，中国房地产估价师学会更名为中国房地产估价师与房地产经纪人学会。一直缺乏类似行业自律组织的房地产经纪人有了自己的房地产经纪人学会。据了解，更名后的房地产估价师与房地产经纪人学会将承担原来由建设部负责的房地产经纪人执业资格注册工作。总之，房地产经纪人协会的成立标志着房地产经纪业已发展到一个新阶段，它将对房地产经纪业的健康发展起到积极的推动作用。

我国房地产经纪业兴起的这十几年时间，房地产经纪人在活跃房地产市场，促进房地产交易，规范市场行为，改善人们的生活、学习、工作条件等方面发挥了显著的作用。但作为一个新兴行业，发展过程中还存在很多问题。目前的房地产经纪行为还存在着以下几个较为突出的问题，有待于进一步的改进、提高。

1. 经纪机构的规模、实力偏弱

房地产经纪行业的"门槛"较低，具有风险小、投资少、起步快的特点，造成了有部电话租个店面就可开张，先赚钱再谈发展的状况。房地产经纪似乎无本经营，办理工商登记也只需 10 万的注册资本，因此房地产经纪行业成了许多人入行的首选。目前大多数经纪企业规模都较小，与实力强劲的房地产开发企业相比，房地产经纪机构真是相差甚远。经纪机构规模不大，销售能力欠佳等使得房产商不愿将项目交由经纪机构代理。

2. 经纪机构的信誉度低

在近年来的消费者投诉案件中，不少与房产经纪行为有关，目前房地产经纪业中的客户“走单”现象与发展商的“撕单”、“抢单”现象严重，这与经纪行为尚未步入规范完善的轨道有很大的关系。有的经纪机构尚未办理中介企业资质证；有的经纪人职业道德欠佳，接到一单业务就不放过机会，要佣金，赚差价，损害了顾客利益，还毁掉了自己的声誉。由于业务操作未规范，在工作中埋下了隐患，也易被他人钻空子，以至造成客户的损失。房地产经纪业在社会上的良好形象还没有树立起来，国产名牌经纪企业还没有出现。另外，还有炒卖地皮、房屋，从中牟取暴利的经纪人；有的刊登虚假广告，欺骗客户；有的非法倒卖公房使用权，从中牟取暴利；有的将一套房屋同时向两个以上的人转租，骗取钱财；有的违反规定，帮助开发商销售未领许可证的商品房，等等。上述问题不仅扰乱了市场秩序，而且也严重影响了我国房地产经纪业的形象和信誉，不利于其自身的生存和发展。这些问题的产生，根本原因是房地产经纪业的运行规则不完善，立法和管理滞后，特别是对经纪活动的行为主体资格缺乏统一的确认标准和相应的管理措施。

3. 经纪活动趋于简单化

大多数房地产经纪企业是近几年才成立的，由于起步晚，加上其从业人员专业水平不高，操作水平较低，服务范围窄，基本上停留在中介业较原始、较初级的阶段。一些中小城市很少有经纪企业能够为开发商提供诸如市场分析、投资咨询、营销策划、广告策划等高层次的服务。

4. 经纪机构从业人员素质不一，良莠不齐

近年来，房地产经纪公司大量成立，吸引了大量的社会各类人员，层次繁多，人员素质参差不齐。从业人员的结构较为复杂，有专职的、兼职的还有退休后加入该行业的，有持照的合法经纪，也有无照的黑市经纪，这使得从业人员之间无论在专业素质还是在道德素质、服务意识等方面都存在着较大的差距。一部分人，精通业务，熟悉房地产交易的运作程序及有关的政策法规，开展经营活动时遵纪守法；而另一部分人，专业素质差，法制观念薄弱，操作手段落后，有的甚至仍采用欺骗的手段从事经纪活动。这种差别还与区域有关，在一些市场经济较为发达的城市，如深圳、广州、上海、北京等地，涌现出一些操作水平、服务质量较高的有一定影响的本地房地产经纪企业。这些企业吸取港、台两种营销模式的优点，再结合本地的实际情况，将其有机地结合起来，取得了较好的业绩。另外，在服务内容上，一些较具规模的经纪企业有了进一步的拓展，如进行开发企业资信调查，房地产产权调查，资金融通，提供法律、金融、物业管理咨询以及代办产权登记、公证、保险、抵押等各种手续。而在一些市场经济不太发达的地区，房地产经纪企业

服务内容单一，仅停留在房屋买卖、租赁的中介代理业务上。

5. 市场信息传播不畅，降低了市场效率

房地产经纪是一种信息产业，房地产经纪机构及经纪人首先要获得房地产市场的信息，通过传递房地产市场信息与客户建立关系。然而由于诸多原因，信息发布者在经济利益上得不到保障，于是许多经纪人员和机构就封锁信息，房地产信息传播受阻，从而降低了房地产市场的效率，也损害了经纪人员的利益。此外，部分政府管理机构对房地产市场交易信息讳莫如深，认为这些信息属于机密，由于严格的权证登记制度，政府部门获得关于房地产市场交易信息的成本为零。但是对于市场交易各方来说，由于难以获得真实的市场情况，一方面各开发商及消费者常常陷于极大的盲目性中，感性认识居多，理性数据缺乏，造成了生产和消费之间的严重脱节；另一方面，房地产经纪机构也由于缺乏相关权威数据而难以开展高水平的咨询和经纪代理业务。

经纪行为的这些问题跟整个社会环境是分不开的。社会传统观念中，经纪行业被当成非正当行业，属旁门左道，大都有贬义意味，甚至对经纪从业人员不尊重，抱鄙夷态度。另外，当地的经济形势也对房地产经纪活动有影响，有的地方，房地产的各种供需方宁愿自己东奔西跑，也不会花钱找经纪人代理，这与人们的收入状况、生活水平有关。

在我国，房地产经纪业还是一个新的行业，它的发展也不过只有几年的历史，像任何事物都有两重性一样，房地产经纪业也是如此。一方面，房地产经纪人给房地产市场注入了新的活力，促进了房地产产品的流通，房地产市场的繁荣和房地产市场有序、规范的运作；另一方面，房地产经纪业所带来的一些不良现象，甚至违法乱纪行为也干扰了房地产市场的正常、健康地发展。但是我们不能因为其存在的一些问题而去否定这一行业。随着房地产市场的进一步发展，交易活动的日趋频繁，房地产经纪人的媒介作用、顾问作用就越需要得到发挥。

在美国，房地产经纪业是相当发达的：①从人员教育培训来看，在美国，对房地产销售人员执照的核发有严格规定。销售员考试必须修完房地产原理，考试合格后，在会计、商业、公证、专业法律、产业管理、房地产估价、房地产经纪人、房地产贷款、办公室行政管理、房地产实务10门课中任选6门，在18个月内学完，并考试达到2门合格者，才能取得销售员执照；而房地产经纪人则要修完房地产实务、法律规章、财务、估价、会计共5门必修课，并在商业、法律、管理、公证等课程中再选3门，才能取得经纪人执照，一般能通过考试的人大约只有20%。为保证专业水准和服务质量，房地产经纪人员每年还必须参加考试接受再教育，执照每4年申请重新换发。经过几十年的发展，美国已经形成一套完整的从学院培养到在职教育的房地产中介人才培养机制。但是由于我国房地产行业发展迅速，人员培养跟不上实际需要，中介从业人员资格认证和持证上岗制度实际操作不规范等原因，造成了相当部分从业人员在政策水平、职业道德、专业知识、实际能力、服务态度和经营技巧等许多方面都与现实要求存在差距。目前普遍存在的问题是从事房地产经纪的人员有相当部分除了能够沟通供求双方信息外，对房地产专业知识、法律知识、合同知识，知之甚少。这些行为造成的后果是严重影响了房地产经纪业的形象，损害了消费者的利益，扰乱了房地产市场的正常秩序。②从行业管理上来看，在美国，全国及地方都有一些以提高会员的业务能力和保护公共利益为宗旨的房地产经纪人协会。其中，成立于 1947 年的“全国房地产经纪人协会”是最大的房地产行业公会，该协会会员中有房地产经纪人、推销员、管理人员和估价人员等，从而可以为客户提供全面、热情、周到的服务。然而我国的市场管理并不完善，相关管理部门职责不清，配合不力，削弱了管理力度。按照规定，房地产经纪机构开展业务，要受房地产管理部门和工商管理部门两个管理部门的双重管理。但是作为行业管理和营业管理的两个部门存在职能交叉的问题，而且由于各自执法依据不同，经常导致职责划分不清、配合不力。③从法律法规等制度来看，在美国，对房地产经纪人有严格细致的法律规定，这些法律包括代理法、契约法规、各州的执照法、各州的相关法律、联邦法及专业伦理法则等。其中，以房地产执照法为规范房地产经纪人行为最严密的法规，对于何种情形下经纪人必须持照都有详细规定。而且，虽然美国各州关于发放执照的条件不尽相同，但一般要求符合条件的申请者修习并考试通过相关课程。美国还要求每位房地产经纪人均须有固定的营业场所，并要求开立特别信用账户以存放房主及客户的资金，避免私账混入。此外，还要将所有登录个案、成交记录等文件资料保留一定时期，以备查。

为了充分发挥房地产经纪人的特殊作用，我们迫切需要在借鉴国外、港台地区发展房地产经纪业经验的基础上，结合我国近几年的经纪实践，建立一个与我国国情相适应的房地产经纪人制度，规范房地产经纪业的经纪行为，同时，加强对房地产经纪人的监督和管理，消除其滋生的不良现象，开展正常的房地产经纪活动。这对于促进房地产经纪业健康有序发展具有十分重要的意义。

今后，我国房地产经纪纪行为应加强以下几个方面的发展：

1. *加大规模化经营力度*

规模是市场经济生产方式中企业的一种追求。在经济学中有一种现象称为规模收益递增，即在许多生产过程中，当你把所有投入量加倍时，你就能够以一种不同的更有效的生产方式来经营，从而在实际上使你的产出量增加一倍以上。只有当产品的数量多得值得设置相当大的生产组织时，这些经济效果才能完全体现。同样，作为房地产经纪企业，只有具备了规模，才可降低生产成本，自然就具备了较强的竞争能力，企业就可以在规模的前提下进行技术提高、创新等。同时企业间可以通过实行房源信息共享，提高工作效率，增强配对成功率，共同将市场做大，也可通过连锁经营、特许经营模式将企业推向市场，创出品牌，实现规模效应。

2. 走规范化经营之路

房地产经纪企业应规范业务操作流程和法律文书，任何人都应在规范下进行操作，提高工作效率，避免程序混乱而造成失误；另外，建立制约机制，明确权责，加强对从业人员的管理。

3. 加强市场化运作

在知识经济时代，要加强网络技术利用，依托网络提高运作效率，用现代化的技术力量充实自己。完善企业的信息系统，增强市场信息敏感度和解说能力，及时准确地感受市场的变动，以便采用应变经营策略。建立员工培训体系，将员工推向市场，实行优胜劣汰，增强竞争实力。同时，建立适应经纪活动的激励机制，发挥出员工潜能，提高经济活动效率。

4. 健全法律法规体系

《中华人民共和国城市房地产管理法》没有对房地产中介服务活动进行界定，只是对房地产中介服务机构的种类和活动内容作了不限定的列举（房地产中介服务机构包括房地产咨询机构、房地产价格评估机构、房地产经纪机构），导致地方不能按照一个完整的范围界定各项规章制度。另一方面，到目前为止，还没有关于房地产经纪业方面的专项法规，如类似美国的执照法、契约法、一般代理法、专业伦理法则等。对房地产经纪机构在经纪活动中应承担的法律责任、经济责任缺乏明确的法律规定。目前，在房地产经纪活动中出现的各种违法与非法经营现象，与我国法规不健全是分不开的。所以政府应加强关于房地产经纪法律法规体系的建设，使房地产经纪行为有法可依。

三、我国房地产经纪的发展趋势

在我国经济的高速增长过程中，房地产业的发展前景广阔、潜力巨大，这必将为房地产经纪业的发展带来广阔的空间。目前，我国房地产业占国民生产总值比重已经超过10%，而发达国家房地产业在国民生产总值中的比重普遍较高，有的高达30%，这说明我国房地产业的发展空间还很大。在我国的经济结构中，第三产业的比重过低，严重制约了国民经济的协调发展，而在第三产业中，房地产业具有先导性和基础性的特征，因此在产业结构调整过程中，房地产业作为突破口，必将有一个大的发展。另外，住房需求的剧增、旧城的改造工程以及海外市场的开拓，都将促进我国房地产业的快速发展。

市场经济体制的逐步完善，房地产市场的繁荣，为我国房地产经纪的发展提供了前提，奠定了基础。根据西方国家及我国港台地区房地产经纪业发展现状，结合目前我国房地产经纪业的实践，我国房地产经纪业的发展将会呈现出以下六大趋势。

（一）房地产经纪企业的规模将急剧扩大

由于进入房地产经纪业的相对容易性，使得在这众多的房地产经纪企业中，大多数企业规模偏小。与其规模小相对应的是企业的实力弱——无论是经济实力还是专业实力，这不利于房地产经纪业良好形象的树立。另外，因规模小，信息量及信息的流通范围极其有限，导致成交效率不高。因此，房地产经纪企业要想生存、发展，并在激烈的市场竞争中占有一席之地，就必须朝规模化的方向发展。规模化的途径主要有设立分支机构以及对外输出无形资产，如企业品牌形象及管理软件等，使一些小的经纪企业加入进来，达到连锁化经营的目的。

（二）房地产经纪企业的专业化水平将日益提高

从业人员素质低下，是目前我国大多数经纪企业存在的一个问题，也是致使该行业自身形象难以树立、难以为社会所认同的一个重要方面。随着我国房地产市场逐步发育完善，对房地产经纪业的服务内容、服务质量提出了更高的要求。如房地产投资分析、营销策划、法律咨询、营销顾问、产品规划，等等。经纪活动的复杂化、专业化和经济活动领域激烈的市场竞争，将促进房地产经纪人努力学习专业知识，提高业务技巧，获取最新信息，不断更新自身的知识结构。只有提高了自身的专业水平，房地产经纪企业的服务才更容易为人们所看重，其服务的价值也容易为人们所接受，公司也才能够发展壮大。同时适应市场细分的需要，将造就出更加专业化的经纪人队伍。因此，房地产经纪企业的专业化，有两方面的含义：一是其从业人员操作水平的专业化；二是经纪企业组织分工的专业化，指经纪企业要按照操作流程，对内部员工进行合理分工，如可分为市场调查部、业务开发部、项目策划部、产品规划部、广告设计制作部等，使其各司其职，以提高其专业操作水平。

（三）房地产经纪业的规范化

目前，我国房地产经纪业处于起步阶段，经纪企业良莠不齐。部分房地产经纪企业操作的不规范，如乱收费，甚至欺骗客户，是制约我国房地产经纪业健康发展的一个重要因素。随着住宅建设的加快和住房制度改革的深化，房地产交易市场将日趋活跃，房地产经纪业在流通领域的重要性将进一步凸显出来。因此，规范房地产经纪企业的行为，使房地产经纪业健康、有序的发展，是政府、行业协会及经纪企业迫切需要解决的问题。一方面，政府将进一步制定、完善房地产经纪业方面的法律、法规及有关规定，进一步加强对房地产经纪企业的监督力度；另一方面，房地产经纪业的行业协会将逐步成立，这对加强行业内部的自律、规范行业行为、加强行业管理监督起到十分重要的作用。房地产经纪业的执业规范包括以下几个方面。

1. 行业规范

行业规范是行业协会根据业内人员的共同意志和行业管理的需要制订的，这是平等的民事主体之间的一种约定。行业规范从一个行业发展的总体上规范了这个行业的某些基本规则，是约束行业内从业人员行为的共同规范，具有比较广泛的约束力。行业规范对于业内从业人员的约束不同于法律约束，是以道德约束为主。行业规范实际上为整个行业提出了一种大多数人认可的职业道德标准，并以此作为调整和规范行为的依据。

2. 服务规范

房地产经纪人从事房地产经纪业务，必须以向客户提供优质、高效、规范的专业服务为宗旨，发扬爱岗敬业、全心全意为客户服务精神，在房地产经营活动中，真正发挥好中介与桥梁的作用。房地产经纪人从事房地产经纪业务，应当坚持公平自愿、等价有偿、诚实信用的原则，持证上岗，规范操作，廉洁自律，恪守职业道德。房地产经纪人应定期学习和参加培训，不断丰富专业知识和提高业务水平，改进服务态度，提高服务质量，注重经济效益和社会效益的统一。

3. 自我规范

除了行业规范和服务规范外，个人自我规范对于房地产经纪人的行为约束作用也不可忽视。个人的文化程度、道德水平、执业经验、人生阅历及性格特征都可能影响到房地产经纪人的执业水平。特别是文化和道德因素，对于规范房地产经纪人的经纪行为具有很大的作用。

房地产经纪企业的规范化，既是房地产市场对其提出的客观要求，同时，也是其自身发展的需要，特别是对于一些有一定规模、实力，且欲长远发展的经纪企业更是如此，因为这对于树立其自身的良好形象是必不可少的。政府将顺应房地产市场发展的要求，在立法、制度、管理规定等方面对房地产经纪企业的规范化起到根本性的推动作用。而房地产经纪企业自身的需要则是其规范化的内在动力。

（四）房地产经纪企业信息网络化与共享化

知识经济时代，客户对房地产经纪企业的服务提出了更高的要求，这就是：方便、迅速、安全。房地产经纪企业为了提高成交率和服务质量、增加收入，迫切需要改变目前的运作方式。因此，为了适应消费者的需求，以及企业自身经营的需要，房地产经纪企业实行信息网络化与共享化势在必行。

首先，房地产经纪企业内部信息网络化与共享化。这是房地产经纪企业实行连锁化经营的必然要求。由于实行连锁化经营，企业总部与各分店、支分店遍布全市乃至全省、全国各区域，因地域分隔，传统的信息传输手段已完全不能适应连锁化经营方式的要求，这就必然需要引入电脑网络，以加强信息的快速传递与共享，也便于总部加强管理，对客户的需求做出快捷的反应。

其次，房地产经纪企业之间的信息网络化与共享化。房地产经纪是靠信息生存的行业，为了适应客户对经纪业提出的更高要求以及经纪企业自身提高经营收入的需要，房地产经纪企业间应加强团结协作，摒弃目前的信息封锁、排斥同业、自立门户等小农经济意识，实行信息网络化与共享化，从而形成联合销售，消除人为的销售障碍，将是其必然选择。

再次，全国性的房地产经纪企业信息网络化与共享化。随着经济的进一步发展，人口流动的更加频繁，物流的更加通畅，人们对异地房地产的需求也会日益增加，出租、出售、承租、承购物业将更加频繁。因而在将来的某个时候建立全国性的经纪企业信息网络化与共享化是必要的。可以过全国房地产经纪协会建立全国性的经纪企业信息网络化与共享化，实现信息共享，形成联合销售，提高成交效率。

最后，房地产经纪企业与客户间信息网络化与共享化。随着网络技术的发展，信息产品进入家庭的步伐逐步加快，这使得房地产经纪企业与客户之间实现信息的网络化与共享化成为可能。客户可足不出户，通过互联网，在任何时候都可在网上取得他所需要的物业资料，也可以把自己需要出租、出售或交换等物业信息通过电子邮件传递给经纪企业，委托其代理交易。这是未来经纪业的发展趋势。

（五）房地产经纪企业服务的品牌化

房地产经纪业的发展过程，也是其自身形象不断塑造的过程。服务品牌，是促进房地产经纪企业与客户沟通的有效手段，是在激烈的市场竞争中制胜的有效武器。目前，房地产经纪企业众多，市场竞争日趋激烈。在这样的背景下，一批具有一定实力、规模，运作规范的经纪企业为巩固市场，提高市场占有率及竞争力，将通过塑造其服务品牌，建立其独特的服务形象，在竞争中脱颖而出。而一些人员素质低、操作不规范的经纪企业将被市场无情淘汰。服务品牌的塑造有赖于企业一整套的管理制度、企业员工的素质、专业服务水平、服务理念、规范操作及有效的传播手段等。

（六）政府、专业协会的功能明晰化

随着房地产业的进一步发展，房地产经纪业的日趋规范化，政府、专业协会将围绕保护当事人的合法权益及促进房地产经纪业的健康发展各司其职，二者的功能日趋明晰化。

一方面，政府的主要职能是负责制定房地产经纪业方面的法律、法规政策，负责对经纪人资格的认证和经纪企业的资质认定，规范代理行为、收费方式与收费标准，并对经纪行为进行监督管理，对违规者依法予以相应的处罚。另一方面，政府也有责任规范其自身行为。政府行政部门必须与其下属的房地产经纪企业脱钩。政府部门不能既是行政管理的主体，同时又是经纪企业经营的主体，阻碍房地产经纪业健康有序地发展。

一个行业的行业协会往往是健全该行业的必需机构。综观房地产经纪业发达的国家（地区）的经验，要完善房地产经纪业的结构，除了国家立法规范，行政管理完善之外，很大程度上有赖于行业协会发挥其教育及监督的功能，以提高行业整体素质、加强行业自律。随着脱钩改制工作的开展，今后行业协会要逐步承担起原由行政部门承担的资质评定，审核和从业人员教育培训、资格管理等行业管理工作。行业协会既是政府的助手，也是经纪企业、客户与政府之间沟通的桥梁，其宗旨是“服务、促进、协调、提高”。房地产经纪人专业协会是在房地产主管部门指导下，从事房地产经纪活动的企业自愿组成的房地产经纪业的行业自律性社会团体。它的主要职能应该包括：

（1）宣传政府制定的有关房地产及房地产经纪业的法律、法规及政策，传达政府发布的有关房地产信息。

（2）向政府主管部门反映经纪企业的意见与要求，并提出相关的政策建议。

（3）向客户宣传房地产经纪业的作用、地位，经纪业服务内容、操作流程等有关知识，以及客户应享有的权利和应承担的义务。

（4）进行行业管理，制定行业规范、服务标准、行业职业道德准则，制定行检行评制度，逐步建立起行业的自律机制。

（5）组织培训、专题讲座等，以提高行业内从业人员的专业水平和道德素质。

（6）增进会员单位之间相互沟通、交流、友谊与合作，协调相互间的关系，保护会员单位的合法权益。

（7）接受客户投诉，监督经纪行为，维护客户的合法权益。

(8)承办政府主管部门委托的有关任务,如经纪人资格考试的培训与考核任务。

研究思考题:

1. 简述房地产经纪的特点以及发展的必要性。
2. 房地产经纪的对策与内容。
3. 房地产经纪的主要形式。
4. 房地产经纪人的地位和作用。
5. 我国房地产经纪的发展趋势。

第二章 房地产经纪人与经纪机构

本章概要：

房地产经纪人的权利、义务及机构设立；

房地产经纪人、经纪机构类型特征；

房地产经纪机构的岗位设置与人员管理。

第一节　房地产经纪人的类型与特征

一、房地产经纪人的类型

按照不同的划分标准，房地产经纪人可以划分为不同的类型。

（一）按经纪人的组织形式划分

按经纪人的组织形式划分，房地产经纪人包括法人房地产经纪人和个人房地产经纪人两种类型。

1. 法人房地产经纪人

法人房地产经纪人，又称单位房地产经纪人，房地产经纪机构。它是由具有专门房地产经纪业务知识的人员组成的经纪实体，是在国家工商部门注册登记的房地产经纪机构。具有独立的法人资格，可以独立享有民事权利和承担民事义务的经济实体。我国房地产经纪法人大体有以下几种类型。

第一，专营房地产经纪业务，只提供房地产开发项目转让、房屋买卖、租赁交换等交易信息服务的法人，如房地产咨询公司或房地产咨询中心。

第二，专营房地产价格评估业务，指提供房地产价格评估、房地产开发项目可行性研究服务的法人，如房地产价格评估公司或房地产价格评估所。

第三，专营商品房经销业务，只提供房地产新建或存量商品房经销代理或营销策划的法人，如商品房销售代理公司或顾问公司。

第四，全面经营房地产中介业务，既提供房地产咨询和交易信息服务，又提供房地产价格评估与代理代办服务的法人，如房地产咨询评估公司或房地产服务中心。

2. 个人房地产经纪人

个人房地产经纪人，是指取得房地产经纪资格的个人，以个人名义从事房地产经纪业务的经纪人。根据我国《房地产管理法》规定，个人房地产经纪人只能以房地产经纪机构工作人员的身份出现，而不能以独立身份开展经纪活动。

（二）按经纪人的活动形式划分

按经纪人的活动形式划分，房地产经纪人可以分为居间房地产经纪人、行纪房地产经纪人和代理房地产经纪人三种类型。

1. 居间房地产经纪人

居间房地产经纪人是指在房地产商品交易中房地产经纪人以自己的名义为他人提供交易机会，或促成他人之间进行交易，其活动形式主要是以提供信息、牵线搭桥为主。

2. 行纪房地产经纪人

行纪房地产经纪人是指房地产经纪人受委托人的委托，以自己的名义与第三方进行交易，并承担相应的法律责任。这种房地产经纪人由于受房地产自身价值量大、投资风险大等因素的影响，因而数量很少。

3. 代理房地产经纪人

代理房地产经纪人是指房地产经纪人受委托人的委托，以委托人的名义与第三方进行交易，并由委托人承担相应的法律责任。

（三）按业务性质及获得报酬方式划分

按业务性质及获得报酬方式划分，房地产经纪人可以划分为佣金经纪人、差价经纪人和两美元经纪人三种类型。

1. 佣金房地产经纪人

佣金房地产经纪人是房地产交易市场上数量最多、最为活跃的经纪人，是各种交易所中的主要成员。他们根据客户的委托完成交易后，按成交额收取一定比例的佣金作为报酬。

2. 差价房地产经纪人

差价房地产经纪人，又称为房地产自营商。它既为客户进行交易代理，也自营买卖，自担风险。当这种类型的经纪人代客户进行交易时，不收劳务费，卖主告诉经纪人底价，经纪人以高于底价出售房地产，从中获取差价作为经纪活动的报酬。

3. 两美元经纪人

两美元经纪人,最初得名于证券市场上按每一百股收取两美元手续费而形成的经纪人,后来又引申为专指那些接受佣金经纪人委托,代佣金经纪人完成其未完成的或不易完成的经纪业务的经纪人。这类经纪人的产生加快了交易成交速度。房地产交易手续繁杂,牵涉面广,环节多,单靠佣金经纪人是难以尽快促成交易的,因而使得受佣金经纪人委托、专门收取手续费的"两美元经纪人"大量存在。

(四)按房地产经纪人的资历及素质划分

按房地产经纪人的资历和素质划分,可分为专家房地产经纪人和一般房地产经纪人两种类型。

1. 专家房地产经纪人

专家房地产经纪人,是指具有一定学历,取得一定法定资格,具有多年从事房地产经验的房地产经纪人,其素质高,享有很高的社会声誉。经纪人自身素质的高低直接影响着经纪业的发展,大力培养和发展专家经纪人队伍,是经纪业发展的一种趋势。专家房地产经纪人不仅要具有一般经纪人的素质,了解国内外市场行情,掌握大量的市场信息,灵活运用市场营销的各种技巧,而且还必须具备丰富的专业知识,只有具备一定的专业知识,才能结合专业内容对影响市场的各种因素做出准确的分析,才能够为供求双方选择恰当的客户,促进交易的尽快实现,提高成交率。

我国房地产业起步较晚,房地产市场发展不完善,开放度不高,经纪人队伍也面临着从业人员素质低的问题。一方面,有专业技术的人还没能从建筑业或房地产业中分离出来,从事经纪工作;另一方面,无专业技术人员却凭借有限的房地产供求信息,做着经纪人的工作。这种局面在房地产市场不活跃时期,可以满足一定的市场需要,但随着房地产业的发展和房地产市场的不断活跃,房地产交易的内容在增多,层次在提高,无专业技术的人员难以对房地产市场做出有预见性的分析,难以运用现代化通信技术、计算技术等对大量的市场信息进行分析处理和应用,这势必要影响他们的中介活动。

2. 一般房地产经纪人

一般房地产经纪人,是指那些非专门进行房地产经纪业的经纪人。这类经纪人一般都是没有法定资格,没有进行登记注册的兼职人员。目前,在我国房地产市场上极为活跃的大多是这类经纪人,当我国房地产业充分发展起来后,这类经纪人只能作为经纪业的一种补充形式而存在。

(五)按营业服务的专业领域划分

房地产经纪人按服务的专业领域可以分为住宅房地产经纪人、商业用房经纪人、工业用房地产经纪人以及农场和土地经纪人四种类型。

由于不同类型的房地产商品有着各自的特定使用对象和流通渠道，因此房地产经纪活动必然随着其服务对象的差异而进一步分工，从而形成住宅经纪人、商业用房经纪人、工业用房地产经纪人以及农场和土地经纪人等各种专业房地产经纪人。

（六）按房地产经济活动的内容划分

按房地产经济活动的阶段划分为房地产开发经纪人、房地产交易经纪人和房地产销售经纪人等类型。

1. 房地产开发经纪人

房地产开发经纪人，是指在房地产开发过程中，以介绍项目、咨询服务、产权调查、办理过户、协助贷款等内容为活动事项的房地产经纪人。

2. 房地产交易经纪人

房地产交易经纪人，是指收集，加工房地产市场信息，熟悉房地产市场行情，并代顾客进行房地产交易，以取得佣金收入的经纪人。房地产交易经纪人必须具备较高的法律素质。由于房地产的买卖、出租、抵押、继承等活动必然要伴随着房地产产权的转移问题，因此，房地产交易要涉及许多有关产权的法律法规，要遵循一定的交易程序。在房地产交易中，稍有不慎，极易产生产权纠纷。这就要求房地产经纪人必须通晓有关的法律法规，只有这样，他们才能成功地为交易双方服务，完善房地产市场，规范房地产市场秩序。

3. 房地产销售经纪人

房地产销售经纪人广义地来讲属于房地产交易经纪人的一种，然而狭义地来讲，房地产销售经纪人是指作为交易当事人的代理人，因此也可以称之为房地产销售代理人，他不仅为卖主寻找买主，同时也为其安排贷款、财务报告分析等事务，甚至直接参与处理有关法律事宜。此时，房地产卖主与房地产经纪人之间是书面合同确立的委托与被委托的关系。房地产销售代理协议通常有五种形式，即公开报价、独家代理、独家销售权、多重开价、净开价等。

二、房地产经纪人的特征

房地产是一种极为特殊的商品，房地产经纪人除一般经纪人的特征外，还必须具备自己独特的行业特点，如专业性、地域性等。基于经纪活动和经纪人业务特点，结合房地产行业本身的规律，房地产经纪人具有以下特点。

（一）对信息的高度依赖性

房地产市场上信息的不对称性构成了房地产经纪人存在的基础，房地产经纪人主要凭借自己掌握的房地产市场供求信息，加强房地产市场买卖双方的沟通与交流，互通有无，促成买卖双方达成文易。

（二）专业性

房地产经纪人应有广泛综合性的交叉学科知识背景，房地产经纪人不仅要掌握经纪方面的基本知识，还要精通房地产商品知识、交易知识和相关学科如金融、保险、营销、计算机等方面的知识。具体讲有以下四点：首先，房地产直接以土地为基本物质构成要素，不仅造成了其空间位置的固定性，还使得它成为一种不完全的劳动产品，因而在价格影响因素和价格形成、运动机制上具有不同于一般完全劳动产品的商品特性，所以房地产经纪人要把握交易中最敏感、最关键的因素——价格，就必须具备房地产市场和房地产价格评估的专业知识以及丰富的市场经验；其次，必须有丰富的金融知识，熟悉各种金融机构职能以及开办的各种业务，能够熟练办理各种信贷手续；再次，洞悉和把握房地产所涉及的社会、情感等因素，尽力促使每一笔交易能产生最大的社会效益；最后，还必须熟悉与房地产交易相关的法律、法规和具体手续，必须对国家的土地制度以及房地产产权制度有全面的了解，并对其变化保持较高的灵敏度，有较强的政策意识。

（三）地域性

房地产的不可移动性使房地产实体在空间的流动成为不可能，导致了某一地区的房地产经纪人常常只能掌握该地区的房地产商品和市场信息，从事该地区的房地产经纪活动。对于跨地域的房地产经纪机构，其在不同地域的经纪业务，一般只能由不同的经纪人员来从事。另外，由于房地产政策的地方性特点，在国家总的经济政策和房地产政策的指导下，不同省份、城市都规定了不同的地方政策，因而房地产经纪人必须了解地方性房地产政策，才能适应不同地区客户的需求。

（四）应具有良好的职业素养和声誉

仅仅掌握房地产市场信息并不足以使房地产经纪人成为一个黄金职业，房地产经纪人要提供全面、专业、优质的中介服务，还必须有良好的职业素养，有良好的社会声誉和个人信度，而这正是我国房地产经纪人员所欠缺的。我国现代房地产经纪行业起步较晚，行业法制建设滞后，行业信用体系和执业规则尚未形成，还未建立有效的监管体系，房地产经纪行业诚信问题时有发生。此外，房地产经纪从业人员良莠不齐，缺乏系统的业务培训，对诚信经营的认识和理解不够，注重眼前利益，短期行为严重，容易违背职业操守引发信任危机。

近年来，面对房地产中介服务行业在发展中出现的问题，社会、政府主管部门、行业组织都非常重视诚信建设，并相继出台了一系列规范市场行为的政策措施。目前,政府部门正准备出台《房地产经纪管理办法》、《房地产经纪人注册管理办法》等规章,中国房地产估价师与房地产经纪人学会也非常重视房地产经纪行业的诚信建设工作,在对行业诚信建设和整体发展进行了深入的理论研究和分析、充分借鉴房地产估价行业的成功管理经验基础上,即将展开一系列措施,大力推进房地产经纪行业诚信建设。积极探索制定房地产经纪执业规则、建立房地产经纪机构和房地产经纪人信用档案、在全国范围开展房地产经纪机构资信评价、制作规范的房地产经纪合同示范文本并在行业内推广等一系列措施,力争迅速规范房地产经纪行业,形成健康、有序的良好发展局面。

第二节　房地产经纪人的权利与义务

赋予房地产经纪人一定的权利,并规定其必须履行一定的义务,其目的在于引导和规范房地产经纪人的行为准则,维护各方利益,维护市场秩序,促进房地产经纪人更好地开展房地产经纪业务。同时,就经纪人存在的经济意义来讲,房地产经纪人是以获取佣金为最终目的的经营者,因此,当国家确认其房地产经纪人的资格并允许营业时,就意味着,他应当拥有相应的权利和义务。

房地产经纪人在为客户提供经纪服务时,享有相应的权利和义务。房地产经纪人的权利与义务一般在客户委托协议书中明确说明,以避免双方日后发生纠纷。对于没有载明的事项,可以参照其他有关法规,如《合同法》执行。

一、房地产经纪人的权利

(一)依法开展经纪业务活动的权利

房地产经纪人取得房地产经纪人资格证后,受聘于某房地产经纪机构,或领取营业执照以个体房地产经纪人的身份从事房地产经纪活动,均属合法行为,应当受到国家法律保护,任何单位和个人都无权阻碍和妨害经纪人从事合法的经纪业务活动,更不得随意取消经纪人资格或吊销其营业执照。在合法权益受到不法侵害时,房地产经纪人可以要求侵害方做出补偿,甚至向侵害方进行诉讼与索赔。

(二)请求和获得报酬的权利

房地产经纪人所提供的服务是有偿服务,当经纪人促成房地产买卖的双方达成了交易,或为顾客提供了咨询服务等,便有权要求支付合理的佣金,作为提供劳务的报酬。

(三)请求支付成本费用的权利

房地产经纪人在开展经纪活动的时候,不可避免地要支出一些费用,如为寻找买主而支付的通信费、交通费、广告费,带客户看房时所支付的展示费等。经纪人在完成受托的任务后,有权要求支付这一类在经纪成本范围内的有关费用。甚至,即使经纪人未完成受托的任务,但确实支付了经纪成本费用,也可请求支付。双方可以在委托合同中就成本费用事宜事先做出约定,以约束双方的行为。

(四)获取或要求协助获取必要信息的权利

房地产经纪人在开展经纪活动过程中,可以向房地产交易管理部门查询房地产开发和商品房地产销售信息,了解房地产市场行情和有关房地产政策、法规,并可参与房地产市场的展示、交易活动以及交流、交换房地产经营的信息、资料。可以根据业务内容的需要,向客户查阅有关资料和文件、查看现场,并要求客户予以协助。

(五)特殊情况下终止经纪服务的权利

房地产经纪人若发现委托人不具有履约能力时,可以立即终止经纪活动。当委托人存在故意隐瞒事实真相或有欺诈行为时,房地产经纪人同样有权拒绝继续为其提供服务,并追究委托人责任。

(六)法律、法规和规章规定的其他权利

房地产经纪人还享有相关法律、法规和规章制度规定的其他权利。

二、房地产经纪人的义务

房地产经纪人在享受权利的同时,必须承担相应的义务,并对自己的行为与服务负责。

(一)合法经营的义务

房地产经纪人在开展经纪业务时,必须遵守国家的有关法规、法令,严禁违法经营。如不得超越经营范围,套购开发公司商品房出售;不得为国家法律禁止流通的房地产进行中介如代售宅基地上的合资房,为行政划拨土地的转让作中介等;不得收取佣金以外的额外报酬或好处费等。

(二)诚实介绍的义务

在占有房地产信息方面,客户处于弱势地位,房地产经纪人在进行经纪业务活动时,必须对信息的真实性负责,提供全面、及时、准确的信息服务,如实详尽地将有关房屋的质量、年代、位置、真实价格、城市规划的情况、权属情况等问题加以介绍,以利于客户做出正确的决策。对于由于房地产经纪人提供虚假信息或未尽到事先约定的职责而使客户遭受意外损失的,客户有权要求经纪人承担赔偿责任。

（三）尽忠职守的义务

房地产经纪人无论是作为买方或卖方的代理人，均应对委托方尽忠职守，遵从委托方的意旨行事，履行合同。如作为买主的代理人，经纪人的职责就是以尽可能低的价格为买主物色到理想的房源。若房地产经纪人有对委托人不忠、违背委托人意旨、隐瞒委托人、违反合同等行为的出现，将有可能得不到佣金，甚至遭受其他额外损失。

（四）保守商业机密的义务

在房地产经纪人与客户的双向信息流动中，可能涉及客户的商业秘密，如果客户要求对其约定的商业秘密进行保密时，房地产经纪人就应当严格遵守职业道德，为客户保守商业机密。对于由于房地产经纪人故意泄露客户商业机密而对客户造成损失的，客户同样有权要求赔偿。

（五）公平中介的义务

房地产经纪人从事居间介绍活动时，对于双方当事人，必须保持其公平的地位，不偏袒任何一方，更不能为了一方利益而损害另一方的利益。房地产经纪人在从事经纪活动时经常具有双重代理的身份，即既是买方代理，又是卖方代理。由于买主代理人的职责是以尽可能低的价格物色卖主，而卖主代理人的职责则是以尽可能高的价格物色到买主，所以双重代理的职责往往是相互抵触的。因而经纪人充当双重代理人时，应分外小心，妥善处理好双方当事人的关系，公平对待双方当事人，并最好能将其双重代理的身份告知当事人。在美国，法律严格规定，代理人在没有告知双方的情况下，不得充当双重代理角色，否则，除了可能得不到任何佣金之外，还可能受到取消经纪人资格、赔偿受损一方经济损失的处罚。

（六）接受管理监督并依法纳税的义务

房地产经纪人应服从当地房地产经纪主管部门的管理，向主管部门报送业务统计报表，并按经纪业务收入的一定比例交纳管理费。房地产经纪人也应接受财政及税务部门的监督，依法向国家缴纳规定的税费。

第三节　房地产经纪机构

房地产经纪机构，是指符合执业条件，并依法设立，从事房地产经纪活动的公司、合伙机构、个人独资机构。另外，境内外房地产经纪机构在境内外设立的分支机构也可以以自己的名义独立经营房地产经纪业务。房地产经纪机构是开展房地产经纪业务的法律主体，也是房地产经纪人员从事房地产经纪活动必须依附的经济实体。

一、房地产经纪机构的类型

房地产经纪机构是专业的服务性企业,主要有以下几种类型。

(一)房地产经纪公司

房地产经纪公司是指依照《中华人民共和国公司法》和有关房地产经纪管理的部门规章,在中国境内设立的经营房地产经纪业务的有限责任公司和股份有限公司。有限责任公司和股份有限公司都是机构法人。出资设立房地产经纪公司的出资者可以是自然人也可以是法人,可以是国有资产出资,也可以是国外投资。出资形式可以是货币资本也可以是实物、工业产权、非专利技术、土地使用权等,但对作为出资的实物、工业产权、非专利技术或者土地使用权,必须依照法律、行政法规的规定进行评估作价。同一般公司一样,在资金来源于国外的房地产经纪机构中,按其资金组成形式不同,还可把房地产经纪公司分为中外合资、中外合作和外商独资三类。

(二)合伙制房地产经纪机构

合伙制房地产经纪机构是指依照《中华人民共和国合伙企业法》和有关房地产经纪管理部门规章在中国境内设立的由各合伙人订立合伙协议,共同出资,合伙经营,共享收益,共担风险,并对合伙机构债务承担无限连带责任的从事房地产经纪活动的营利性组织。

合伙人可以用货币、实物、土地使用权、知识产权或者其他财产权利出资。同样,对货币以外的出资需要评估机构进行评估。另外,合伙人也可以经过协商用劳务出资。合伙人的出资和所有以合伙企业名义取得的收益由全体合伙人共同管理和使用。合伙人原则上以个人财产对合伙机构承担无限连带责任,但如果合伙人是以家庭财产或夫妻共同财产出资并把合伙收益用于家庭或夫妻生活的,应以家庭财产或夫妻共同财产对合伙机构承担无限连带责任。

(三)个人独资房地产经纪机构

个人独资房地产经纪机构是指依照《中华人民共和国个人独资企业法》和有关房地产经纪管理部门规章在中国境内设立,由一个自然人投资,财产为投资人个人所有,投资人以其个人财产对机构债务承担无限责任的从事房地产经纪活动的经营实体。

(四)房地产经纪机构设立的分支机构

在中华人民共和国境内设立的房地产经纪机构、国外房地产经纪机构,经拟设立的分支机构所在地主管部门审批,都可以在中华人民共和国境内设立分支机构。

分支机构能独立开展房地产经纪业务,但不具有法人资格。房地产经纪机构的分支机构独立核算,首先以自己的财产对外承担责任,当分支机构的全部财产不足以对外清偿到期债务时,由设立该分支机构的房地产经纪机构对其债务承担清偿责任;分支机构解散后,房地产经纪机构对其解散后尚未清偿的全部债务承担责任。该机构承担责任的形式按照机构的组织形式决定,股份有限公司和有限责任公司以其全部财产承担有限责任,合伙机构和个人独资机构承担无限连带责任。国外房地产经纪机构的分支机构撤销、解散及债务的清偿等程序都按照中国法律进行。

二、房地产经纪机构的功能

在社会经济活动中,房地产经纪机构的功能主要有:介绍功能、顾问功能、资讯功能以及议价功能。

(一)介绍功能

房地产经纪机构的介绍功能对买卖双方非常重要,一方面,可使业主有大量买家洽谈购买其物业,因而令业主可从各买家中选取出价最高的买家。另一方面,买家亦可透过大量的楼盘选择出一个价钱较合理而又适合自己的物业,以免买贵楼或买错楼。

(二)顾问功能

房地产经纪机构凭借专业知识和丰富的市场经验,可以给予投资者、置业人士、发展商及业主一些意见,做其顾问,令这些人士可以做出更合适的物业买卖决定。

(三)咨询功能

房地产经纪机构对物业资料的认识和对市场信息的掌握,可为客户提供客观科学的资讯,供其分析。

(四)议价功能

房地产经纪机构作为中间人,可协调买卖双方买卖条件的差距,发挥其议价功能。

除此之外,近年房地产经纪人也正发挥置业一条龙的增值服务功能,令买卖双方可享有买卖物业一站式服务。随着我国市场经济的深入发展,越来越多的经纪人活跃在经济生活的各个领域。经纪人的产生以及所从事的经纪事业的发展对促进我国经济的发展发挥了十分重要的作用。房地产业作为我国新兴的产业,发展迅速,前景广阔,已经成为国民经济的支柱性产业。房地产是一种特殊的商品,房地产商品的特殊性决定了房地产交易市场的特殊性和复杂性。复杂的房地产交易需要中间人的介入,房地产经纪人的存在活跃了房地产市场,有力地推动了房地产业的发展。

三、房地产经纪机构的设立

从事房地产经纪业务，应当设立房地产经纪机构。房地产经纪机构应当是具有独立法人资格的经济组织。

（一）房地产经纪机构设立的条件

房地产经纪机构的设立应当具备以下几方面的条件：

（1）有自己的名称、组织机构，房地产经纪机构名称应当注明"房地产经纪"字样。

（2）有固定的经营场所。

（3）有符合规定的注册资本。

（4）具备足够的专业人员：

a. 以公司形式设立房地产经纪机构的，应当有 3 名以上持有《中华人民共和国房地产经纪人执业资格证书》的专职人员和 3 名以上持有《中华人民共和国房地产经纪人协理从业资格证书》的专职人员。

b. 以合伙企业形式设立房地产经纪机构的，应当有 2 名以上持有《中华人民共和国房地产经纪人执业资格证书》的专职人员和 1 名以上持有《中华人民共和国房地产经纪人协理从业资格证书》的专职人员。

c. 以个人独资企业形式设立房地产经纪机构的，应当有 1 名以上持有《中华人民共和国房地产经纪人执业资格证书》的专职人员和 1 名以上持有《中华人民共和国房地产经纪人协理从业资格证书》的专职人员。

d. 房地产经纪机构的分支机构应当具有 1 名以上持有《中华人民共和国房地产经纪人执业资格证书》的专职人员和 1 名以上持有《中华人民共和国房地产经纪人协理从业资格证书》的专职人员。

（5）国家法律和工商登记规定的其他条件。房地产经纪机构的设立应符合《中华人民共和国公司法》、《合伙企业法》、《个人独资企业法》、《中外合作经营企业法》、《中外合资经营企业法》、《外商独资经营企业法》等法律法规及其实施细则和工商登记管理的规定。

另外，设立房地产经纪机构，还应当符合拟设立的房地产经纪机构所在地政府有关管理部门的规定。

（二）房地产经纪机构设立的程序

首先，应由当地县级以上房地产管理部门对其人员条件和资金情况进行资质审核。

经审查合格后，再向当地工商行政管理部门申请办理工商登记，审核其经营场所和经营范围等，领取营业执照。

房地产经纪机构在领取工商营业执照后的 1 个月内，应当持包括备案申请书、营业执照、章程、机构人员情况等的书面材料到登记机构所在地县级以上房地产行政管理部门或其委托的机构备案。

房地产管理部门收到申请人的申报材料后，将进行审核，对于审核合格者，办理登记手续，并发给房地产经纪机构资质证书。

（三）房地产经纪机构的注销

房地产经纪机构的备案证书撤销后，应当在规定的期限内向所在地的工商行政管理部门办理注销登记。房地产经纪机构歇业或因其他原因终止经纪活动的，应当在向工商行政管理部门办理注销登记后的规定期限内向原办理登记备案手续的房地产管理部门办理注销手续。

房地产经纪机构的注销，标志着其主体资格的终止。注销后的房地产经纪机构不再有资格从事房地产经纪业务，注销时尚未完成的房地产经纪业务应与委托当事人协商处理，可以转由他人代为完成，也可以终止合同并赔偿损失，在符合法律规定的前提下，经当事人约定，也可以用其他方法解决。

当然，关于房地产经纪机构的设立以及具体管理规定，在不同地区也是有区别的，本节最后附有《北京市房地产经纪机构管理规定》供大家参考。

附：北京市房地产经纪机构管理规定（北京市房屋土地管理局）

第一条　为加强对本市房地产经纪人的管理，规范市场行为，维护当事人的合法权益，根据《中华人民共和国城市房地产管理法》、建设部《城市房地产中介服务管理规定》，制定本规定。

第二条　凡在本市行政区域内，从事房地产经纪活动的机构，均须遵守本规定。本规定所称房地产经纪活动，是指在房地产转让、抵押和租赁等活动中，向当事人居间提供信息、咨询、代理等有偿服务的行为。

第三条　设立房地产经纪机构，申请人须向北京市房屋土地管理局（以下简称市房地局）提出书面申请，经审查符合下列条件的，由市房地局发给资质证书，方可从事房地产经纪活动：

（一）有自己的名称、组织机构、章程和健全的财务制度；

（二）有固定的服务场所；

（三）有10万元以下的注册资金；

（四）取得《北京市房地产经纪人资格证》和《北京市房地产经纪人助理资格证》的人员需占总人数的50%，其中具有房地产经济初级职称的人员2名以上。

第四条　凡年满18周岁、具有本市常住户口和高中以上文化程度的人员，经北京市房屋土地管理局统一培训、考试、注册登记后，方可从事房地产经纪活动。

第五条　房地产经纪机构从业人员分为“房地产经纪人”和“房地产经纪人助理”。

取得房地产经纪人资格需具备以下条件：

1. 具有大专以上房地产专业或相关专业的学历；

2. 有房地产或相关专业技术职称；

3. 有五年以上房地产工作实践。

取得房地产经纪人助理资格需具备以下条件：

1. 具有高中以上文化程度；

2. 有两年以上房地产工作实践。

第六条 个人从事房地产活动，必须受聘于一个房地产经纪机构。

第七条 房地产经纪机构从业人员发生变动，应及时向市房屋土地管理局办理变更手续；遗失证件应到发证机关申请补发。

严禁伪造、涂改、转让《北京市房地产经纪机构资质证书》、《房地产经纪人资格证》和《房地产经纪人助理资格证》。

第八条 房地产经纪机构向当事人提供居间介绍、咨询或具有委托事项的服务，应与当事人签订房地产经纪合同。房地产经纪合同应包括下列主要内容：

（一）标的物的种类、数量、成交额；

（二）房地产经纪服务形式和标准；

（三）合同的履行期限；

（四）佣金及支付方式；

（五）违约责任和纠纷解决方式；

（六）当事人约定的其他内容。

第九条 房地产经纪活动的佣金暂按国家计委、建设部 1995 年 7 月颁发的计价格（1995）971 号《关于房地产中介服务收费的通知》的规定执行。本市相应的规定颁布后以颁布的规定为准。收取佣金必须使用税务部门制发的统一票据。

第十条 经委托人同意，房地产经纪机构可将受托的房地产经纪事项转委托其他房地产经纪机构代理，但不得增加佣金。

第十一条 房地产经纪合同不能履行或不能完全履行的，房地产经纪机构不收取或减收佣金，但因委托人过错除外。

房地产经纪机构及其从业人员与委托人有利害关系的，应当回避。

第十二条 房地产经纪机构开展业务应当建立业务记录，设立业务台账。

房地产经纪机构须按季度向市房屋土地管理局报送经纪业务统计报表。表格式样由北京市房屋土地管理局统一制发。

第十三条 房地产经纪机构实行年度审查制度。按年度审查结果，确认其等级，定期公布。

年度审查制度的具体规定由市房屋土地管理局另行制定。

第十四条 房地产经纪机构实行分级管理：

一级：注册资金 100 万元以上，持有房地产经纪人资格证书的人员不少于 70%，其中有房地产中、高级经济师资格人员不少于 5 名，坚持台账制度，报表及时、准确，合同规范，按规定合理收费，无违法违章行为。

二级：注册资金 50 万元以上，持有房地产经纪人资格证书的人员不少于 60%，其中有房地产经济师资格的人员不少于3名，台账、报表齐全，按规定合理收费，无违法违章行为。

三级：注册资金10万元以上，持有房地产经纪人资格证书的人员不少于50%，其中有房地产经济师资格的人员不少于2名，有台账及统计报表，按规定合理收费，无违法违章行为。

第十五条　房地产经纪机构及其从业人员在房地产经纪活动中不得有下列行为：

(一)直接从事房地产吞吐业务；

(二)索取、收受委托合同以外的酬金或其他财物；或者利用工作之便，谋取其他不正当的利益；

(三)允许其他经纪机构以自己的名义从事房地产经纪业务；

(四)同时在两个或两个以上的房地产经纪机构执行业务；

(五)与一方当事人串通损害另一方当事人的利益；

(六)欺诈行为；

(七)法律、法规禁止的其他行为。

第十六条　本规定由市房屋土地管理局负责解释。

第十七条　本规定自发布之日起施行。

第四节　房地产经纪机构的岗位设置与人员管理

正如我们前面所介绍的，房地产经纪机构是开展房地产经纪业务的法律主体，也是房地产经纪人员从事房地产经纪活动必须依附的经济实体，因此，房地产经纪人员有必要了解房地产经纪机构的岗位设置及人员管理等基本知识。

一、房地产经纪人与房地产经纪机构的关系

房地产经纪机构是房地产经纪人员进行房地产经纪职业活动的载体，是房地产经纪活动的组织者。房地产经纪人员与房地产经纪机构之间有以下关系。

(一)执业关系

一方面，房地产经纪机构必须是由房地产经纪人组成的。根据规定，不论是设立房地产经纪公司、房地产经纪合伙企业、房地产经纪个人独资企业，还是设立房地产经纪机构的分支机构，都必须有规定数量的持有《中华人民共和国房地产经纪人执业资格证书》的人员和一定数量的持有《中华人民共和国房地产经纪人协理从业资格证书》的人员。由此可见，没有房地产经纪人员的加入，房地产经纪机构是无法成立的。另一方面，房地产经纪人

员从事经纪活动必须以房地产经纪机构的名义进行，不能以个人的名义进行；房地产经纪人员承接房地产经纪业务由房地产经纪机构统一承接，由房地产经纪机构与委托人签订经纪合同，再由房地产经纪机构指定具体的房地产经纪人承办房地产经纪业务。

（二）经济关系

由于房地产经纪业务是由房地产经纪机构统一承接的，房地产经纪合同是在委托人与房地产经纪机构之间签订的，因此，由房地产经纪机构统一向委托人收取佣金，并由房地产经纪机构出具发票；房地产经纪机构收取佣金后应按约定给予具体承接和执行经纪业务的房地产经纪人员报酬，报酬的形式可以与经纪人员协商约定，可以是计件的也可以是按标的提成等。报酬的具体金额或比例由双方约定，但应符合当地当时提供同类服务的正常水平。

（三）法律责任关系

由于房地产经纪业务是由房地产经纪机构统一承接的，房地产经纪合同是在委托人与房地产经纪机构之间签订的，因此，一方面，房地产经纪人员在执业活动中由于故意或过失给委托人造成损失的，由房地产经纪机构统一承担责任，房地产经纪机构对委托人进行赔偿后，可以对承办该业务的房地产经纪人员进行追偿；另一方面，由于委托人的故意或过失给房地产经纪机构或房地产经纪人员造成损失的，应由房地产经纪机构向委托人提出赔偿请求，委托人对房地产经纪机构进行赔偿后，再由房地产经纪机构对房地产经纪人员的损失进行补偿。由于房地产经纪业务的特点决定了房地产经纪人执业的流动性比较大，由房地产经纪机构统一承接经纪业务并承担法律责任，有利于保护委托人、房地产经纪人员和房地产经纪机构三方的合法权益，也有利于促使经纪机构加强对其属下执业经纪人的监督和管理。

二、房地产经纪机构的岗位设置

目前在我国房地产经纪机构中，普遍存在规模小，产业化程度低，信息不够充足，收费不规范，业务模式单一等问题。绝大多数中介机构开展业务的最大目的在于求生存，对于提高业务水平、创造品牌等深层次发展目标有心无力。一方面市场上房地产经纪机构的绝对数量很大，另一方面能提供专项服务的经纪机构却很少。大量的小型经纪机构业务模式单一、雷同，多数以办理散房、私房的租售或交换为主要业务。而能提供高水平的服务，如金融咨询等方面的顾问型服务机构却极少。由此而来的是众多无差别的低水平服务提供者，拥挤在一个狭小的市场空间中，展开低水平的竞争。各种恶性竞争、不正当竞争的案例层出不穷。

房地产经纪机构要想长期发展，就必须走规模化、标准化的经营道路，加强市场运作能力，而对于一个规模化的、规范化的房地产经纪机构来说，完善的岗位设置是不可或缺的。根据房地产经纪业务的特点，标准的房地产经纪机构一般应该设置有以下岗位。

（一）销售序列

销售序列包括：销售员、案场销售经理、连锁店经理、销售副总经理等岗位。

其中，销售员的直接上级是案场销售经理或连锁店经理，这个岗位的主要职责是：

（1）完成公司下达的各项工作指标；

（2）主动配合公司做好针对所在销售个案的调研工作；

（3）个案销售结束后主动积极地配合市场部做好各类市场调研工作。

案场销售经理岗位和连锁店经理的直接上级是销售副总经理，其中，案场销售经理岗位的主要职责是：

（1）负责整个案场的管理工作，协调与甲方及施工单位在销售过程中的关系；

（2）带领团队按时完成公司布置的业绩指标任务，在工作中协助上级领导依据实际情况调整原有的工作程序、管理制度，使各项工作更趋于合理化、规范化；

（3）在项目前期做好市场调查分析，配合相关部门制定合理的企划计划与销售计划，做好项目筹备工作，项目中建立完整的项目销售档案及客户档案，协助发展商处理定金、合同、按揭等工作，反馈客户意见及市场动态；

（4）对所有案场工作人员进行上岗考核、业务评定、建议停职或推荐调升等。

而连锁店经理岗位的主要职责是：

（1）根据公司的授权负责该连锁店业务的运营及管理；

（2）执行公司的有关业务部署；

（3）负责对连锁店人员的管理和工作评估并及时将有关情况报告公司的有关部门。

销售副总经理岗位的直接上级是总经理，这个岗位的主要职责是：

（1）负责领导各个案场销售经理及连锁店经理的工作，对各个案场及连锁店实施宏观管理、控制；

（2）负责销售员及各种资源在各案场及连锁店中的调配；

（3）负责组织各项目的前期谈判和准备工作，以及项目营销方案的审定；

(4) 负责销售员、案场经理及连锁店经理的佣金发放、审核等工作。

(二) 研发序列

研发序列主要包括:项目开发、市场调研、信息管理、专案研究等岗位。这类岗位技术性较强,对岗位人员素质要求较高。

(三) 管理序列

管理序列主要包括:部门经理、副总经理、总经理等岗位。

其中部门经理的直接上级是分管副总经理,这个岗位的主要职责是:具体负责房地产经纪机构内本部门的工作计划制定、工作安排,监控本部门的工作进度,考核本部门的工作人员。

副总经理岗位的主要职责是:参与机构整体工作计划的制订,协助总经理分管房地产经纪机构内某一个或某几个方面的工作。

总经理岗位负责房地产经纪机构的全面管理,包括组织制定和调整机构经营模式、内部组织机构、内部管理制度和任免各岗位的工作人员等,并对董事会(有限责任公司或股份责任公司)或投资人(合伙企业)负责。

(四) 业务辅助序列

业务辅助序列包括:办事员、咨询顾问等岗位。

办事员岗位的主要职责是:经办产权登记、代办抵押贷款等与业务有关的相关事务。咨询顾问岗位主要是在一些规模较大的房地产经纪机构内设置的,为了提高服务质量,经纪机构专门聘请具有专业知识和经验丰富的人员为客户提供信息、法律等方面的咨询。

(五) 辅助序列

辅助序列主要包括会计、出纳等岗位。另外,较大规模的房地产经纪机构内通常还设秘书、前台服务生、保安、司机、保洁员等岗位以辅助机构的运转。

二、房地产经纪机构的人员管理

(一) 对房地产经纪人员管理的必要性

对房地产经纪人员的管理,是指国家有关部门根据房地产交易活动的需要,运用经济、行政、法律等手段对在房地产市场上从事房地产中介活动的单位和个人进行组织、协调、控制和监督等活动。加强对房地产经纪人员的管理是十分必要的。

1. 经纪机构自身发展的需要

服务业成功的关键在于服务的专业化和规范化,在房地产经纪业日益发达的情况下,只有加强对房地产经纪人员的管理,拥有一支高素质的员工队伍,才能提高房地产经纪机构的信誉度和知名度,才可以在激烈的市场竞争中立于不败之地。

另外,房地产经纪人员活动的目的是促成交易并获得报酬。但在现实交易中,经常出现这样的现象,供求双方在经纪人介绍认识以后,私下进行联系,摆脱与经纪人的关系,不付给经纪人报酬。加强对经纪人员的管理,制定相应的法令、法规来规定经纪人员的收费标准,不仅对经纪人员的收费情况进行限制,也对经纪人员的收入起到保护作用。

2. 规范房地产交易行为的需要

房地产交易具有复杂性,它涉及范围广,参与的人员多,流通的环节也多。完成一项房地产交易,不仅要与建筑部门、房地产管理部门、工商部门、银行以及市政有关部门打交道,还要涉及房地产产权转移、地籍管理以及房地产交易法规的限制等各种问题。在这种复杂的情况下,如果政府及其有关部门不及时采取有力措施加强对房地产交易活动的管理,房地产交易市场是极易陷入混乱状态的。要规范房地产交易行为,很重要的一点就是要加强对房地产经纪人员的管理。房地产经纪人是房地产交易的中介人,经纪人的行为不仅直接关系到每一笔房地产交易的实现,而且对整个房地产市场的发展也起着举足轻重的作用。因而,加强对房地产经纪人员的管理,是房地产交易活动的前提基础。

3. 维护交易双方权益的需要

房地产的供需双方在房地产经纪人员没有介入之前双方互不了解,对方的交易目的、交易条件、交易价格等都需要通过经纪人员提供的材料来了解,从而做出相应的判断和交易反应措施。因而,房地产经纪人员的诚实、信用和职业道德是至关重要的。房地产经纪人员是交易双方的信息传递员,他作为中间人掌握着供给者、需求者双方的交易秘密,因而,只有合格的具有良好职业道德的经纪人员才能保护交易双方的利益。这就要求加强对房地产经纪人员的管理,通过对其进行严格的资质审查,保证其素质的优良。

(二)房地产经纪机构人员管理的基本原则

在市场经济条件下,对房地产经纪人员进行有效管理应遵循的原则主要有以下五个方面。

1. 宏观管理原则

经济发展的实践已经证明,完全的、彻底的、不加任何控制的市场经济行为是不存在的,即使是在一定时期内采用的完全意义上的自由放任政策也是不利于经济发展的。对于房地产经纪业也一样,如果不对房地产经纪人员进行适当的管理,是难以发展和壮大经纪人队伍的,房地产经纪业也难以深入、完善。宏观管理就是要通过制定相应的宏观经济政策,明确房地产经纪业的发展方向，确定其发展方针，在总的原则和指导思想下，使房地产经纪业朝着合理的方向发展，使每一个房地产经纪人在开展业务时都有行为依据，从而进行规范化操作。在我国房地产市场建设之初，不规范的、无法律依据的经纪活动推动了房地产经纪业的发展，但也对房地产经纪业的深入发展和完善产生了阻碍作用，因而，加强房地产经纪业的宏观管理是当务之急。

2. 灵活性原则

在不违反总的原则和方针的前提下，应保证房地产经纪的行为具有相当的灵活度，能够针对不断变化的市场状况采取相应的应变措施，适应市场新形势的需要。只有保证房地产经纪人具有相应的自主能力和灵活性，才能促使房地产交易市场活跃和繁荣起来。

3. 规范化管理原则

房地产经纪人队伍人员复杂，素质参差不齐，经纪行为也各具特色。房地产经纪工作极其烦琐和复杂，对房地产经纪人的要求很高，只有具有较强的社会活动能力以及较高的文化素质和专业素质的人才能胜任这项工作。在发展和完善房地产市场的同时，对房地产经纪人实施规范化管理是十分必要的。所谓规范化管理，就是要通过制定一系列的政策、规定、规章制度以及采取相应的规范化的管理措施，对经纪人的资历、素质、能力以及经纪行为有统一的要求和限制，确保房地产经纪活动的合理合法性以及公平竞争性。

4. 监督和保护相结合原则

无论是对经纪人员管理的宏观政策的制定，还是对经纪人员进行资质审查的具体规定及各种行政管理措施，都必须本着监督和保护并存的原则。一方面，通过管理政策和措施的实施，来检查和监督经纪人员的行为是否合理、合法；另一方面，通过各种管理措施和管理手段，有利于保护经纪人员的合法权益，也有利于各个经纪人在平等的环境下自由竞争。

5. 自我管理原则

自我管理主要发挥行业内部组织的管理作用，以行业内部人员为基础，组成行业组织，约定和实施对本行业的管理措施。通过行业大会商定对经纪人员的管理办法，实施对房地产经纪人员的自主管理，在对房地产经纪人员的全面管理中发挥着主导作用。在市场经济条件下，对房地产经纪人员实行自我管理更为客观和符合实际。

具体到实际管理工作中，机构的高层管理者应以身作则，保证每个岗位的人员都具有适当的任职资格，并控制好合同管理、信息管理等关键性的岗位。同时，注重员工在岗位中的再学习和再培训工作，加强员工的操行管理，以保证机构的顺利运行。

（三）房地产经纪人员的管理方法

对房地产经纪人员的管理在遵循上述原则的基础上，经常采用的管理方法主要有经济、行政、法律和行会管理四种方法，四者有机结合，相辅相成。

1. 经济管理方法

经济管理方法主要是通过经济组织、利用经济方式来实施管理的方法，即以物质利益为推动力来制约和协调经纪人与委托人、经纪人与其他相关人员的经济利益关系，来保证经纪人中介活动的顺利进行以及经济利益不受侵害。经济管理方法一般是通过制定各种经济政策、利用各种经济杠杆来发挥作用的，如利用价格、税收、佣金分享以及信贷利息等经济杠杆，来调控经纪人员的行为。此外，对于违反经济政策，进行不法经纪活动的经纪人员进行经济制裁等方式，都属于经济管理办法。房地产经纪人是以收取佣金为报酬，具有独立的经济利益的个人或法人，因而运用经济的管理手段来制约经纪人的行为是极其有效的方法。

2. 行政管理方法

行政管理方法主要是指依靠各级政府及有关管理部门的权威，通过下达强硬性的计划、任务和行政命令、法规、办法等，运用行政方式进行管理的方法。任何经济组织都要受到国家有关行政机关的领导和监督，我国实行的是土地国家所有制，国家从整个国民经济发展的大局着眼，为了使各个具体经济部门、单位的各项具体经济活动适应整个经济发展大局的需要，必须制定和发布一些带有强制性的命令、规定和指令性的计划、任务，并严格监督执行。在房地产经纪机构内部，也必须在经济管理方法的基础上，结合行政方法，对房地产经纪人员进行资质审查、规范其经纪活动，以保证机构的正常运转。

3. 法律管理方法

法律管理方法，是指政府有关部门通过立法的形式，来保证经纪业管理的各项政策、制度和方法的实施和运行。完善和发达的房地产经纪人制度必须辅之以必要的法律手段作保障，利用法律方法和法治方法对房地产经纪人员进行管理，有利于解决经纪活动中可能出现的各种纠纷，打击非法的经纪活动，制裁违法的交易行为，以保证房地产经纪业的健康发展。目前，我国房地产经纪人员管理的法制建设还很不完善，没有完备的、统一的管理房地产经纪人的法律、法令，加强房地产经纪人员管理的法制建设，是发展我国房地产经纪业的当务之急。

4. 行会管理办法

政府主要是做好法规制定工作，从宏观角度，从法律制度上进行房地产经纪人员的管理,而行业管理由行业协会执行,这是市场专业化发展的需要。一个行业的行业协会往往是健全该行业的必需机构,要完善房地产经纪业的结构,除了国家立法规范,行政管理完善之外,很大程度上有赖于行业协会发挥其教育及监督的功能,以提高行业整体素质、加强行业自律。房地产经纪人专业协会是在房地产主管部门指导下,从事房地产经纪活动的企业自愿组成的房地产经纪业的行业自律性社会团体。行会管理是房地产经纪人管理的突出特点,行会组织可以发挥房地产经纪人的力量来进行自我管理,解决房地产经纪人内部之间的矛盾,保证房地产经纪人之间的平等竞争,制止垄断。完备的房地产经纪人制度离不开行会组织,行业协会既是政府的助手,也是经纪企业、客户与政府之间沟通的桥梁。

(四)房地产经纪机构人员管理的主要内容

一般来说,对房地产经纪机构人员的管理主要包括培训、绩效考核、薪酬和激励四个方面的内容。

1. 培训

这里的培训主要是讲在职培训,方式可以分为以下几种:

(1)课堂讲授。由讲师向房地产经纪人员讲授房地产经纪行业的相关知识与技能。

(2)案例讨论。通过对案例的讨论与研究,提高房地产经纪人员业务素质。

(3)实战模拟。由学员扮演经纪人及客户等角色,模拟现实状况,提高经纪人员的从业技巧,培养实战能力。

2. 绩效考核

对每一位员工按照有关标准进行考核,衡量其是否能够成为优秀的房地产经纪人。一般而言,可以从职业道德、心理素质、礼仪修养、知识结构和职业技能等几个方面来制定考核标准,具体主要包括以下几个方面:

(1)是否具有房地产的专业知识,并能做不断的追求补充。

(2)是否有亲切诚恳的态度、进退有序的礼仪。

(3)是否有流利的口才,清晰的口语,速度适中,有抑扬顿挫的效果。

(4)是否有整洁的仪容,常常面带微笑。

(5)是否有耐心耐力,锲而不舍。

(6)平时是否多涉猎相关知识。

(7)是否随时研究各种状况,针对各种类型的顾客做不同的游说,见机行事,随机应变。

(8)主动、积极、勤奋,保持高昂的士气。

(9)尽量从顾客的立场考虑,并非一味地强迫推销。

(10)对市场情况、竞争者资料以及顾客的购买动机做不断的分析与研究。

3. 薪酬

薪酬直接影响到员工的工作态度,合理的薪酬制度是公司业务能否成功的关键之一,不但能提高员工的工作积极性和忠诚度,而且能吸引组织外的优秀业务人员加入。薪酬给付方式一般有固定薪金制、佣金制和混合制三种。固定薪金制有保障底薪,对业务人员生活有保障,可以降低人员流动率,但对员工的激励作用不大;佣金制没有保障底薪,其收入完全视员工业绩而定,员工危机意识高,激励作用较强,但不利于管理;混合制即是将固定薪金制和佣金制混合运用,采取两者之优点。

因此,根据经纪行业的特殊性,对房地产经纪人员的报酬应多采用底薪加奖金的形式。需要注意的是,薪酬制度的制定要符合明确性、公平性、经济性、灵活性等基本原则,另外,还要在同行业中具有竞争力。

4. 激励

激励是指通过高水平的努力实现组织目标的意愿,而这种努力是以能够满足个体的某些需要为条件的。因此,要想更好地提高房地产经纪机构的组织绩效,就必须加强机构内部的其他激励机制,如尊重员工,营造和谐的工作环境,关注员工的社交需要、成就需要等,提高员工满意度,使每个员工都能有充分的归属感,保持积极的工作态度,从而使房地产经纪机构得以健康、快速的发展。

研究思考题:

1. 房地产经纪人的类型与特征?
2. 房地产经纪人的权利与义务。
3. 房地产经纪机构如何设立?
4. 房地产经纪人与经纪机构的关系。
5. 房地产经纪机构的岗位设置与人员管理要求。

第三章

房地产市场

本章概要：

房地产市场供求与价格；

房地产市场的构成；

房地产市场商品及特性。

第一节　房地产商品及特性

一、房地产商品的含义

首先我们先来看几个常见的关于房地产的定义：

(1)房地产是房产和地产的合称，是房屋与土地在经济方面的体现。

(2)房地产又称为不动产，它是土地及定着在土地之上的建筑物、构筑物和其他附着物的总称。

(3)房地产是指土地和土地以上的永久性建筑物，以及由其所衍生的权力。

(4)房地产是在一定所有制关系下，作为财产的房屋及其所占用土地的总称。

以上这几种表述是有差异的，有从商品角度来解释的，还有从财产或权利角度来解释的，但是我们可以看到一个共同点，即房地产是一个由房屋和土地或称房产和地产所组成的综合物。房屋与土地反映着房地产在物质方面的属性和形态，而房产与地产则是房地产在经济方面商品形式的体现。在生活资料方面，房产与地产属于财产范畴；在生产经营资料方面，房产与地产属于资产范畴。从经济学意义上讲的房地产通常是指城市(或城镇)的房产和地产的合称，它不仅指土地、房屋、建筑物，而且还包括产权等经济权属的含义。根据以上分析，我们得到下面这个定义：

房地产是房产与地产的统称，包括土地、建筑物及其他地上定着物以及由此所衍生的权力。

其次，土地是指地球陆地表面及其上下一定范围内的空间；建筑物是指人工建筑而成，由建筑材料、建筑构配件和建筑设备等组成的整体物，包括房屋和构筑物两大类；其他地上定着物是指固定在土地或建筑物上，与土地、建筑物不能分离，或者虽然可以分离，但是分离不经济，或者分离后会破坏土地、建筑物的完整性、使用价值或功能，或者使土地、建筑物的价值明显受到损害的物体；另外，所衍生的权力是房地产中无形的、不可触摸的部分，如所有权、租赁权、抵押权、典权、地役权、空间利用权等。

由于房屋、建筑物要依附于土地而存在，因而，房产和地产有着不可分割的联系，两者在经营上也总是结合在一起的。从实物形态上看，房地产是各种明确了权属关系的土地、房屋以及与之相连的建筑物，如水塔、围墙、烟囱、给排水设施等；从经济形态上看，房地产是不同产权所有者所拥有的不动产，它凝结着活劳动和物化劳动。

在实际生活中，讲到房地产，一般均指房屋建筑和建筑地块所组成的有机整体。习惯上也不把房地产与房屋、土地作严格的区分，房地产即房屋与土地。房地产一般又被称为不动产，但这只是不动产概念的狭义解释或通俗解释，不动产是指土地及其定着物，所以广义概念的不动产不仅包括房地产，还包括不能移动或移动后会损失经济价值的财产，如水坝、地下工程、港口等建筑。

房地产是市场经济条件下最重要的财产形式之一，它在社会经济生活中的地位越来越突出。尤其在人类社会生活向城市形式集约化发展的今天，房地产已不仅仅只具有作为人们生产、居住、服务等活动场所的意义，而是逐步成为现代社会经济大系统的有机组成部分。

二、房地产商品的类型

根据划分依据不同，房地产有多种分类方式，但是在现实生活中，我们常常根据房地产的物质形态和用途对其进行开发、利用和管理，因此，这里主要介绍这两种划分方式。

（一）按物质形态划分

1. 土地

土地是房地产的一种特殊形态，因为单纯的土地并不能满足人们居住和生产的需要，必须通过对土地不断投资，挖掘土地潜在的开发价值，才可以最终达到为人类提供人住空间和活动场所的目的。另外,城市土地又可以分为具有开发建设条件的熟地和必须经过再开发过程才能用于建设的生地。

2. 在建工程

在建工程是指已经开始工程施工建设但尚未竣工投入使用的房地产,是房地产开发建设过程的中间形态。由于受原有投资者融资能力、管理能力、投资策略、市场营销策略以及市场环境因素变化的影响,房地产市场上总是存在着一定数量在建工程的交易行为,如将在建工程转让、抵押等,这是房地产市场中的一种特殊交易行为。

3. 建成后物业

所谓建成后物业是指已通过竣工验收,可投入或已经投入正常使用的房屋建筑物、构筑物及附属设施与场地。按照不同的分类原则,建成后物业有以下两种分类方法:一种是按其当前的使用状况分为空置房和已入住或已使用(包括所有权人确定但尚未使用)的房地产两类;另一种是按照不同的建筑用途分类,建成后物业又可以分为:

(1)居住物业:包括普通住宅、公寓、别墅,即通常所称的住宅;

(2)商业物业:包括商业大厦、商场、购物中心、写字楼、酒吧、餐厅、饭店、宾馆、各种文化娱乐设施以及服务业用建筑等,它的购买者大多是以投资为目的,以物业提供的空间进行经营活动,靠物业经营或出租的收入来回收投资并赚取投资收益;

(3)工业物业:包括标准厂房、车间、仓库、成品和材料堆放场地、高新技术产业用房、研究与发展用房等,是为人类的生产活动提供空间的房地产;

(4)特殊物业:包括赛马场、高尔夫球场、汽车加油站、飞机场、车站、码头、高速公路、桥梁、隧道、开发基地等也是为人类的生产消费活动提供空间的房地产。

（二）按用途划分

1. 农田

由于土地是不可再生资源,而随着人口的增长和经济的发展,人类对农田的需求日益扩大,所以土地价格和租金呈上升趋势。随着现代科学技术在农业生产上的不断推广运用,农业生产率将日益提高,但由于存在投资报酬递减现象,以及单位面积农产品产量的极限,与其他行业相比,农业投资的利润通常是比较低的。农业是国民经济的基础,粮食是人类生存最基本的生产资料,因此各国政府都制定有明确的法律和政策对农田进行严格的管理。

2. 森林

森林的投资回收期很长,有时投资者需要投资 60 年以上方能有稳定的收入,因此,一片森林中必须有相当比重的成材树,而且各种年龄的树木应各占一定比例。由于世界上成材林面积不断下降,人类对木材的需求却日益增加,导致木材价格急剧上涨。鉴于木材是重要的生产、生活资料,所以许多国家对森林投资采取了各种优惠政策,如减、免税,甚至预付一部分利润等。

3. 住宅

住宅是人类赖以生存的基本条件之一,在现代城市中,住宅一般占到房屋总量的50%左右。住房与人们的生活息息相关,住房的供应量及价格的变化是关系到社会安定的大事,住宅房地产是一种十分复杂而敏感的商品,世界各国政府都对住房政策采取十分谨慎的态度。住宅房地产可以分为三类:

(1)福利设施住宅。这类住宅由政府投资兴建,是靠国家大量财政补贴来维持的。承租户只需要象征性地交纳少量的租金即可,这部分房租甚至不足以维持正常的房屋建筑物的维修、管理费用。住房制度改革之前,我国绝大部分住宅都是属于这一类型的。

(2)准商品住宅。这类住宅的买卖、租赁,通常是国家通过一定的财政补贴给予其各种优惠政策,如控制最高租金水平、给予低息购买贷款等。说这类住宅属于准商品是因为它们的租金与价格已同建筑的成本、利润挂钩,并受房地产市场供求的一定影响,但它们的租金和价格不与市场供求、竞争直接联系。随着我国住房制度改革的不断推进,我国的住宅房地产已逐步向这种类型演变。

(3)商品住宅。这部分房地产与其他商品一样,其价格、租金,以及供求关系完全由市场决定。

4. 商业用房地产

商业用房地产是房地产市场中主要的商品,它包括店铺、购物中心、商业大厦、写字楼、宾馆、酒吧、餐厅、各种文化娱乐设施以及服务业用建筑等。商业用房地产由于装修等原因,地上建筑价值占整个房地产价值的比重较大,由于单位营业面积盈利率高,因而单位面积的售价和租金也相对比较高。商业用房地产对周围环境的反应特别敏感,在城市中的位置往往成为商业用房地产价值的关键因素。另外,商业用房地产在具体用途发生变化时不会有太大的困难,具有较强的适应性。

5. 工业用房地产

工业用房地产包括工厂、仓库成品和材料堆放场地码头等。工业用房地产是工业生产的重要生产资料，一般认为他们部分地参加产品的生产过程。工业用房地产装修一般都比较简单，总建筑成本相对比较低。工业用房地产对周围环境也有一定要求，主要是交通运输便利，有较大的发展空间。工业用房地产在结构设计方面技术性要求很高，有时一幢厂房就是专门为某一条生产线而设计的，进入市场的可能性很小，适应性较差。但一些标准厂房、仓库、码头等也可以用来开展租赁、买卖业务。

6. **开发基地**

开发基地包括已购入或租入的预定用于开发的生地，已经完成三通一平（水、电、道路通，场地平整）、五通一平（上水、下水、供电、通信、道路通，场地平整）或七通一平（上水、下水、供电、通讯、煤气、污水、道路通，场地平整）的熟地，以及已拆除和将要拆除旧建筑用于重新开发的土地，它是一种过渡形式的房地产。

此外，除了上面两种主要分类方式外，还可以按经营方式把房地产划分为用于出售的房地产和用于出租的房地产；按是否产生收益把房地产划分为收益性物业和非收益性物业；按开发程度把房地产划分为生地、熟地、期房和现房。

三、房地产商品的特点

房地产是不动产形式的固定资产，是一种特殊商品。房地产具有其他财产和商品所不具有的特性。

（一）相对不可分割性

所谓"不可分割"，是指不能分离或虽能分离但分离后会破坏房地产的功能或完整性。不可分离的部分，包括为提高房地产的使用价值而种植在土地上的花草、树木或人工建造的庭院、花园、假山等；为提高建筑物的使用功能而安装在建筑物上的水、暖、电、卫生、通风、通信、电梯、消防等设施。但是地产是可以离开房产单独存在的，所以说房地产具有相对不可分割性。

（二）不可移动性

房地产位置的不可移动性也被称为房地产位置的固定性。首先，土地是不可移动的，土地是用地理位置来确定的，而地理位置是无法移动的；其次，人们对土地的投入也是不可移动的，水渠、管道、电缆、道路等都是土地（熟地）的组成部分，离开土地便不成其为对土地的投入；最后，房屋是建筑在一定的土地之上的，房屋建筑物在一般情况下是不可移动的。因此，房地产的交易，只能是通过法定契约的方式对产权进行交易。

房地产位置的不可移动性，要求房地产所处的区位必须对于开发商、投资者、置业人或承租人具有吸引力。也就是说，能使开发商通过开发投资获得适当的开发利润,使投资、置业人能获取合理而稳定的经常性收益,使承租人能够方便地开展其经营活动以赚取正常的经营利润并具有支付租金的能力,或使承租人能够得到舒适的环境与方便的通达条件。此外,房地产价值的高低,在很大程度上取决于该房地产所处地区的增值潜力。因此,无论是对于居住置业,还是投资置业,地段都是很重要的。

(三)异质性

在科学技术高度发达的今天,市场上绝大部分商品都是多样化、标准化的。从食品、服装到各种商品,尽管每一种商品都有不同的规格、尺寸、款式、口味、功能等,但它们中的任何一种都存在着相当数量单位的完全一样,因为它们是批量生产的产物。仅就土地而言,由于地理位置、区域环境的不同,即使在同一城市,甚至同一社区内,也很难找到两块品质完全相同的地块。至于建筑物,不仅在外形尺寸、年代、风格、建筑标准上各不相同,内部附属设施、街景区位、物业管理等也存在差异,甚至在同一住宅区内的相同住宅,不同的朝向和层次差异也很大。因此,房地产作为商品不同于一般商品,具有异质性。房地产的异质性也使得房地产市场较其他商品市场具有更多的中介经纪服务行为。

(四)耐久性

一般房地产的使用寿命年限都很长,土地是永久存在的,房屋附属设施的耐用期也很长。因此在房地产商品流通中,不仅可以转移产权,而且也可以在不改变产权关系的前提下,只转移一定年限的使用权。同时,房屋虽然有自然损耗,但这种损耗的周期是很长的,少则几十年,多则上百年甚至于几百年,相对一般商品而言,它们完全可以被看做是耐久的、长期的商品,这也就是房地产业比较容易获得长期性融资的原因。我国有关建筑物安全的规定,房屋建筑物按照结构的不同其寿命年限及使用年限,或称为折旧年限(房屋价值转移的年限)分别为:钢结构 70 年,钢混结构 60 年,砖混结构 50 年,砖木结构 40 年,简易结构 10 年。

(五)有限性

土地的有限性决定了房地产的有限性。土地是不可再生资源——土地的数量是为地球陆地表面面积所控制的,土地供应是有限的,所以,与土地直接相关的房地产同样也是有限的。

(六)保值增值性

房地产的增值性是一种规律性现象。一般来说会因房地产需求的增加、土地资源的有限性、基础设施的改善等原因使价格上涨、价值增加。当然,房地产升值不是直线式的,具体看每一年份,房地产的价格是上下波动的,但从长期看,房地产价格无疑是不断上升的。此外,房地产不同于一般商品,其使用价值不仅不因时间的流逝而消亡,相反由于其有限性和需求的不断增大却可以保值甚至增值。同时,房地产所处周边社区环境的改善也能显著地提高附近房地产的价值。

(七)效用多样性

我们可以从两方面来看房地产效用的多样性。

首先,从土地的角度来看,土地既是人类赖以生存的空间,又是人类社会重要的生产资料。随着社会生产力的发展,土地的利用也是在不断发生变化的,除可以作为农、林、牧、渔等第一性生产资料外,还可以作为城市、工业、商业、交通、旅游、科教、文体等用地。

其次,从建筑物的角度来看,房屋的效用具有多层次性,同时具备生存资料、享受资料和发展资料三个不同层次的内容。房屋的数量和质量,决定其生存、享受和发展等效用的程度,质量好、设计独特的房屋还有观瞻的功能和美化环境的作用。

最后,从房地产参加经济活动的角度来看,它具有经济身份的多重性。房地产既是生产资料,如农田、森林、仓库、厂房、商场、办公楼、酒店等,人们占有它们是为了从事经营;房地产又是消费资料,如人们购买住宅房地产可以满足居住这一基本生活消费需求;另外,它还可以是公共事业的基础,如政府大楼、军队驻扎地、医院、学校以及其他公共设施,等等。

(八)价值高且难变现性

房地产的异质性导致的房地产市场的信息不对称、价格的个体性、交易过程“物流”与“权属流”等特点,产权变更及相关手续烦琐。这些原因都导致房地产在交易过程中因变现时间和方式变化而形成较大资金变现风险。同时,由于房地产价值高,占用资金量大,建设周期长,房地产投资者资金回收时间也很长。

第二节 房地产市场构成

房地产市场,广义上可以理解为房地产交换关系,即房地产全部流通过程的总和。房地产市场是房地产经济运行的基础,是房地产经济纳入商品经济轨道的必然产物,它既包含有形的具体的房地产市场,也包含房地产的价格体系、房地产的供给与需求以及房地产的管理与中介等各种具体的交易关系。

狭义的房地产市场,是指进行房地产买卖、租赁、抵押等交易活动的场所。这个意义上的“场所”所包含的交易与劳动力以及其他类型的商品交易有所不同。因为房地产是不可移动的,它不能像其他商品那样可以运输、仓储、加工,然后集中到商场等交易场所,它的位移、集中只能是概念上的,它的交易主要是产权的买卖。

一、房地产市场的构成要素

房地产市场也应具有一般市场的五个要素:①一群人或组织;②特定的欲望及需求;③购买能力;④购买意愿;⑤进行交易的诚意。具体讲,房地产市场由房地产市场主体、客体以及市场介质等基本要素构成。这些基本因素反映出房地产市场运行中的种种现象,决定和影响着房地产市场的发展状况和趋势。

(一)市场主体

市场主体,是指进入房地产市场进行经济活动的企业、机构和个人等行为人,主要是指买方和卖方,由于房地产的特殊性,我们称之为供给人和需求人。

其中,供给人是指向房地产市场提供房屋和土地的经济行为人。我国房地产市场上的主要供给人有:国家、农村集体经济组织、房地产开发公司、企事业单位和居民等。

需求人是指在房地产市场中用有偿方式要求取得房地产商品所有权或使用权的经济行为人。需求人是房地产市场上必不可少的参与者,没有商品需求,也就不存在生产和供给。我国房地产市场上的主要需求人有:居民、企事业单位、政府和军队以及外国驻华机构和企业代表处、外国公民及华侨、侨眷、港澳台同胞等。

另外,在房地产市场中还存在着两个比较重要的主体,即中介人和管理者。中介人是指在房地产市场上帮助、协调和配合房地产交易双方进行谈判达成协议的专门机构和个人。主要有房地产交易所、经纪人以及其他中介机构和个人。管理者是指为了理顺房地产交易各方的经济关系、维护正常的交易秩序而设立的专门对房地产市场进行管理的政府机构,主要是通过法律手段和行政手段来行使管理职能。我国房地产市场上的主要管理者是国有土地管理局和房地产管理局。此外,建设部、物价局、工商行政管理局、税务局也兼管房地产市场。

(二)市场客体

市场客体,是指房地产市场上的交易对象,包括各种具体形态的房地产及其权利。房地产权利从总体可分为:

(1)政府享有的权利。包括管理权、征用权、税收权、收归国有权、优先购买权、注册登记权。

(2)房地产持有者的权利。包括所有权、地上权、使用权、占有权、收益权、开发权(或发展权)、处置权、抵押权、租赁权、赠与权、继承权、典当权、留置权等。

(3)关系人的权利。主要包括相邻权、地役权、取利权等。

在我国,由于土地所有权归国家和农村集体经济组织所有,土地所有权的转让只能发生在国家与农村集体经济组织之间。而房屋交易的对象既可以是房屋的所有权,也可以是房屋的其他权利,房屋交易可以在公有与公有、私有与私有以及公有与私有之间进行。

(三)市场介质

市场介质,是市场运行的环境系统,如政府的有关法律、政策和制度体系,也包括交易中的约定俗成的规则。中介机构或组织的主要作用就是激励、激活介质系统,维护交易规则,以便为交易顺利进行营造一个良好的环境。我国实行的是社会主义市场经济,土地的公有制决定了我国房地产市场的运行机制是计划机制与市场机制相互配合,共同作用,对房地产市场进行调节。

二、房地产市场的分类

由于房地产的特殊性,我们通常对房地产市场作如下分类。

(1)从房地产运行的层次,特别是从土地使用权让度关系层次上来划分,可分为一级市场、二级市场、三级市场。

房地产一级市场又称为土地一级市场,指土地使用权出让的市场,即国家通过其指定的政府部门将城镇国有土地或农村集体土地征用为国有土地后出让给使用者的市场。出让的土地可以是生地,也可以是经过开发达到“七通一平”的熟地,房地产一级市场是由国家垄断的市场。土地管理部门代表国家将土地使用权有期有偿地出让给房地产开发公司或其他企事业单位,用地者和管理部门要签订土地使用合同。房地产一级市场又分为三种类型:一是以协议方式出让土地使用权的市场;二是以招标方式出让土地使用权的市场;三是以拍卖方式出让土地使用权的市场。今后发展的重点将是以拍卖方式出让土地使用权的市场。因为这种方式最能体现土地管理的规范化和市场公平竞争的精神。

房地产二级市场是由房地产开发公司按土地使用合同条款的要求,建成地上建筑物(住宅、商店、写字楼等)后,将房地产出售或租赁的市场,一般是指商品房首次进入流通领域进行交易而形成的市场。房地产二级市场主要包括土地租赁市场、地产使用权抵押市场、房屋开发市场、土地使用权互换市场等四方面内容,其中,房地产开发公司所从事的商品房预售市场,在房地产二级市场上占有最大的比重。

房地产三级市场是将房地产二级市场取得的房地产进行转让和租赁等各种交易活动的市场,即已获得房地产权的单位和个人,再次将房地产转卖或交换、转租的市场。三级市场通常是住房消费者之间的交易,常见的有房屋买卖、交换、租赁、抵押、典当、拍卖等流通形式,二、三级市场没有明确界线,呈互相渗透衔接。

中国的房地产市场是房屋和土地紧密结合后的一体化市场。房地产一级市场和二、三级市场是相互依赖、相互促进的。房地产一级市场的垄断经营和二、三级市场的自由竞争,构成我国现代房地产市场发展的基本特色与结构模式。

(2)按房地产市场客体结构不同,可划分为房产市场和地产市场、房地产金融市场、房地产信息市场和房地产劳务市场。

(3)按房地产市场标的物不同,可划分为住宅市场和非住宅市场。非住宅市场又包括写字楼市场、零售商业物业市场、工业物业市场、土地市场等。所分解成的市场通常称为副市场。有时也可以进一步按物业的档次和等级细分,如甲级写字楼市场、乙级写字楼市场等。

(4)按房地产交易方式不同,可划分为房地产销售市场、租赁市场、抵押市场、保险市场等。

(5)按房地产经济运行的时序结构,可划分为房地产开发市场、建筑市场、房地产交易市场、中介服务市场、物业管理服务市场等。

(6)按房地产市场覆盖的区域范围不同,可划分为全国房地产市场、省级房地产市场、市区级房地产市场等,如北京房地产市场、山东房地产市场。

三、房地产市场的特点

房地产市场的特性是由房地产商品的特殊性质决定的,主要体现在以下几个方面。

(一)房地产市场是区域性市场

房地产的不可移动性决定了房地产市场是一个地区性市场,不同国家、不同城市甚至一个城市内部的不同地区之间,房地产市场条件、供求关系、价格水平等都存在显著差异。

(二)房地产市场是房地产权益的交易市场

房地产市场交易的对象实际是附着在每一宗具体房地产上的权益,而不是土地或房地产本身。这种权益可以是全部所有权(包括占有权、使用权、收益权和处置权),也可以是部分所有权。这种权益一般要有明确的界定,而且往往还受到各种事先约定的条件限制。

(三)房地产市场具有垄断竞争性

在这个国家垄断一级市场的基础上,放开土地使用权转让的二级市场。对于房地产市场而言,总的来说进入市场是自由的,也有足够多的买家和卖家,但是,易于出现市场的不均衡和垄断,这些情况包括:(1)房地产市场的区域性导致地区市场间的不完全竞争;(2)资本市场的不完全性阻碍了潜在的房地产投资者的某些购买行为,土地一级市场是通过国家制定土地利用规划和年度供给计划,并运用价格、税收及法律、信息等手段控制土地使用权的出让,承让方要通过竞争方式,才能获得土地使用权;(3)房地产空间位置的固定性,其属性信息量大,很难获得完全的房地产信息,容易使某些物业的持有者在房地产交易过程中处于比买家更有利的地位,等等。

房地产市场不可能是充分竞争的市场,而是具有垄断竞争性,但不是高度集中的行政垄断,而是基于规模经济、资源合理配置以及其他社会目标要求的经济性垄断。

(四)房地产市场投机与投资并存

房地产的保值增值性使其对社会上的闲置资金具有很强的吸引力。有一部分闲置资金持有者投资房地产市场是将房地产视作其牟取暴利的工具,而非为了实现和创造房地产的有效需求,他们往往采取买空卖空等投机手段于房地产交易中赚取暴利。积极的投资是拉动房地产业乃至整个国民经济的基本动力,而过度的房地产投机,不仅会造成房地产占有和使用以及资金使用的无效率,而且还会扰乱房地产市场秩序,导致房地产市场运作的低效。

(五)房地产市场交易形式的多样、交易费用的高昂

房地产交易的形式是多样的,可以是一次性付款、银货两讫的现房买卖交易,也可以是分别支付阶段性使用权价格的长短期租赁交易,还可以是分期支付价款的按揭型交易,甚至还可以是抵押、典当、信托等部分权利的交易。由于房地产交易中涉及大量的专业、技术以及法律等知识,交易双方均需要聘请各类专家进行咨询,提供各种专业服务,而这些服务通常是要支付费用的,如广告费、代理佣金、法律咨询费、价格评估费、按揭契费、印花税等,这就造成房地产市场中的交易费用高昂。

(六)房地产市场交易额巨大,依赖于金融机构的支持与配合

我们知道,房地产商品具有价值高的特点,因此,房地产市场的交易额是巨大的。如上所述房地产市场中存在现房买卖交易、长短期租赁交易、按揭型交易以及抵押、典当、信托等部分权利的交易等多种交易形式,这些交易常常都是离不开金融机构的支持与配合的。

（七）房地产市场中广泛的房地产经纪服务

房地产市场结构复杂、流通方式多样，房地产市场交易呈现主体多样化、政策多元化、程序多层化等特点，它涉及权属的变更、有关的政策法规、城市规划、交易程序和交易手续等一系列的问题，一般人会因为规范不明和手续繁杂而难以胜任，置业者或投资者就很容易掉进人为的或非人为的陷阱，蒙受巨大的经济损失。只有通过经纪人对市场信息进行收集、反馈和分析，对投资项目进行精心策划，以及对推出的物业进行良好的促销代理，才能在最大限度上使置业者降低投资风险。专业的房地产经纪人员可以根据所掌握的所有房地产交易价格信息，按照客户意愿去寻找地段、面积、价格等都符合其要求的物业，帮助或代理客户谈判、签约，为客户安排融资和保险等事宜。因此，在房地产市场中，经纪服务广泛存在。

第三节　房地产市场的供求

长期以来，我国主要靠国家和集体来建房分房，这种计划经济体制下的供给模式是中国城市居民居住环境差的主要原因。国家住房制度的改革，把建房与购房一同推向市场，从而使住房成为自由流通的商品。市场机制的引入，使建房者成为自负盈亏的法人，购房者用货币去选择适应个人需求的商品。这种产权的明晰化、个体化，拉动了我国巨大且日益增长的房地产市场需求。市场机制主要是通过市场供求关系的变化而影响市场价格围绕价值上下波动的经济运动形式，而价格是调节市场的核心，供求机制和价格机制对房地产市场的兴衰具有很大的影响。我们分别从地产的供给与需求以及房产的供给与需求两个角度来讨论房地产市场的供求问题。

一、地产供给与需求

地产的需求与供给是土地利用、土地利用规划的核心问题。它可以从宏观和微观两个层面上进行研究。宏观研究通常采用总量分析法，主要研究地产总供给与总需求以及供需的平衡问题。微观研究则采用个案分析法，主要研究特定区域和单位的土地利用配置的设计。

（一）地产的供给

地产供给其实就是土地供给，指土地满足人类生存和发展需要的可能性，即所能提供社会利用的各种生产和生活用地的数量。

1. 地产供给的类型及影响因素

地产供给包括已利用和未利用的土地后备储量总和，包括无弹性的土地自然供给和有弹性的土地经济供给。

(1)自然供给。土地自然供给，又称土地的物理供给，指地球供给人类不需要开发便可利用土地资源的数量，这个数量包括已利用的土地资源和未利用的土地资源。例如原始森林、天然牧场、矿山等。土地的自然供给量是相对稳定的，是无弹性的。土地自然供给是土地经济供给的基础，人类难以或无法增加土地的自然供给。

(2)经济供给。土地经济供给，指在土地自然供给的基础上，投入劳动进行开发以后，成为人类可直接用于生产、生活用地的供给。土地经济供给是变化的，有弹性的，不同用途的土地其经济供给的弹性是不同的，一般所谈的土地供给都是指经济供给，不仅包括建设用地供给，还包括农用地供给。人们可以通过开发荒地、填湖造田、开发原始林地等方式增加土地的经济供给数量，但是土地的经济供给数量以自然供给的数量为最大限度。另外自然灾害如洪涝、干旱、泥石流以及人们乱砍滥伐，破坏生态平衡等行为会造成土地荒芜，牧场沙漠化，耕田肥力减退等，还会使得土地经济供给数量减少。因此，我们必须遵循自然界生态平衡规律，合理地对土地进行开发利用，保护现有的土地资源和生态平衡，在此基础上提高人类开发利用水平，提高土地利用效率。

影响地产供给数量的因素主要有以下几方面：

(1)自然条件。包括土地地理位置、地质地貌、水文，适宜人类生产生活的气候条件、适于动植物生长生活的气候条件，以及可被人们所利用的生产生活资源、交通条件等。

(2)人类开发利用土地的能力。人类土地开发利用能力的提高，使得原来未被人类利用的土地可以经过开发以后加以利用，原来使用效益不高的土地则被改造为效益较高的土地，从而增加地产供给数量。

(3)土地使用规划。大多数国家的政府都制定了有关增加土地经济供给的计划，要求开发和利用新的生产力较低的、位置较不利和难以开垦的土地，这类规划的实施必然增加地产供给。

2. 土地供给曲线和供给弹性

(1)土地供给曲线

土地供给曲线是用来表示土地供给数量与土地价格(地租)之间关系的曲线图。土地供给曲线按性质可以分为自然供给曲线和经济供给曲线。

前面我们已经介绍过，土地的自然供给量是相对稳定的，是无弹性的。因此，无论土地价格(地租)是多少，土地的自然供给曲线 S0 都是一条垂线，如图 3－1，图中横轴 S 表示土地的自然供给，竖轴 R 表示地租，$\bar{S}$ 表示土地的自然供给量。

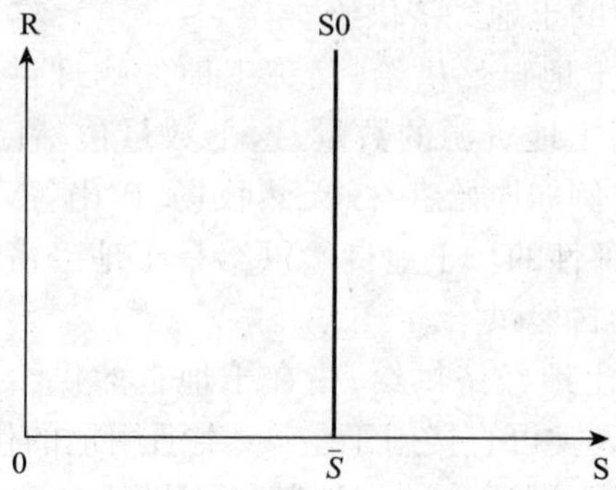

图 3－1

同时,土地的经济供给是变化的,有弹性的,开发新土地、用地结构的调整等活动都影响到土地的经济供给,人们可以通过开发荒地、填湖造田、开发原始林地等方式增加土地的经济供给数量。土地开发者能够通过增加机械设备和所有成本来增加土地供给,土地开发者随着地租的升降而决定是否增加或减少投资量,或将原来投入的资金移向别的行业,新的投资者也将考虑是否进入土地开发行业等,这些因素将会引起土地经济供给的较大变动。

土地经济供给数量随土地价格(地租)变化的曲线 S1 我们可以用图 3－2来表示,同样其中横轴 S 表示土地的自然供给,竖轴 R 表示地租,$\bar{S}$ 表示土地的自然供给量。

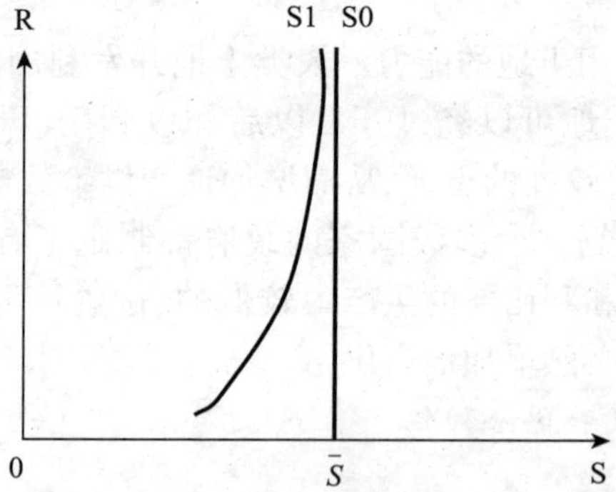

图 3－2

从图 3－2 中我们可以看到,土地的经济供给数量与地租是呈正向相关的,当地租上升时,会引起土地供给数量的增加;地租下降,则引起土地经济供给数量减少。但土地经济供给数量由于受自然供给的限制,不能随地租的上升而无限制增加,当地租上升到一定水平后,土地供给数量不再增加,以自然供给的数量为最大限度。

(2)土地供给弹性

土地供给弹性是指地租的相对变化量与由地租变化而引起的土地供给相对变化量的比率,它反映了土地供给对地租变化的灵敏程度。土地供给弹性系数的计算公式为:

$$土地供给弹性=\frac{土地供给量变化的百分比}{土地价格变化的百分比}$$

我们经常用土地供给弹性来判断土地供给对地租的灵敏度,当弹性大于1时,说明土地供给对地租的反应灵敏,富有弹性;当弹性小于1时,说明土地供给量对地租的反应不敏感,地租的变动不能引起土地供给量发生较为明显变化,缺乏弹性;当弹性为零时,表明地租的变动在瞬时间不能引起土地供给量发生变化。当地租不断上升时,土地供给弹性将趋近于零,因为土地经济供给是受自然供给限制的,不能无限地随地租上升而增加。

(二)地产的需求

地产需求其实就是指土地需求,是指人们为了生存和发展而利用土地进行生产和消费活动,用货币资金或其他有偿方式愿意承租和购买的土地数量。

1.地产需求的类型及影响因素

人类对土地的需求包括两大类:农业用地需求和非农业用地需求。

(1)农业用地需求是人类对土地的第一需求,它为人类提供生存所必需的粮食、经济作物等基本物质资料。农业用地需求通常包括两大类:一是农业生产用地,包括耕地、园地、林地、牧草地、水产养殖业等用地;二是农业建设用地,包括农村道路、农田水利、谷场、机车场等用地。目前,我国人口众多而可供利用的耕地、牧场和林地数量有限,不少地方出现破坏生态平衡、毁坏耕地、牧场、砍伐森林以及非法占用耕地等现象,这些现象对于我国农业发展极为不利。因此,需要提高土地生产率,生产出更多的粮食和其他农作物,满足人口增加以及人民生活水平提高而增加的对农作物的需求。

(2)非农业用地需求,指除农业生产和建设用地以外的土地需求,包括城镇建设用地、独立工矿用地、交通用地、水利工程用地、旅游用地、特殊用地、乡镇企业建设用地、农村个人建房用地等。随着人民生活水平的日益提高,人们对住房需求的数量和结构发生了变化,不仅要求住房面积扩大,而且要求有舒适优美的自然环境、公共设施等,从而对土地的要求发生相应的变化。另外,人们对文化、卫生、美化生活、提高生活情趣等享受资料和发展资料的需求,也引起土地需求数量的不断增长。怎样合理、有效利用土地,以满足日益增长的土地需求,是摆在人类面前一个十分重要的课题,必须引起高度重视。

影响土地需求量的有关因素主要有两方面：

(1)从长期来看，包括社会经济发展水平的提高、人口的增加、土地价格的上升、国家经济政策的变动等经济和社会因素等。

(2)从短时期看，包括土地价格(地租)的变动、土地承租者收入的变动、其他与土地具有替代作用的生产要素或物品价格的变动、对土地价格的预期等。

2. 土地需求曲线和需求弹性

(1)土地需求曲线

土地需求曲线是指在假定其他因素不变的条件下，用来反映土地价格(地租)与土地需求之间依存关系的曲线。这是一条向右下方倾斜的曲线，反映地租与土地需求之间的反向变动关系。如图 3－3 所示，图中横轴 D 表示土地的需求量，竖轴 R 表示地租。

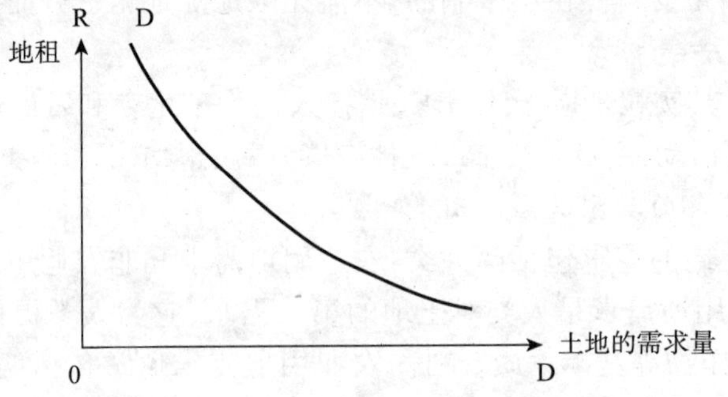

图 3－3　土地价格与土地需求的关系

图 3－3 是在假定其他因素保持不变条件下，土地价格与土地需求之间的关系。在完全竞争的市场经济中，在一定的数量范围内房地产开发所需要的各类土地需求都与土地价格存在一定关系，在其他条件不变的前提下，土地价格上升，人们对土地的需求里会相应的减少；反之，土地价格降低，则人们对土地需求量也相应地增加。因为较低的土地价格带来新的土地开发商，土地价格的下降，会使原土地开发商可以承租更多的土地。反之，地价上扬，原土地开发商会减少土地的承租量。

(2)土地需求弹性

土地需求弹性是指反映地租相对变化与由地租变化带来的土地需求相对改变量之间的比率，它反映了土地需求对地租的敏感程度。需求弹性系数的计算公式为：

$$土地供给弹性 = -\frac{土地需求量变化的百分比}{土地价格变化的百分比}$$

弹性系数通常用正数表示。但由于土地需求与地租反向变动,所以上面计算公式前面加上一个负号。当弹性大于1时,说明土地需求对地租的反应灵敏,富有弹性;当弹性小于1时,说明土地需求对地租反应不灵敏度,即地租的变动不能引起土地需求量发生较为明显变化,缺乏弹性;当弹性等于1时,地租的相对变化引起土地需求发生程度相同、方向相反的变化。

(三)地产的均衡价格和供求均衡

土地资源的稀缺性与人类对土地需求的无限增加性,决定了土地供应和需求之间的矛盾是不可避免的。将整个市场的土地供给曲线与向右下方倾斜的土地的市场需求曲线结合起来,即可决定土地的均衡价格。参见图3-4,需求曲线D与供给曲线S的交点是土地市场的均衡点,该均衡点决定了土地的均衡价格R0,横轴Q表示土地的数量。由土地均衡价格决定的土地供给和需求数量称为均衡数量。

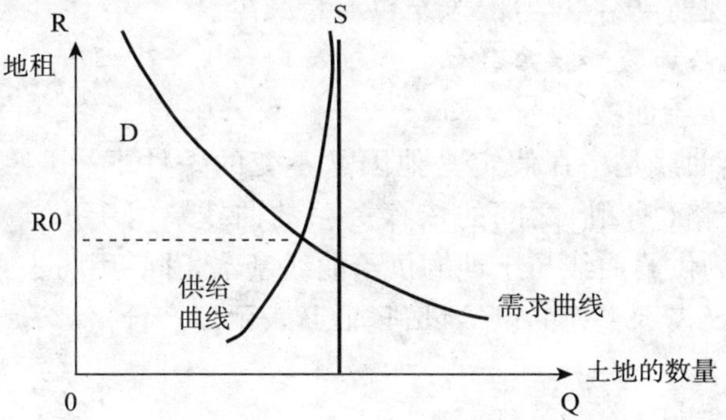

图3-4　地产的均衡价格和供求均衡

二、房产供给与需求

(一)房产的供给

1. 房产供给及其影响因素

所谓房产供给是指房地产开发商和拥有者在特定时间,以特定的价格所愿意且能够出售的该种房产的数量。形成供给有两个条件:一是开发商或拥有者愿意供给,二是开发商或拥有者有能力供给。

影响房产供给的主要因素有:

(1)房产的价格水平。房产出售或出租是房产供给者向房地产市场上提供房产的两种主要形式。其出售或出租价格的高低是影响房屋供给数量的主要因素,一般来说,开发某种房地产的利润越高,开发商愿意开发的数量就会越多。售价或房租与房产供给是成正方向变动。

(2)房产的开发技术水平。是指从事房屋建筑的人的劳动生产率以及生产技术,一般情况下,建筑工人的劳动生产率高,生产技术先进,可以降低房产开发成本,增加开发利润,开发商就会开发更多数量的房地产。

(3)房产建设成本。它包括地基价格、房屋建筑材料价格、建筑工人的工资等。土地价格上升、建筑材料价格上升和工人工资的增加会增加房屋造价成本,从而房屋开发经营者利润减少,他会相应地减少对房屋开发的投资,从而减少市场上的房产供给量;反之,房屋建设成本下降会带来更多的利润,从而刺激房屋开发经营者进行投资。

(4)开发商和房产拥有者对未来的预期。一方面,如果开发商对未来的房产市场看好,就会增加开发量,从而增加了未来房产的供给量,另一方面,对于现存房产,房地产开发商或拥有者会待价而沽,从而会减少现期房产的供给量。反之,开发商或房产拥有者对未来市场不看好,预测房产价格将下降,将会导致现期供给量增加,未来供给量减少。

2. *房产供给曲线和供给弹性*

(1)房产供给曲线

房产供给曲线是指在假定其他因素不变的条件下,用来反映房产供给数量与供给价格(房租)之间的依存关系的曲线。由于房产对土地的依存性,导致房产的供给曲线与土地的供给曲线基本相同,用图3-5简单表示如下,图中横轴S表示土地的供给量,竖轴P表示房产价格。

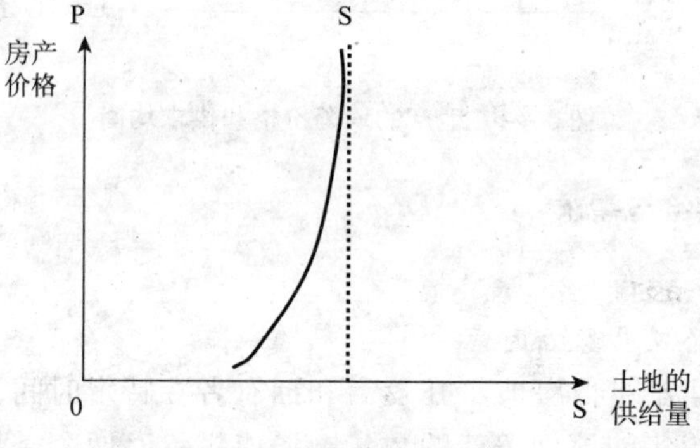

图3-5　房产供给曲线

由于价格上升刺激供给增加,因此供给曲线向右上方倾斜,由于受土地供给的限制,房产的供给也不能无限上升。

(2)房产的供给弹性

房产的供给弹性主要有供给的价格弹性和供给的要素成本弹性,其中房产供给的价格弹性简称供给弹性。

①房产供给的价格弹性

房产供给的价格弹性用来表示在一定时期内一种房产供给量的相对变动对于该种房产自身价格的相应变动反应,其计算公式是:

$$房产供给的价格弹性=\frac{房产供给量变化的百分比}{房产价格变化的百分比}$$

②房产供给的要素成本弹性

房产供给的要素成本弹性,是房产供给对土地、建筑材料、建筑人工等要素价格变动的反应,其计算公式是:

$$房产供给的要素成本弹性=\frac{房产供给量变化的百分比}{要素价格变化的百分比}$$

(二)房产的需求

1. 房产需求及其影响因素

房产需求是指消费者在特定的时间内,按特定的价格所愿意且有能力购买的该种房产的数量。它是一种有支付能力的需求,形成需求有两个条件:一是消费者愿意购买,二是消费者有能力购买。房产需求是房地产经济运行的一个重要的方面,它是房产供给的出发点和归宿,同时房产需求创造房产供给。

影响房产需求的主要因素有:

(1)房产价格水平。房屋出售、出租价格对房屋需求的影响作用是很明显的。价格上升,人们的需求下降;价格下降,房屋需求增加。

(2)人口的数量。住房是人类最基本的需求之一,人口的增加会产生新的住房需求,此外,人口的增加要求经济有所发展,从而产生了经济发展对房屋的需求。

(3)家庭结构。以前我国家庭结构大多数是两代、三代同堂甚至四世同堂的大家族,住房需求是大单元,住房的总体需求量较小。而随着经济发展和人们思想观念的变化,我国家庭结构开始向由一家三口所组成的小家庭结构发展,小家庭结构住房要求是分散的小单元,需求总量也就相对增大。

(4)收入水平。当房价及其他因素不变时,房屋需求者收入水平的提高会增加对房屋的需求,不仅会产生扩大住房面积的要求,而且也会对房屋质量、室内设备、配套设施、周围环境等提出新的需求。反之,收入水平下降时,房屋需求者会缩减其对住房面积以及其他方面的需求。

(5)其他生产资料或消费资料价格的变化。一些生产资料和消费资料在一定程度上与房屋具有替代作用,因而其价格变化会引起房屋需求发生相应变化。

(6)消费者对未来的预期。现实消费者的房产需求不仅取决于其现在的收入和房产现在的价格水平,还取决于他们对未来收入和未来房产价格的预期。当预期未来收入增加或房产价格上升,就会增加现期需求;相反,当预期未来收入减少或房产价格下降,就会减少现期需求。

2. *房产的需求曲线和需求弹性*

(1)房产需求曲线

房产需求曲线是指在假定其他因素不变的条件下,用来反映房产需求与房产价格依存关系的曲线。同土地需求曲线一样,房产需求曲线也是一条向右下方倾斜的曲线,反映房产价格与房产需求之间的反向变动关系,房产价格上升,房产需求则下降;房产价格下降,则房产需求上升。如图 3-6 所示,图中横轴 D 表示房产的需求量,竖轴 P 表示房产价格。

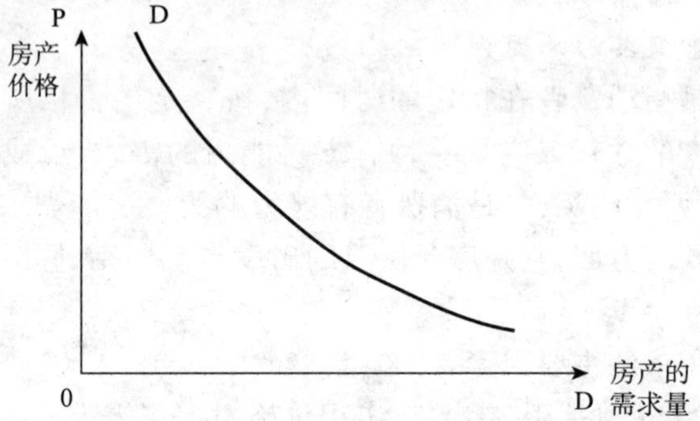

图 3-6　房产需求曲线

(2)房产需求弹性

房产的需求弹性主要有需求的价格弹性、需求的收入弹性、需求的人口弹性和需求的交叉价格弹性四种。其中房产需求的价格弹性简称为房产需求弹性。

①房产需求的价格弹性:是用来描述在一定时期内一种房产需求量的相对变动对于该种房产自身价格的相对变动的反应程度。其计算公式是:

$$\text{房产需求的价格弹性}=\frac{\text{房产需求量变化的百分比}}{\text{房产价格变化的百分比}}$$

当房产需求弹性大于 1,即房产需求富有弹性时,房产需求曲线趋于平坦;如果弹性系数小于 1,房产需求缺乏弹性,则房产需求曲线趋垂直。

②房产需求的收入弹性:是建立在房产的需求量与消费者的收入量之间变动关系上的一个弹性概念。其计算公式是:

$$\text{房产需求的收入弹性}=\frac{\text{房产需求量变化的百分比}}{\text{消费者收入量变化的百分比}}$$

③房产需求的人口弹性：是房产需求对人口变化的反应。其计算公式是：

$$房产需求的人口弹性=\frac{房产需求量变化的百分比}{人口数量变化的百分比}$$

④房产需求的交叉价格弹性

消费者对一种房产的需求也会受到其他房产或商品价格的影响，例如某种房产的替代品价格的下降，会使该种房产的需求减少，而如果它的互补品价格下降，有可能会使该种房产的需求增加。房产需求的交叉价格弹性就是指某种房产因另一种房产或商品价格变动1%所引起的其需求量变化的百分比。

（三）房产的均衡价格和供求均衡

房产的均衡价格是指当房产的市场需求量与市场供给量相等时的价格，也就是房产的市场需求曲线和供给曲线相交时所确定的价格。如图3－7所示，P_0 即是房产的均衡价格，E点是房产的供求均衡点。

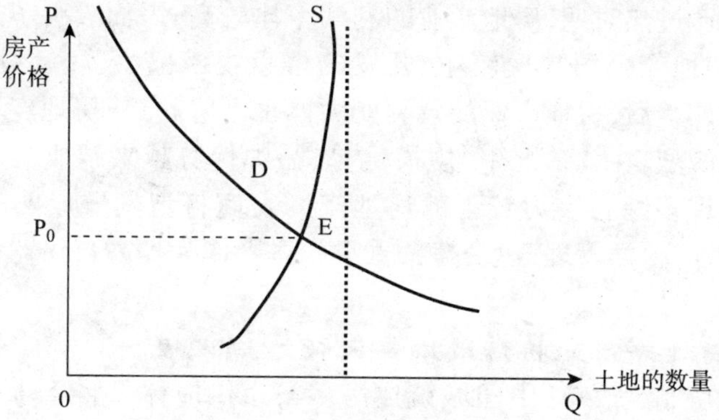

图3－7　房产的均衡价格与供求均衡

总的来讲，均衡是市场价格运行的必然趋势，也是市场价格运行的正常状态，如果市场价格由于某种因素的影响而脱离了均衡价格，就必然会形成短缺或过剩，导致买方或卖方竞争，产生价格上升或下降的压力和趋势，并最终趋于均衡价格。

我们所讨论的只是房地产市场供求的一种简单化、理想化状态，只能在某一程度上反映出房地产市场的经济运行情况。而现实的房地产市场是错综复杂的，这就要求房地产经纪人，除了要掌握房地产市场上的一些基本理论知识外，更要及时迅速地收集房地产市场各种信息，对房地产市场的未来变化做出准确预测和反映。这也正是房地产经纪的专业性所在。

三、房地产市场的变化趋势

中国内地的房地产业经过二十多年特别是近几年的发展,已成为国民经济新的增长点、启动内需的消费热点,对拉动国民经济增长、保持国民经济持续、健康、快速发展起到重要作用。中国内地的房地产业的发展历经了三个发展期:1984 年到 1988 年大约五年的时间,实现了从无到有,从小到大的第一次历史性发展;1991 年到 1995 年大约五年的时间,房地产业经历了由弱到强,由不规范到理性发展的第二个发展期;从 1998 年起,由于国内市场的逐步完善和成熟、加入 WTO 及举办奥运、新经济高科技与房地产业的结合等诸多因素的影响,为大陆房地产业实现第三次飞跃提供了内部外部条件,房地产业进入了一个新的发展期。

根据近年来出台的房地产行业政策,以及目前的市场供需状况等方面的情况来看,我国房地产市场的整体发展将有可能呈现以下八大态势。

(一)房地产开发商向规模化、品牌化方向发展

在房地产过热时期,房地产业的利润率比较高,因而吸引了过多商家进入,但一些房地产公司规模较小,开发的楼盘规模偏小,配套设施不齐全。经过几年的调整后,房地产业的营利能力已呈下降趋势,房地产开发商之间的竞争日趋激烈,在此情况下,规模优势、品牌优势越来越成为企业赢得竞争的关键。许多综合实力较强的房地产开发商将把发展成熟品牌管理体系、实现高效与科学管理、建设高品质服务体系作为提高自身竞争力的重要手段。

(二)房地产供给将继续向多元化方向发展

配合住房制度改革,中国城镇住房多渠道供应体系将逐步形成。房地产供给方面不仅有面向中高收入阶层的商品房,而且还有面向中低收入阶层的经济适用房,以及面向贫困阶层的解困房和低租金公寓等,房地产供给的多元化将大大地改善中国城市家庭的居住状况。

(三)商品住宅价格将稳中有升

今后几年,商品房住宅价格不会有太大变化,应呈现出稳中有升的态势。主要是基于两个方面的因素:其一,是因为政策将使房地产产品的供给减少。从目前针对房地产的政策来分析,主要是两个目的:一个是严格控制高端市场的发展;第二个就是大力发展经济适用房。国家政策一方面规范了房地产业的发展,另一方面也会导致市场供给减少。其二,房地产市场的需求仍然处于快速增长的态势。城镇化进程加快,大量人口进城居住、就业,拆迁安置,消费者的消费观念发生变化等,这些因素都将增加对房地产市场的需求。虽然,房地产的价格会出现增长趋势,但受市场机制的调节,

也不会出现太大变动。

（四）融资多元化

央行《关于进一步加强房地产信贷业务管理的通知》的出台，对整个房地产业的发展格局开始产生重大影响，其中最直接的影响就是对房地产企业融资渠道的冲击，导致资金密集型的房地产企业被迫寻求新的融资方式与渠道，这意味着房地产融资将趋向多元化。

在新的融资渠道中，首先，上市融资成为最好的选择。对于房地产企业来说，上市是理想的融资渠道，通过资本市场融资或再融资，可从容化解央行《通知》的影响，缓解来自房地产项目资金需求方面的压力。可以预见，在央行房贷新政策的影响下，出于融资方面的考虑，会有越来越多的大型房地产企业加入到“买壳”上市的行列中。

其次，房地产信托将脱颖而出。自 2002 年底以来，央行房贷政策逐步趋紧，这一变化被敏锐的信托业嗅出商机，房地产信托随即脱颖而出。

最后，房地产基金的出现。对于房地产企业来说，房地产基金无疑提供了新的融资渠道，而对于投资者来说，不仅可以从该基金获得较高的投资收益率，还能有效地规避风险。这种融资渠道在美国十分常见，香港一些地产上市公司也已设立此类基金，并开始寻求上市。

（五）二手房市场升温

2003 年上半年出台的已购公房上市取消审批手续、取消原单位参与收益分成、降低土地出让金征收金额、出售已购公房后买新房享受契税减免等政策将促进二手房市场的发展。“卖旧买新”将是大多数人改善住房条件的主要途径，很多人将卖掉手中旧房购买新的商品房，从而释放出大批的二手房房源。原来二级市场的房源大多以民宅为主，而在二级市场越发成熟的今天，二手房房源形式也将更加多样化。二手公寓、别墅将更多地加入到二级市场中来，其相对于新房的价格优势将受到需求层次相对较高人士的青睐。

随着房地产二级市场不断活跃，各大中介公司也将推出更多新颖的服务，如卖旧买新、押旧买新、租旧养新以及转按揭买新等业务。此外，代办过户、居间中保、网上看房、商业贷款和公积金贷款相结合的混合贷款、二手房投资理财服务等众多服务品种和集合化“一站式”服务，也为房地产二级市场消费者带来更多便利和实惠。这也将推动二手房市场的发展。

2005 年出台的关于二手房买卖的新政策有效地抑制了炒房、倒房现象，但同时也使二手房市场交易量明显下降，相信这种影响应该只是暂时的，随着房地产市场的发展，二手房市场将继续升温。

（六）物业管理进一步走向规范化和产业化

早期的物业管理，很多是依托开发商，物业管理的问题层出不穷。现在新的物业管理法律规范已经开始实施，会慢慢对市场进行规范，在这一过程中，会有相当大的发展空间与商业机会。市场经济条件下，激烈的竞争也要求物业管理企业向规范化、品牌化发展。

（七）房地产营销将回归到地点、产品、社区三个基本层面

随着各项政策、法规对市场的进一步规范，同时消费者维权意识的增强与消费选择的理性化，早期靠概念、点子或者商业炒作进行产品营销推广的局面会逐渐成为历史。消费者获得信息的渠道增加，在专业的房地产经纪人的帮助下，对房地产的选择也更加专业与理性，这要求房地产的营销回归到三个基本层面：地点、产品与社区。

（八）市场行为和政府行为齐头并进

政府从土地购买、营销过程、直至内部管理的管理规范，会促使房地产市场化行为更加规范，使得市场行为与政府行为共同发展。政府的介入会导致市场化这方面更加的规范，从土地购买，到前期过程，一直到销售，到管理，对开发商有更大的约束，同时规范化导致企业走向市场化。同时，市场的竞争会越来越激烈，大的公司会得到更大的发展机会，而一些小的公司，他们经营不足或者是力量不足都可能生存不下去。

第四节　房地产价格

房地产价格，是指房地产市场上房产和地产的成交价格。房地产商品的复杂性决定了房地产商品价格的复杂性。

一、房地产价格的类型与特点

（一）房地产价格的类型

房地产是一个巨大的产业体系，房地产经济和房地产市场运行极其复杂，因此房地产价格有着不同的种类。根据不同的标准，可以把房地产价格划分以下几种类型。

1. 按物质形态不同划分

房地产在物质形态上是由地产和房产构成的。在物质形态上，城市房产和地产是不可分的。但是，在价值形态上，房地产可以分为地产价格、房产价格、房地产价格。

(1)地产价格：是指土地价格，简称地价。在一定的情况下，即使在城

市,土地也是可以单独存在的,比如新开发出来还未建筑房屋的土地。

(2)房产价格:是指房屋本身的价格,这种价格的原始形态就是房屋的造价,即在建筑房屋花费的劳动所形成的价格。房产价格与地产价格之间有密切关系,人们可以对土地进行单独估价,但在进行房屋交易时,房屋交易价格中往往包含房屋所占用土地的价格,这时土地价格是房产价格的一部分。

(3)房地产价格:又称房地混合价,是指建筑物连同其占用的土地的价格,往往等同于人们平常所说的房价。

2. 按具体表现形式不同划分

按其具体表现形式不同,房地产价格可分为:买卖价格、租赁价格、抵押价格、典当价格、课税价格和征用价格。

(1)买卖价格:是以买卖方式支付或收取的货币额,实物或其他有价物,简称买卖价或买价、卖价。

(2)租赁价格:常称租金,在土地场合称地租,在房地混合场合俗称房租。中国目前的房租有市场租金(或称协议租金)、商品租金、成本租金、准成本租金和福利租金等。

(3)抵押价格:是指房屋所有者将所拥有的房屋产权作为抵押物以取得银行贷款时,银行对房产所估定的价格。房屋抵押价格取决于贷款时房产的现行价格和抵押贷款的期限。

(4)典当价格:是指在进行房屋典当交易时房产承典人支付给出典人的价款。房屋典当交易是房产所有人在不能转移其所有权条件下,将房屋以商定的典价交给承典人使用和管理。典期内,产权人所出典的房屋不收租金,承典人支付的典价不收利息。典当期满后房产所有人退回原收取的典价并收回房屋的使用权,如房产所有人不能退回典价,则房屋产权转移到承典人手中。

(5)课税价格:是政府为了课征房产税而对房产估定的价格。房产课税价格的确定可以参照房产市场交易价格或政府公布的房产标准价格。如果土地税与房屋税分别课征,则可参照房屋建筑造价来确定房屋课税价格。房产课税价格一般低于房产交易价格或造价。目前,我国房产课税价格是按房屋造价的70% ~90%确定的。

(6)征用价格:是政府为了特定的目的,对被征用的房地产进行补偿的一种价格形态。

3. 按交易的产权不同划分

按其交易的产权不同,房地产价格分为:所有权价格、使用权价格和其他权利价格。

(1)房地产所有权价格:是指交易房地产所有权的价格。在房地产买卖过程中,不仅转移了房地产的使用权,而且转移了房地产的所有权,这样形成的价格就是房地产所有权的价格。在现实生活中,房地产所有权价格即是房地产的买卖价格。房地产所有权价格还可依据所有权是否完全再细分。如根据“权利束”理论,所有权为占有权、管理权、享用权、排他权、处置权(包括出售、出租、抵押、赠与、继承)的总和,但若在所有权上设定了他项权利,则所有权变得不完全,其价格因此而降低。

(2)房地产使用权价格:是指交易房地产使用权的价格。在房地产买卖过程中,不转移房地产所有权,只转移房地产使用权,这样的价格就是房地产使用权价格。在现实生活中,房地产使用权价格即是房地产的租赁价格。在中国,由于城市土地属于国家所有,所以在土地市场上交易的只是土地的使用权,这种土地价格也是使用权价格。《中华人民共和国城市房地产管理法》第 7 条规定:“土地使用权出让,是指国家将国有土地使用权在一定年限内出让给土地使用者,由土地使用者向国家支付土地使用权出让金的行为。”

(3)其他权利价格:泛指除上述所有权价格和使用权价格以外的权利价格,如地上权价格、永佃权价格、地役权价格、典权价格、采伐权价格、采石权价格、耕作权价格等。

4. *房地产价格按其形成依据不同划分*

按其形成依据不同,房地产价格可划分为:理论价格、评估价格、市场价格。其中房地产理论价格和评估价格是房地产市场价格形成的依据和运行的基础。

(1)理论价格:就是经济理论中所说的,由房地产的价值决定的价格。这种价格是由生产房地产商品时消耗的社会必要劳动时间决定的。房地产价值的货币表现就是房地产的价格。这是房地产所有价格形态的本质规定,或者说是所有房地产价格运行的基础。

(2)评估价格:是根据一定的估价理论和估价方法,依据一定的估价程序,评估出来的房地产的价格。由于估价者的经验、知识、爱好、利害关系等的不同,所以对同一宗房地产评估出来的价格可能是不一样的,甚至还可能存在着很大的差别。所以为保证评估价格客观合理,必须建立健全估价制度,制定估价技术标准和估价人员的职业道德准则。

(3)市场价格:是房地产商品在市场交易中形成的价格。这种价格通常随着时间、供求关系的变化及交易双方的心态、偏好、素质的不同而经常波动。房地产市场价格可以分为公平市价和非公平市价。公平市价是交易双方在正常的情况下,即在没有外力影响和干涉下形成的价格。公平市价又可以说是卖方只按其要求的价格出售，买方只按其愿付的价格购入，卖方认为是最高价而买方认为是最低价，双方均认为该项交易对自己有益而自愿成交所形成的价格。非公平市价是在外力的干涉和影响下形成的价格。外部的因素主要是指不了解市场行情、垄断以及外部强制力等。

5. 房地产价格按其功能不同划分

按其功能不同，房地产价格可划分为基准地价、标定地价和房屋重置价格。这是《中华人民共和国城市房地产管理法》中提到的三种价格。该管理法第三十二条规定："基准地价、标定地价和各类房屋的重置价格应当定期确定并公布。"

(1)基准地价：也称为土地出让的底价，国家为了发展房地产经济，发展房地产市场，以及对房地产市场进行有力的调控，在对城市土地分等定级的基础上，对各级土地确定了一个最基本的价格，就是基准地价。城市基准地价是在某一城市的一定区域范围内，根据用途相似、地段相连、地价相近的原则划分地价区段，然后调查评估出的各地价区段在某一时点的平均水平价格。

(2)标定地价：是指一定时期和一定条件下，能代表不同区位、不同用途地价水平的标志性土地的价格。标定地价是在基准地价的基础上，考虑了每块土地的具体情况，也就是说考虑了影响土地价格的其他因素而确定的土地的价格，标定地价接近于土地的市场价格。

(3)房屋重置价格：是假设房屋在估价时点重新建造时，必要的建造费用加平均利润。具体地说，是指按照估价时点当时的社会正常的建筑技术、工艺水平、建筑材料价格、人工和机械费用等，重新建造同类结构、式样、质量及功能的新房屋所需要的费用加平均利润。

另外，在房地产经济运行中还有其他一些价格形态，如最高限价、最低限价以及计划价格、指导价格、平均价格、成本价格、销售价格等，这里不再详细介绍。

(二)房地产价格的特点

房地产作为一种特殊商品，其价格与普通商品的价格相比，具有以下几个特点。

1. 复杂性

房地产商品具有使用时间长、价值大、地理位置固定、整体性强等特点，而且人们对房地产的需求又各不相同。由此产生了许多不同的房地产交易形式，每一种交易形式又产生不同的交易价格，因而房地产价格形式多种多样。

另外，影响房地产价格的因素繁多，它不仅受供求、利率、资金状况以及社会经济发展水平等多种经济因素影响，而且还受到一个国家政治体制、社会心理、文化传统等社会因素的影响，地理位置、气候条件等一些自然环境因素对房地产价格也具有很大影响，因而房地产的价格确定相对其他商品更为困难。

2. 地域性

房地产价格的地区性主要反映在不同城市区域之间的房地产差价。一般说来，同质房屋，其价格大城市高于中小城市，沿海城市高于内地城市，市场经济发达城市高于发展中的城市。同时，房地产价格即使在同一城市，因为处于不同地段，也有明显的差别。

3. 趋升性

房地产价格的长期趋涨性主要是由土地的增值性带动的。地产之所以具有长期增值性的原因之一，就是土地与一般物品不同，一般物品可随时间延续其折旧累加额不断增加，价值量递减，而地产一般则不存在折旧，其价值也不会因而减损；其二是土地供给是有限的，人口及其生活质量要求的提高，会进一步使人地矛盾趋于尖锐，地价会因此而提高；其三是随着科学技术的发展，人类利用土地的能力会逐步提高，土地也就有了较强的产出能力。地价的趋高加大了房地产开发建设的成本，从总体上会使房地产价格有一个长期攀升的趋势。

4. 扩散效应性

房地产价格水平的高低，不仅会直接影响到人民的实际生活水平，而且还将影响其他行业的生产经营状况、市场物价价格体系、政府税收和其他财政收入、社会福利、公用事业以及安全保障体系等社会各方各面。

5. 较强的调控性

房地产特别是住宅，是人类最必需的生活资料和消费资料。人类通过对房地产的消费，才能实现生命的各种机能，促进社会文明的进步和发展。同时，房地产又是国民经济各部门形成与发展的物质前提条件之一。出于公共福利和社会保障的考虑，政府可能会出资兴建住宅无偿提供或低价租售给低收入居民。另外，政府还会利用金融和税收甚至行政手段等管理房地产市场，加强对房地产价格的调控。

二、房地产价格的构成

和其他一般商品价格一样，房地产商品的价格也是由生产成本、利润、税金和流通费用四个方面构成的，不过由于房地产的特殊性，其价格具体内容要更复杂一些。我们先从地产价格和房产价格两方面介绍房地产价格的构成，再进一步了解我国综合开发形式下房地产价格的构成。

（一）地产价格的构成

土地具有资源和资产两重性质，土地是一种自然资源，没有价值，其价格是资本化的地租，但在土地利用中已凝结了人的劳动，并且有生产费用，就有了价值因素和价值价格，是一种资产。从理论上讲，地产的价格构成包括两个部分。

1. 土地所有权价格的构成

土地所有权价格就是拥有土地所有权能获得的收益。这种收益包括绝对地租和级差地租。在中国，土地所有权属于国家，土地所有权是不能买卖的，现实中的土地价格实际上是土地使用权价格亦即“土地租金”。

2. 土地价值价格

土地价值价格是由土地投资成本和土地投资利润构成的。土地投资成本即指为使用某一定面积的土地而投入的资金及利息。具体讲，包括土地征用费（含土地补偿费、土地投资补偿费和安置补助费三部分）、拆迁安置费和土地开发费。

在具体的经济生活中，土地价格的构成可以用下面的公式来表示：

地价＝土地取得费＋土地开发费＋税费＋利息＋利润＋土地增值收益

其中土地取得费分为两种：一是国家征用集体土地而支付给农村集体经济组织的费用，包括土地补偿费、地上附着物和青苗补偿费及安置补助费；二是为取得已利用城市土地而向原土地使用者支付的拆迁补偿费用，这是对原城市土地使用者在土地上投资未收回部分的补偿。

土地开发费是指各土地级别宗地红线外达到“五通”（通路、通上水、通电、通下水、通信）或“四通”（通路、通上水、通电、通讯）和宗地内达到“一平”的开发水平的平均开发费用、土地基础设施费、地质勘察费、开发管理费、利息和税金、利润。土地开发费由于各地区的经济发展程度不同而存在差异。

（二）房产价格的构成

房产价格按取得所有权或使用权分为房屋销售价格和房屋租赁价格两种形式，对于它们的构成要素我们将分别讨论。

1. 房产销售价格构成

房产销售价格指房产所有权转移时买卖双方实际成交的价格。房产买卖时，买房人购买的是房产的所有权，卖房人将房产所有权出让，同时要获得房产所有权出让的价值补偿。它包括商品房销售、公房销售和私房销售三部分。在具体的经济生活中，房地产销售价格的构成可以用下面这个公式表示：

房价＝土地取得成本＋开发成本＋管理费用＋投资利息＋销售税费＋

开发利润

其中土地取得成本相当于地价；开发成本是在取得开发用地后进行土地开发和房屋建设所需的直接费用、税金等，可以分为土地开发成本和建筑建造成本，包括勘察设计和前期工程费、基础设施建设费、建筑安装工程费、公共配套设施建设费和开发过程中税费；管理费用包括开发商的人员工资、办公费、差旅费等，一般为土地取得成本和开发成本之和的一定比率；投资利息包括土地取得成本、开发成本和管理费用的利息；销售税费指销售房地产所需的费用及由开发商缴纳的税费。我们可以看出，房价是由土地取得成本即地价、开发成本、销售费用和开发利润所决定。

2. 房产租赁价格构成

房屋租赁价格指房屋的所有人出租房屋而取得的实际租金。在此种流通形式中，房屋所有权不变，承租者支付房租，获得一定时期内的房屋使用权；出租者放弃或出让一定时期内的房屋使用权。它包括住宅租赁、办公用房租赁、商业用房租赁和厂房仓库租赁四部分。

理论上，房产租赁价格由以下几部分构成。

(1)折旧费：房屋在长期使用过程中，其价值因自然或人为的损坏而逐渐减少，这部分逐渐减少的价值需要以提取折旧的方式计入房租，以便房产所有者收回投资，补偿价值损耗，实现房屋简单再生产。

(2)维修费：是指房屋在出租期间，由于自然或人为损坏，需要修理更换部分设备和材料以保持房屋完好和正常使用所发生的维护修理费用。它包括正常大修费和经常维修费两部分。维修费具体包括工具材料费、维修工人工资、维修机器折旧以及相关的各项开支等内容。

(3)管理费：是指房产出租企业对出租房屋进行管理和服务所发生的各种费用，包括：管理人员工资、奖金、办公费、业务费等。

(4)利息：是指房产出租企业为从事房屋租赁业务向银行贷款支付的利息。

(5)保险费：是指房屋出租人将房屋投保而向保险公司支付的费用。它属于房屋使用过程中房主追加的开支，理应计入房租。

(6)地租：是指土地使用者向土地所有者交纳的土地使用费。由于房屋与土地相连，使用房屋的同时必须使用土地，因此房屋使用者(租房人)所支付的房租中要包含对房主付出的地租的补偿。

(7)税金：是指房产出租企业应缴纳的房产税、营业税、城市建设维护税、教育费附加等。这部分税金由房地产经营企业缴纳，但计入房租内由房屋使用者负担。

(8)房屋租赁经营利润：是指房产出租企业在租赁业务中应取得的合理

利润额,允许房产出租企业取得一定数量的合理利润额,是调动企业生产经营积极性,开发出更多的房屋用于出租,以满足房地产市场上对房屋租赁的巨大需求的前提条件。

但是,在实际的房地产市场上,房地产经营企业或个人房屋出租者在确定房租价格时,不会具体考虑如上所述的这些构成要素,而主要是根据一定时期的所在地区的经济发展状况、市场行情、供需情况、居民生活水平以及相关政策法规等来确定的。

(三)综合开发形式下房地产价格的构成

目前中国城市房地产的建设都是以综合开发形式进行的,房地产的价格一般都以综合开发造价的形式出现。我国规定商品房价格的构成因素有:土地费用、前期工程费用、建筑安装工程费用、商品房的经营费用、小区内的配套费、开发企业的财务费用、利润和税金等费用。开发商将开发成本加利润分摊到单位建筑面积上,再通过绿化、小区配套朝向、户型设计等相关指标的优劣比较,确定出具体的商品房价格。目前中国房地产的综合造价,大体上可以分为五个构成部分。

1. 土地费用

(1)征地补偿费:土地补偿费、青苗补偿费、集体财产补偿费、超转人员补偿费、农转工人员级差补贴、菜田基金、安置劳动力补偿、平地补助费、私人财产补偿费。

(2)拆迁安置补偿费:私房作价、地上物补偿费、搬家费、拆房费、渣土清理费、临时设施费、周转房费、农户住房原拆原建费、单位拆迁费、安置用房费。

(3)其他土地开发费:三通一平费、勘察设计费、拆迁征地管理费。

(4)土地出让金。

2. 建筑安装工程费

(1)住宅建筑安装工程费:住宅建筑安装工程造价。

(2)附属工程费:煤气调压站、热力点、开闭所、变电室、锅炉房、高压水泵房等。

(3)室外工程费:小区红线内的上水、污水、雨水、电力、电信、热力、煤气、天然气、庭院、围墙、人防出入口等工程。

3. 配套工程费

(1)公共配套工程费:幼儿园、文化站、中小学、卫生站、门诊部、副食店、蔬菜店、书店、小饭铺、浴池、街道办事处、居民委员会、派出所、工商税务所、房管所、市政管理用房等。

(2)环卫绿化工程费:绿化费、绿地、公共厕所等。

(3)政府性收费及“四源”费:煤气厂、热力厂、自来水厂、污水处理厂。

(4)大市政费。

4. 税费

(1)两税一费:营业税、城市建设维护税、教育附加费。

(2)限制黏土砖使用保证金。

(3)管理费。

5. 利润

利润是房地产企业投资开发房地产的目的所在,即收入减去成本之后的部分。由市场定价的商品房,利润是不固定的,它取决于企业的经营管理水平。

三、房地产价格的影响因素

房地产与其他商品在本质上并没有多大区别,其价格主要受供求关系和开发商的成本影响,但是由于房地产产品的特殊性,其定价方式与其他商品比较,又有很多不同之处。

简单地讲,影响价格的因素主要有一般因素、市场因素和项目因素三方面。

(一)一般因素

一般因素包括土地价格水平、经济、环境、社会、行政和政策、心理和国际状况等宏观因素,它是影响房屋价格的一般的、普遍的、共同的因素,对房屋价格的总体水平产生影响。

1. 土地价格水平

房价中包含地价,地价隐含在房价中,是房价的基础,土地价格作为商品房价格的构成要素之一,对商品房价格产生影响。但土地价格与商品房价格并不存在绝对的相关关系,相反商品房价格在很大程度上也影响着土地价格。

2. 经济因素

影响房地产价格的经济因素,主要有经济发展状况,储蓄、消费、投资水平,财政收支及金融状况,物价水平特别是建筑材料价格的水平、建筑人工费用,居民收入、银行利率,房地产投资,特别是房地产的供求等。大体来说,经济发展速度越高,储蓄消费和投资水平越高,财政和金融状况越好,对房地产的需求就越大,房地产的价格也就越高。居民收入的真正增加意味着人们的生活水平将随之提高,其居住与活动所需的空间会扩大,从而会增加对房地产的需求,也会导致房地产价格上涨。

3. 环境因素

影响房地产价格的因素,是指那些对房地产价格有影响的房地产周围的物理性状因素。这方面的因素主要有声觉环境、大气环境、水文环境、视觉环境、卫生环境、交通环境等。

4. **社会因素**

社会状况对房地产价格也有重大的影响。社会因素主要是政治安定状况、社会治安程度、房地产运行的状况、城市化的人口状况等。

(1)政治安定状况。是指不同政治观点的党派、团体的冲突情况,现行政权的稳固程度等。一般来说,政治不安定,意味着社会可能动荡,影响人们投资、置业的信心,会造成房地产价格低落。

(2)社会治安程度。是指房地产所处地区小偷、抢劫、强奸、绑架、杀人等方面的刑事犯罪情况。如果经常发生此类犯罪案件,则意味着人们的生命财产缺乏保障,因此会造成房地产价格低落。

(3)房地产运行状况。这里主要是指房地产投机问题,房地产投机是利用房地产价格的涨落变化,通过在不同时期买进或卖出房地产,从价差中获取利润的行为。当房地产价格节节上升时,那些预计房地产价格还会进一步上涨的投机者纷纷抢购,哄抬价格,造成一种假需求,促使房地产价格进一步上涨。而当情况相反时,那些预计房地产价格还会进一步下跌的投机者纷纷抛售房地产,则会促使房地产价格进一步下跌。

5. **行政和政策因素**

行政政策因素主要是关于影响房地产价格的制度、政策、法规、行政措施等因素。如土地制度,住房制度,城市规划、城市发展战略、土地利用规划等,房地产价格政策,房地产税收,行政隶属变更,特殊政策等。

6. **心理因素**

人们的心理状态对房地产价格也有重大的影响。影响房地产价格的心理因素主要有:购买或出售心态、个人喜好、欣赏品味、时尚风气、接近名家心理状态、讲究门牌号码和土地号码的心态、讲究风水的心态、价值观的变化等。

7. **国际因素**

现代社会,国际交往频繁,使得一国的政治、经济、文化常常影响有关的国家和地区。影响房地产价格的国际因素主要有国际政治状况、国际经济发展状况、国际军事状况、国际竞争状况等。

(二)市场因素

市场因素包括销售临近地段的市场环境、周边楼盘及同质楼盘的供应和销售状况、楼盘自身客观条件、销售战略及销售进度安排、客户偏好和发展商的营销目标等因素,是指对房屋价格产生重要影响的整体市场的供求状况、租售水平、目标客户的心理价格水平以及销售策划的策略把握和销售控制等因素。在房地产价值一定的情况下,房地产的价格决定于房地产的供求。在房地产供给一定的情况下,如果需求增加,房地产价格就上涨;如果需求减少,房地产价格就会下降。在房地产需求一定的情况下,如果供给增加,房地产价格就会下降;如果供给减少,房地产价格就会上涨。由于房地产位置的固定性,使用方向变更的困难性,由此决定的房地产供求对价格的影响,主要是由某地区和某类房地产的供求状况决定。

(三)项目因素

项目因素主要是关于房地产自然或物理的性质等因素,是项目本身条件和特征对房屋价格有影响的因素。包括项目所处的位置、地质、地势、地形、土地面积、土地形状、日照、通风、温度、自然周期性灾害、交通状况、配套设施状况、建筑密度、自然环境、人文环境、建筑外形、车位、户型、朝向、结构、施工质量、物业管理、发展商品牌等因素。

另外,由于房地产不同的使用功能给使用者带来不同的经济收益,其价格的主要影响因素也有所差别。

1. 住宅房地产价格的影响因素

影响住宅价格的因素主要有:①建筑结构、类型和等级;②装修;③设施与设备;④质量;⑤朝向;⑥楼层;⑦地段;⑧环境;⑨住宅楼的公用面积数;⑩交易时间;⑪交易情况。

2. 商业房地产价格的影响因素

商业房地产包括商场、购物中心、商铺和市场、旅馆、写字楼、餐馆和游艺场馆、娱乐城、歌舞厅、高尔夫球场等。影响商业房地产价格的主要因素有:①地段繁华程度;②交通条件;③临街状况:④内部格局;⑤楼层;⑥面积;⑦净高;⑧储存空间;⑨装修和结构构造;⑩转租的可能性;⑪使用年限和折旧情况。

3. 工业房地产价格的影响因素

工业房地产主要包括厂房及工厂区内的其他房地产、仓库及其他仓储用房地产。影响工业房地产价值的主要因素有:①交通条件;②基础设施(电力供应、生产用水、排污及污染治理、通信条件等);③地理位置;④用地面积、用地形状、地势;⑤地质和水文条件;⑥厂房面积、结构、高度与设备安装情况。

研究思考题:

1. 房地产商品的类型与特性。
2. 房地产市场的构成与特点。
3. 房地产市场的供求分析。
4. 房地产市场价格的构成及影响因素。
5. 房地产市场的发展趋势。

第四章

房地产交易

本章概要：

房地产交易的形式与程序；

房地产交易的价格与税金；

房地产交易的产权登记。

第一节　房地产交易的形式与程序

一、房地产交易的形式

房地产交易，是指城市各类房屋及其附属设施连同相关土地使用权依法转让、租赁、抵押的行为。房屋的交易形式主要有买卖、置换、租赁、抵押等，城市土地使用权的交易形式主要有出让、转让、出租和抵押等。

（一）房屋买卖

1. 房屋买卖的定义

房屋买卖是房地产交易的重要形式，是指房屋的有偿转让、房屋产权的交换、以房屋作价投资、以自有房屋作价与他人合作扩建、改建房屋等。按照有关规定，下列房屋不准买卖：

（1）无合法证件的房屋（包括违法建设的房屋）；

（2）有产权争议的房屋；

（3）经批准征用或划拨的建设用地范围内的房屋；

（4）经人民法院裁定限制产权转移或经市人民政府批准代管的房屋；

（5）各级人民政府规定其他不得出卖的房屋。

2. 房屋买卖关系与房屋买卖合同

实践中，经常出现将房屋买卖关系等同于房屋买卖合同的事例。为了区分二者关系，我们通过一个案例进行说明。张某在一家房屋中介公司看中李某出让的一套别墅，别墅面积250平方米，房价200万元人民币。通过中介公司介绍及实地观察，张某均感到满意。于是张某与李某在中介公司签订了房屋买卖合同，双方约定了付款及交房的日期，张某又付给中介公司中介费人民币5万元整。张某在房屋交易中心被告知，该套别墅由于被某法院查封，不能办理房产证。张某又了解到该房屋中介公司没有中介房产的资质。

房屋买卖是一种法律行为，买卖双方应订立买卖契约，按约交付房价款和交付房屋，并在办理契税和过户手续后，方能认定买卖成立、有效，这是认定房屋买卖关系有效成立的基本条件。案例中张某与李某虽然订立买卖合同，付清房款，但是由于房屋被查封而无法过户，且李某明知房屋被查封而出售，因此双方签订的合同是无效合同，双方返还各自取得的钱、物，中介公司无证经营是违法行为，且其收费又高于市政府有关文件规定1%收费标准，应受到工商部门的查处。

由此可见，房屋买卖合同成立与房屋买卖关系成立并不是一回事，房屋买卖合同成立是房屋买卖关系成立的基本前提条件，房屋买卖关系成立是房屋买卖合同所追求的法律后果。作为房屋买卖合同来说，一般只要出卖人是房屋所有权人，双方自愿订立合同的，房屋买卖合同就成立。而房屋买卖关系是否成立，虽然也要看出卖人是否具有产权证，双方是否自愿，但主要看房屋买卖合同约定的条件的履行情况，以及在办理契税、产权过户手续是否已经落实，产权所有人是否过户给买入者。结合本案，双方虽然订立房屋买卖合同，已经交房、交款，李某也是房屋所有权人，但是该房已被查封，未经查封单位同意解封，李某是不能卖出房屋的。由于合同是无效的，双方应各自返还，过错方在李某，李某也应承担张某因此造成的直接损失。

（二）房屋置换

房屋置换在通俗含义上包括一般人们常讲的“差价换房”、“差价调房”等房屋流通形式，是不同房屋价差交换或等价交换的房屋交易形式。在目前情况下，房屋置换是改善住房条件的一种较好途径，是目前比较受欢迎的住宅消费服务方式。与房地产买卖不同的是，房屋置换不仅是一种货币和实物的交换方式，而且，在房屋置换中还有实物与实物间的交换，即房屋置换是“货币——实物”和“实物——实物”两方面内容的交换方式。

通过房屋置换可以减轻购房者的付款压力。房屋置换通过原有房屋价值的一部分资金、单位补贴一部分资金、个人储蓄拿出一部分资金、银行借贷一部分资金的“1 +1 +1 +1”的方式，提高了购房人改善住房条件的能力。

在房屋置换服务中，其实质上是买和卖的双向服务，一次置换成功，相当于两种交易概念，即卖掉购房者的住房，再买进一套其需求的住房。因此，房屋置换可以解释为买卖的双向服务，购房者的房屋的成功置换必须是其原有房屋有下家接受并且其看中了另一套房屋。

（三）房屋租赁

1. 房屋租赁的形式

根据现行法规的规定，结合具体情况，房屋租赁主要有以下七种形式。

(1)承租

承租是房屋租赁最普遍的形式，即房客以支付租金为代价向房东租用房屋。目前，除城市居民承租居住公有房屋采用“租用公房凭证”外，承租其他类型房屋均由当事人双方采用签订租赁合同的方式明确租赁关系。

(2)预租

预租是指开发商将尚未竣工但已拿到预售许可证的商品房，与预租人签订预租合同并预收租金，之后按照约定日期把房屋交付使用的一种租赁关系。商品房预租有一些禁止性规定，如不得将已经预售的商品房预租，不得将预购的商品房预租，以及不得在商品房竣工并取得房地产权证前将预租的商品房交付使用等。

(3)转租

转租是指承租人在租赁期间将承租的房屋再租给他人的行为。房屋租赁合同约定可以转租的，承租人可按约定转租；未约定可以转租的，承租人转租房屋应征得出租人的书面同意。在公有居住房屋租赁关系中，承租人转租房屋不需要征得出租人的同意，但应在签订转租合同前书面告知出租人。

(4)委托出租

委托出租是指房屋所有权人委托他人或中介机构将房屋出租。目前，我国城市中的公有居住房屋的出租均属国家委托房地产管理部门下设的物业公司出租。委托出租应由委托人与受托人签订委托合同，明确双方的权利义务，以免产生纠纷并使于受托人向有关部门办理相关手续。在委托出租中，由受托人享受房屋租赁关系中出租人的权利，承担出租人的义务。

(5)代理出租

代理出租与委托出租不一样，代理出租是代理人以被代理人即房屋所有权人的名义将被代理人的房屋出租。租赁关系建立后，由房屋所有人履行租赁合同的权利义务，代理人仅代为办理房屋出租的有关手续。目前，我国城市中的房地产中介机构除代理买卖房屋外，也代理房屋出租业务。代理出租的代理人在房屋出租成功后有权收取一定比例的租金作为中介费，但不享有房屋租赁合同的权利，也不承担义务。

(6)承租权转让

承租权转让是我国房地产租赁市场中一种较新的形式，是指在房屋租赁期间,承租人将其在房屋租赁合同中的权利、义务一并转移给第三人,由第三人取代自己的地位,继续履行房屋租赁合同的行为。承租权转让虽最早见于《关于贯彻实施〈上海市房屋租赁条例〉的意见》中,但实践中早已普遍适用,并主要存在于公有非居住房屋租赁关系中,由此也产生了不少纠纷,是房屋租赁市场中值得有关部门重视的一种租赁形式。需说明的是,可售公有居住房屋不得进行承租权转让。

(7)承租权交换

承租权交换是指在房屋租赁期间,承租人将其承租的房屋与第三人承租的房屋交换使用,并各自履行交换对方房屋租赁合同的行为。承租权交换的特点是,租赁合同的承租人主体发生变化,而租赁合同的权利义务照旧履行。法律法规允许承租权交换,主要是为了保障出租人的利益,同时又满足承租人灵活租用房地产的需要。与承租权转让一样,可售公有居住房屋不得进行承租权交换。

2. 房屋租金

房屋租金可分为成本租金、商品租金、市场租金。成本租金是由折旧费、维修费、管理费、融资利息和税金五项组成的。商品租金是由成本租金加上保险费、地租和利润等八项因素构成的。市场租金是在商品租金的基础上,根据供求关系而形成的。目前,我国未售公有住房的租金标准是由人民政府根据当地政治、经济的需要和职工的承受能力等因素确定的,仍具有较浓的福利色彩。

《城市房地产管理法》规定:"以营利为目的,房屋所有权人将以划拨方式取得土地使用权的国有土地上建成的房屋出租的,应当将租金中所含土地收益上缴国家,具体办法由国务院规定。"《租赁管理办法》中规定:"土地收益的上缴办法,应当按财政部《关于国有土地使用权有偿使用征收管理的暂行办法》和《关于国有土地使用权有偿使用收入若干财政问题的暂行规定》的规定,由市、县人民政府房地产管理部门代收缴。"

(四)房屋抵押

1. 房屋抵押的定义与特征

(1)房屋抵押的定义

抵押是一个法律术语,根据我国《担保法》规定,抵押定义为:债务人或第三人不转移对财产的占有,将该财产作为债权的担保。债务人不履行债务时,债权人有权依法以该财产折价或者以拍卖、变卖该财产的价款优先受偿。

房屋抵押就是一种具体的抵押方式,是指债务人或者第三人为了保证债务履行而将自己所有的房屋或享有处分权的国有房屋提供出来作担保,如债务人不能履行债务，则债权人有权依法处分抵押房屋，并在处分抵押房屋所得价款中优先受偿。

提供抵押房屋的当事人称为房屋抵押人，接受抵押房屋的原债权人称为房屋抵押权人。房屋抵押人必须具有完全的民事行为能力，无民事行为能力和限制民事行为能力的人不得设定房屋抵押。凡他们已设定的抵押，当为无效。

(2)房屋抵押的特征

从法律角度分析，房屋抵押是一种担保方式，也是一种法律关系，有下列特征：

①房屋抵押是原债权债务关系的担保，原债权债务关系是主合同，房屋抵押是从合同，它以原主合同的合法有效存在为前提条件，本身不能独立存在。

②抵押的房屋可以由抵押权人保管，也可以由抵押人保管，通常情况下由抵押人保管。保管人应谨慎保养所抵押房屋。

③负有清偿债务义务的一方不履行义务时，房屋抵押人可以直接行使房屋抵押权，不依靠债务人的行为即可实现其权利。

④抵押物需是房屋，房屋抵押人可以是债务人，也可以是第三人，抵押人必须对抵押的房屋拥有所有权，如果抵押房屋是国有房屋，则抵押人必须对该抵押房屋享有处分权。

⑤房屋抵押权的设定，一般采用书面形式，并应明确规定担保的范围。

⑥房屋抵押人将房屋抵押后，并不丧失房屋的所有权，因此，抵押人应自己承担房屋意外灭失的风险。

⑦房屋抵押权是一种担保物权。如果房屋抵押人未经房屋抵押权人同意，将抵押房屋转给第三人时，房屋抵押权人对抵押的房屋享有追索权，房屋受让人因此受到的损失，由房屋抵押人承担。

2. 房屋抵押人的权利与义务

房屋抵押人是法律关系中的一方当事人，既享有权利，也需承担义务。

(1)房屋抵押人享有如下的权利：

①房屋抵押人对抵押的房屋享有所有权，并有权取得抵押房屋的各种收益。

②房屋抵押人对抵押房屋享有处分权，但若想转让抵押房屋，需事先征得房屋抵押权人同意。

③可以对抵押房屋多次出抵，但需保证数个房屋抵押权所担保的债权总额不大于抵押房屋的价值。

④可以将抵押房屋出租。

(2)抵押人的义务

房屋抵押人承担的主要义务是保管义务,即妥善保养,维护抵押房屋。由于抵押人对抵押房屋的侵害行为,致使抵押房屋的价值减少时,房屋抵押人应恢复抵押房屋的原状或提供与减少的价值相当的担保。如果抵押的房屋毁损灭失,抵押人应以其他财产充抵抵押的房屋,在抵押房屋因不可抗力等不能归责于抵押人的事由而毁损灭失时,抵押人可以以赔偿请求权向房屋抵押权人提供担保,也可将赔偿请求权让与抵押权人而获免责。

此外,房屋抵押人还负有通知的义务,在第三人对抵押的房屋进行追索或主张权利时,应当及时通知抵押权人,以保障抵押权人的优先受偿权。

二、房地产交易程序

(一)房屋买卖程序

房屋作为不动产是一种特殊的商品,它的一项重要特征是:交易的对象是房屋的产权。为了保证双方当事人的合法权益,我国对房屋的买卖实行审查和登记制度。建设部颁布的《城市房地产转让管理规定》规定房屋买卖必须按以下程序办理:

(1)房屋买卖当事人必须签订书面买卖合同。合同应当载明下列主要内容:

①双方当事人的姓名或者名称、住所;

②房地产权属证书名称和编号;

③房屋坐落位置、面积、四至界限;

④房屋成交价格和支付方式;

⑤房屋交付使用的时间;

⑥违约责任;

⑦双方约定的其他事项。

(2)买卖双方当事人必须同时持合法证件向房地产管理部门提出申请并申报成交价格。按规定,当事人应在买卖合同签订后30日内持房地产权属证书、当事人的合法身份证明、房屋买卖合同等有关文件提出申请并申报成交价格。

(3)房地产管理部门对提供的有关文件进行审查,并在十五日内作出是否受理申请的书面答复。

(4)房地产管理部门核实申报的成交价格,并根据需要对买卖的房屋进行现场查勘和评估。

(5)房屋买卖双方当事人按照规定缴纳有关税费。

(6)房地产管理部门核发过户单,办理房屋产权转移手续。

（二）房屋置换程序

1. 服务范围

房屋置换的服务范围包括房改房交易，房改房与商品房、经济适用房等各类房屋间置换的中介、鉴证，房屋置换价格评估，房改房贷款担保。

2. 置换程序

房屋置换一般应遵循如下程序：

(1)确定置换意向；

(2)房屋出售登记；

(3)房屋需求登记；

(4)房屋置换登记；

(5)信息提供；

(6)价格评估；

(7)抵押担保；

(8)办理成交手续；

(9)办理两证。

3. 置换收费

成交后，以南京为例，卖方按售房款1% ，买方按0.5% 向置换中心缴纳中介服务费。

（三）房屋租赁程序

1. 提交文件

办理房屋租赁应提交以下材料：

(1)房屋所有权证、国有土地使用证、租赁书面协议、身份证件；

(2)单位需提交法定代表人身份证明、授权委托书。

2. 程序及要求

房屋租赁合同要使用管理部门监制的规范合同文本，合同经房管机关鉴证后，发放“房屋租赁证”（该证正本由出租方持有，副本由承租方持有），并缴纳有关税费。房管机关将当事人整套房屋租赁材料汇集备案。

3. 租赁管理费

(1)居住房屋按租赁合同期租金总额的0.8%，由租赁双方均担；

(2)非居住房屋按合同期租金总额的1.5%，由租赁双方均担。

（四）房屋抵押程序

1. 抵押程序

房屋抵押应遵循以下程序：

(1)提交房屋抵押申请；

(2)到各省市的房地产管理处或管理局的官方网站上下载或填写申报

所需表格;

(3)填写业务申请表;

(4)填写完毕上交申请表、上传申请表;

(5)申报完毕,申报资料送达抵押办理处。

2. 办理房屋抵押需提交下列证件

不同情况办理房屋抵押所需提交的证件也会有所不同,大致包括如下几种情形:

(1)私房抵押

房屋所有权证、国有土地使用证(庭院住宅)、评估报告、抵押合同、借款合同、房屋他项权登记申请书、身份证(夫妻双方)、户口簿或结婚证、离婚(含丧偶)未婚的需有关部门出具的未婚证明,共有房设立抵押的需交有效的共有人的同意书。

(2)商品房按揭贷款

商品房销售合同、抵押合同(含按揭贷款合同)、借款合同、他项权申请书、开发公司同意办产权证明、购房发票或收据、身份证(夫妻双方)、户口簿、结婚证。

(3)全民所有制和集体所有制企业抵押

房屋所有权证、国有土地使用证、评估报告、抵押合同、借款合同、企业营业执照及法人代码证、法人代表授权书、身份证及受托人身份证、上级主管部门证明、担保书(担保贷款),另外集体所有制企业应出具经职代会或职工大会通过的文字材料。

(4)股份制企业抵押(含有限责任公司和股份有限公司)

房屋所有权证、国有土地使用证、评估报告、抵押合同、他项权申请书、借款合同、企业营业执照及代码证、法人代表授权书、身份证及受托人身份证、担保书(担保贷款)、股东会或董事会同意抵押文书及成员身份证复印件、董事会章程。

(5)在建工程抵押

在建工程抵押除提供上述相应内容的材料外,另需提供:建设用地许可证及征用土地批准文件、建设工程规划许可证、立项批文、建设工程施工许可证、施工单位营业执照、建筑工程承包合同。

第二节　房地产交易价格

房地产估价从表面上看,好像是估价人员在给房地产定价,估价人员认为值多少钱就值多少钱。但实际上,房地产估价不应是估价人员的主观随意定价,而应是估价人员模拟市场形成价格的机制和过程,将客观存在的房地产价格或价值揭示、显示出来,是科学与艺术的有机结合。要做好房地产估价,不仅需要通晓房地产估价的理论、方法和技巧,还需要具备房地产制度政策、开发经营,以及经济、建筑、城市规划、法律等多方面的知识,需要理论与实践的高度结合。

一、房地产估价原则

房地产估价是指专业估价人员,根据估价目的,遵循估价原则,按照估价程序,选用适宜的估价方法,并在综合分析影响房地产价格因素的基础上,对房地产在估价时点的客观合理价格或价值进行估算和判定的活动。

房地产估价原则是使不同的估价人员对估价的基本前提具有认识上的一致性,对同一估价对象在同一估价目的、同一估价时点下的估价结果具有近似性。房地产估价总的要求是独立、客观、公正。在具体估价作业中应遵循的原则主要有以下五项。

(一)合法原则

遵循合法原则,应以估价对象的合法使用、合法处分为前提估价。

(二)最高最佳使用原则

遵循最高最佳使用原则,应以估价对象的最高最佳使用为前提估价。当估价对象已做了某种使用,估价时应根据最高最佳使用原则对估价前提作出下列之一的判断和选择,并应在估价报告中予以说明。

(1)保持现状前提:认为保持现状继续使用最为有利时,应以保持现状继续使用为前提估价;

(2)转换用途前提:认为转换用途再予以使用最为有利时,应以转换用途后再予以使用为前提估价;

(3)装修改造前提:认为装修改造但不转换用途再予以使用最为有利时,应以装修改造但不转换用途再予以使用为前提估价;

(4)重新利用前提:认为拆除现有建筑物再予以利用最为有利时,应以拆除建筑物后再予以利用为前提估价;

(5)上述情形的某种组合。

(三)替代原则

遵循替代原则,要求估价结果不得明显偏离类似房地产在同等条件下的正常价格。

(四)估价时点原则

遵循估价时点原则,要求估价结果应是估价对象在估价时点的客观合理价格或价值。

(五)公平原则

遵循公平原则,要求评估结果是在公正的立场上求得的一个客观合理的价格,有助于保证交易双方的正当利益和维护评估工作的社会声誉及权威性。

二、房地产估价程序

(一)估价基本程序

房地产估价程序,是指房地产估价全过程中的各项具体工作,按其内在联系所排列出的先后进行排序。一般来说,从获取估价业务开始至完成估价后的资料归档时止,一宗房地产估价活动的全过程和步骤如下:

(1)获取估价业务;

(2)受理估价委托及明确估价基本事项;

(3)拟订估价作业方案;

(4)收集估价所需资料;

(5)实地查勘估价对象;

(6)选定估价方法计算;

(7)确定估价结果;

(8)撰写估价报告;

(9)交付估价报告;

(10)估价资料归档。

房地产估价虽然应按照上述程序进行,但在实际估价中各个步骤之间并不是割裂的,相互之间会有一些交叉,甚至需要一定的反复。

(二)估价注意事项

在估价过程中,应注意以下事项:

(1)估价目的应由委托方提出;

(2)明确估价对象应包括明确估价对象的物质实体状况和权益状况;

(3)估价时点应根据估价目的确定,采用公历表示,精确到日;

(4)在明确估价基本事项时应与委托方共同商议,最后应征得委托方认可。

在明确估价基本事项的基础上,应对估价项目进行初步分析,拟订估价方案。

三、房地产估价方法

估价人员应熟知、理解并正确运用市场比较法、收益法、成本法、假设开发法、基准地价修正法以及这些估价方法的综合运用。

对同一估价对象宜选用两种以上的估价方法进行估价。根据已明确的估价目的,若估价对象适宜采用多种估价方法进行估价,应同时采用多种估价方法进行估价,不得随意取舍;若必须取舍,应在估价报告中予以说明并陈述理由。有条件选用市场比较法进行估价的,应以市场比较法为主要的估价方法。收益性房地产的估价,应选用收益法作为其中的一种估价方法。具有投资开发或再开发潜力的房地产的估价,应选用假设开发法作为其中的一种估价方法。在无市场依据或市场依据不充分而不宜采用市场比较法、收益法、假设开发法进行估价的情况下,可采用成本法作为主要的估价方法。

(一)市场比较法

运用市场比较法估价应按下列八步骤进行。

1. 搜集交易实例

运用市场比较法估价,应准确搜集大量交易实例,掌握正常市场价格行情。搜集交易实例应包括下列内容:

(1)交易双方情况及交易目的;

(2)交易实例房地产状况;

(3)成交价格;

(4)成交日期;

(5)付款方式。

2. 选取可比实例

根据估价对象状况和估价目的,应从搜集的交易实例中选取三个以上的可比实例。选取的可比实例应符合下列要求:

(1)被选项是估价对象的类似房地产;

(2)成交日期与估价时点相近,不宜超过一年;

(3)成交价格为正常价格或可修正为正常价格。

有下列情形之一的交易实例不宜选为可比实例:

(1)有利害关系人之间的交易;

(2)急于出售或购买情况下的交易;

(3)受债权债务关系影响的交易;

(4)交易双方或一方对市场行情缺乏了解的交易;

(5)交易双方或一方有特别动机或特别偏好的交易;

(6)相邻房地产的合并交易;

(7)特殊方式的交易;

(8)交易税费非正常负担的交易;

(9)其他非正常的交易。

3. 建立价格可比基础

选取可比实例后,应对可比实例的成交价格进行换算处理,建立价格可比基础,统一其表达方式和内涵。换算处理应包括下列内容:

(1)统一付款方式并采用单价;

(2)统一币种和货币单位;

(3)统一面积内涵和面积单位。

此外,有两点值得注意:

(1)统一付款方式应统一为在成交日期时一次总付清;

(2)不同币种之间的换算,应按中国人民银行公布的成交日期时的市场汇率中间价计算。

4. 进行交易情况修正

进行交易情况修正,应排除交易行为中的特殊因素所造成的可比实例成交价格偏差,将可比实例的成交价格调整为正常价格。

在此,仍然有两点需要指出:

(1)选择的交易实例较少,确需选用上述情形的交易实例时,应对其进行交易情况修正;

(2) 对交易税费非正常负担的修正,应将成交价格调整为依照政府有关规定,交易双方负担各自应负担的税费下的价格。

5. 进行交易日期修正

进行交易日期修正,应将可比实例在其成交日期时的价格调整为估价时点的价格。交易日期修正宜采用类似房地产的价格变动率或指数进行调整。在无类似房地产的价格变动率或指数的情况下,可根据当地房地产价格的变动情况和趋势作出判断,给予调整。

6. 进行区域因素修正

进行区域因素修正,应将可比实例在其外部环境状况下的价格调整为估价对象外部环境状况下的价格。区域因素修正的内容主要应包括:繁华程度,交通便捷程度,环境、景观,公共设施配套完备程度,城市规划限制等影响房地产价格的因素。区域因素修正的具体内容应根据估价对象的用途确定。进行区域因素修正时,应将可比实例与估价对象的区域因素逐项进行比较,找出由于区域因素优劣所造成的价格差异,进行调整。

7. 进行个别因素修正

进行个别因素修正,应将可比实例在其个体状况下的价格调整为估价对象个体状况下的价格。

有关土地方面的个别因素修正的内容主要应包括:面积大小形状,临路状况,基础设施完备程度,土地平整程度、地势、地质水文状况,规划管制条件,土地使用权年限等;有关建筑物方面的个别因素修正的内容主要应包括:新旧程度、装修、设施设备、平面布置、工程质量、建筑结构、楼层、朝向等。

个别因素修正的具体内容应根据估价对象的用途确定。进行个别因素修正时,应将可比实例与估价对象的个别因素逐项进行比较,找出由于个别因素优劣所造成的价格差异,进行调整。

8. 求出比准价格

选取的多个可比实例的价格经过上述各种修正之后,应根据具体情况计算求出一个综合结果,作为比准价格。

(二)收益法

1. 运用收益法估价应按下列步骤进行

(1)搜集有关收入和费用的资料;

(2)估算潜在毛收入;

(3)估算有效毛收入;

(4)估算运营费用;

(5)估算净收益;

(6)选用适当的资本化率;

(7)选用适宜的计算公式求出收益价格。

2. 特别说明

(1)净收益应根据估价对象的具体情况,按下列规定求取:

①出租型房地产,应根据租赁资料计算净收益,净收益为租赁收入扣除维修费、管理费、保险费和税金。租赁收入包括有效毛租金收入和租赁保证金、押金等的利息收入。维修费、管理费、保险费和税金应根据租赁契约规定的租金含义决定取舍。若保证合法、安全、正常使用所需的费用都由出租方承担,应将四项费用全部扣除;若维修、管理等费用全部或部分由承租方负担,应对四项费用中的部分项目作相应调整。

②商业经营型房地产,应根据经营资料计算净收益,净收益为商品销售收入扣除商品销售成本、经营费用、商品销售税金及附加、管理费用、财务费用和商业利润。

③生产型房地产,应根据产品市场价格以及原材料、人工费用等资料计算净收益,净收益为产品销售收入扣除生产成本、产品销售费用、产品销售税金及附加、管理费用、财务费用和厂家利润。

④尚未使用或自用的房地产,可比照有收益的类似房地产的有关资料按上述相应的方式计算净收益,或直接比较得出净收益。

(2)估价中采用的潜在毛收入、有效毛收入、运营费用或净收益,除有租约限制的之外,都应采用正常客观的数据。有租约限制的,租约期内的租金宜采用租约所确定的租金,租约期外的租金应采用正常客观的租金。利用估价对象本身的资料直接推算出的潜在毛收入、有效毛收入、运营费用或净收益,应与类似房地产的正常情况下的潜在毛收入、有效毛收入、运营费用或净收益进行比较。若与正常客观的情况不符,应进行适当的调整修正,使其成为正常客观的。

(3)在求取净收益时,应根据净收益过去、现在、未来的变动情况及可获收益的年限,确定未来净收益流量,并判断该未来净收益流量属于下列哪种类型:

①每年基本上固定不变;

②每年基本上按某个固定的数额递增或递减;

③每年基本上按某个固定的比率递增或递减;

④其他有规则的变动情形。

(4)资本化率应按下列方法分析确定:

①市场提取法:应搜集市场上三宗以上类似房地产的价格、净收益等资料,选用相应的收益法计算公式,求出资本化率。

②安全利率加风险调整值法:以安全利率加上风险调整值作为资本化率。安全利率可选用同一时期的一年期国债年利率或中国人民银行公布的一年定期存款年利率;风险调整值应根据估价对象所在地区的经济现状及未来预测、估价对象的用途及新旧程度等确定。

③复合投资收益率法:将购买房地产的抵押贷款收益率与自有资本收益率的加权平均数作为资本化率,按下式计算:

$$R = M \cdot RM + (1 - M)RE$$

式中,R——资本化率(%);

M——贷款价值比率(%),抵押贷款额占房地产价值的比率;

RM——抵押贷款资本化率(%),第一年还本息额与抵押贷款额的比率;

RE——自有资本要求的正常收益率(%)。

④投资收益率排序插入法:找出相关投资类型及其收益率、风险程度,按风险大小排序,将估价对象与这些投资的风险程度进行比较,判断、确定资本化率。

(5)资本化率分为综合资本化率、土地资本化率、建筑物资本化率,它们之间的关系应按下式确定:

$$RO = L \cdot RL + B \cdot RB$$

式中,RO——综合资本化率(%),适用于土地与建筑物合一的估价;

RL——土地资本化率(%),适用于土地估价;

RB——建筑物资本化率(%),适用于建筑物估价;

L——土地价值占房地价值的比率(%);

B——建筑物价值占房地价值的比率(%),L+B=100%。

(6)计算收益价格时应根据未来净收益流量的类型,选用对应的收益法计算公式。收益法的基本公式如下:

$$V = \sum_{i=1}^{n} \frac{Ai}{(1+R)^{i}}$$

式中,V——收益价格(元,元/m^2);

Ai——未来第 i 年的净收益(元,元/m^2);

R——资本化率(%);

n——未来可获收益的年限(年)。

(7)对于单独土地和单独建筑物的估价,应分别根据土地使用权年限和建筑物耐用年限确定未来可获收益的年限,选用对应的有限年的收益法计算公式,净收益中不应扣除建筑物折旧和土地取得费用的摊销。

(8)对于土地与建筑物合一的估价对象,当建筑物耐用年限长于或等于土地使用权年限时,应根据土地使用权年限确定未来可获收益的年限,选用对应的有限年的收益法计算公式,净收益中不应扣除建筑物折旧和土地取得费用的摊销。

对于土地与建筑物合一的估价对象,当建筑物耐用年限短于土地使用权年限时,可采用下列方式之一处理:

①先根据建筑物耐用年限确定未来可获收益的年限,选用对应的有限年的收益法计算公式,净收益中不应扣除建筑物折旧和土地取得费用的摊销;然后再加上土地使用权年限超出建筑物耐用年限的土地剩余使用年限价值的折现值。

②将未来可获收益的年限设想为无限年,选用无限年的收益法计算公式,净收益中应扣除建筑物折旧和土地取得费用的摊销。

③当利用土地与地上建筑物共同产生的收益单独求取土地价值时,在净收益每年不变、可获收益无限期的情况下,应采用下式:

$$V_L = \frac{A_O - V_B \times R_L}{R_L}$$

当利用土地与地上建筑物共同生产的收益单独求取建筑价值时,在净收益每年不变、可获收益无期限的情况下,应采用下式:

$$V_B = \frac{A_O - V_B \times R_B}{R_B}$$

式中，A_O——土地与地上建筑共同产生的净收益（元，元/m^2）；

V_L——土地价值（元，元/m^2）；

V_B——建筑物价值（元，元/m^2）。

（三）成本法

1. 运用成本法估价应按下列步骤进行

（1）搜集有关成本、税费、开发利润等资料；

（2）估算重置价格或重建价格；

（3）估算折旧；

（4）求出估算价格。

2. 特别说明

（1）重置价格或重建价格，应是重新取得或重新开发、重新建造全新状态的估价对象所需的各项必要成本费用以及应纳税金、正常开发利润之和，其构成包括下列内容：土地取得费用、开发成本、管理费用、投资利息、销售税费和开发利润。其中，开发利润应以土地取得费用与开发成本之和为基础，根据开发、建造类似房地产相应的平均利润率水平来求取。

（2）具体估价中估价对象的重置价格或重建价格构成内容，应根据估价对象的实际情况，在上一条所列举的价格构成内容的基础上酌予增减，并应在估价报告中予以说明。

（3）同一宗房地产，重置价格或重建价格在采取土地与建筑物分别估算、然后加总时，必须注意成本构成划分和相互衔接，防止漏项或重复计算。

（4）求取土地的重置价格，应直接求取其在估价时点状况的重置价格。

（5）建筑物的重置价格或重建价格，可采用成本法、市场比较法求取，或通过政府确定公布的房屋重置价格扣除土地价格后的比较修正来求取，也可按工程造价估算的方法具体计算。建筑物的重置价格，宜用于一般建筑物和因年代久远、已缺少与旧有建筑物相同的建筑材料，或因建筑技术变迁，使得旧有建筑物复原建造有困难的建筑物的估价。建筑物的重建价格，宜用于有特殊保护价值的建筑物的估价。

（6）成本法估价中的建筑物折旧，应是各种原因造成的建筑物价值的损失，包括物质上的、功能上的和经济上的折旧。

（7）建筑物损耗分为可修复和不可修复两部分。修复所需的费用小于或等于修复后房地产价值的增加额的，为可修复部分，反之为不可修复部分。对于可修复部分，可直接估算其修复所需的费用作为折旧额。

（8）扣除折旧后的建筑物现值可采用下列公式求取：

① 直线法下的建筑物现值计算公式：

$$V=C-(C-S)\frac{t}{N}$$

② 双倍余额递减法下的建筑物现值计算公式：

$$V=C=\left[1-\frac{2}{N}\right]^{t}$$

③ 成新折扣法下的建筑物现值计算公式：

$$V=C\times q$$

式中，V——建筑物现值

C——建筑物重置价格或重建价格

S——建筑物预计净残值

T——建筑物已使用年限

N——建筑物耐用年限

Q——建筑物成新率

应当注意的是，无论采用上述哪种折旧方法求取建筑物现值，估价人员都应亲临估价对象现场，观察、鉴定建筑物的实际新旧程度，根据建筑物的建成时间，维护、保养、使用情况，以及地基的稳定性等，最后确定应扣除的折旧额或成新率。

(9)建筑物耐用年限分为自然耐用年限和经济耐用年限。估价采用的耐用年限应为经济耐用年限。经济耐用年限应根据建筑物的建筑结构、用途和维修保养情况，结合市场状况、周围环境、经营收益状况等综合判断。估价中确定建筑物耐用年限与折旧，遇有下列情况时的处理应为：

①建筑物的建设期不计入耐用年限，即建筑物的耐用年限应从建筑物竣工验收合格之日起计；

②建筑物耐用年限短于土地使用权年限时，应按建筑物耐用年限计算折旧；

③建筑物耐用年限长于土地使用权年限时，应按土地使用权年限计算折旧；

④建筑物出现于补办土地使用权出让手续之前，其耐用年限早于土地使用权年限而结束时，应按建筑物耐用年限计算折旧；

⑤建筑物出现于补办土地使用权出让手续之前，其耐用年限晚于土地使用权年限而结束时，应按建筑物已使用年限加土地使用权剩余年限计算折旧。

(10)估算价格应为重置价格或重建价格扣除建筑物折旧，或为土地的重置价格加上建筑物的现值，必要时还应扣除由于旧有建筑物的存在而导致的土地价值损失。

(11)新开发土地和新建房地产可采用成本法估价,一般不应扣除折旧,但应考虑其工程质量和周围环境等因素给予适当修正。

(四)假设开发法

1. 运用假设开发法估价应按下列步骤进行

(1)调查待开发房地产的基本情况;

(2)选择最佳的开发利用方式;

(3)估计开发建设期;

(4)预测开发完成后的房地产价值;

(5)估算开发成本、管理费用、投资利息、销售税费、开发利润、投资者购买待开发房地产应负担的税费;

(6)进行具体计算。

2. 特别说明

(1)假设开发法适用于具有投资开发或再开发潜力的房地产的估价。运用此方法应把握待开发房地产在投资开发前后的状态,以及投资开发后的房地产的经营方式。待开发房地产投资开发前的状态,包括生地、毛地、熟地、旧房和在建工程等;投资开发后的状态,包括熟地和房屋(含土地)等;投资开发后的房地产的经营方式,包括出售(含预售)、出租(含预租)和自营等。

(2)运用假设开发法估算的待开发房地产价值应为开发完成后的房地产价值扣除开发成本、管理费用、投资利息、销售税费、开发利润和投资者购买待开发房地产应负担的税费。

(3)预测开发完成后的房地产价值,宜采用市场比较法,并应考虑类似房地产价格的未来变动趋势。

(4)开发利润的计算基数可取待开发房地产价值与开发成本之和,或取开发完成后的房地产价值。利润率可取同一市场上类似房地产开发项目相应的平均利润率。

(5)运用假设开发法估价必须考虑资金的时间价值。在实际操作中宜采用折现的方法;难以采用折现的方法时,可采用计算利息的方法。

(五)基准地价修正法

1. 运用基准地价修正法估价应按下列步骤进行

(1)搜集有关基准地价的资料;

(2)确定估价对象所处地段的基准地价;

(3)进行交易日期修正;

(4)进行区域因素修正;

(5)进行个别因素修正;

(6)求出估价对象宗地价格。

2. 特别说明

(1)进行交易日期修正,应将基准地价在其基准日期时的值调整为估价时点的值。交易日期修正的方法,同市场比较法中的交易日期修正的方法。

(2)区域因素和个别因素修正的内容和修正的方法,同市场比较法中的区域因素和个别因素修正的内容和修正的方法。

(3)运用基准地价修正法评估宗地价格时,宜按当地对基准地价的有关规定执行。

第三节　房地产交易税金

税收是国家依据其社会职能参与社会剩余产品分配的一种规范形式,即国家为了实现其职能,凭借政治权力,依照法律规定的标准,无偿地取得财政收入的一种分配形式。税收的本质决定了它具有强制性、无偿性、固定性的特征。下面将主要介绍房地产交易的主要税种及税费。

一、房地产交易的主要税种

房地产交易的税种根据交易的方式不同而不同。具体说来,包括如下几种情况。

(一)房屋买卖

在房屋买卖过程中,根据不同情况应缴纳契税、营业税、城市维护建设税、教育费附加、印花税、土地增值税和个人所得税。下面就上述各税种进行一一介绍。

1. 契税

(1)定义

契税是以所有权发生转移变动的不动产为征税对象,向产权承受人征收的一种财产税。现行契税是1997年7月7日重新颁布的《中华人民共和国契税暂行条例》,于1997年10月1日起实施。

(2)契税的特点

①契税属于财产转移税;

②契税由财产承受人缴纳。

(3)契税的征收范围

①国有土地使用权出让;

②土地使用权转让,包括出售、赠与和交换,不包括农村集体土地承包经营权的转移;

③房屋买卖；

④房屋赠与；

⑤房屋交换。

(4)契税的纳税人

在中华人民共和国境内转移土地、房屋权属，承受的单位和个人为契税的纳税人。

(5)契税的税率

契税税率为3% ~5%。

契税的适用税率，由省、自治区、直辖市人民政府在前款规定的幅度内按照本地区的实际情况确定，并报财政部和国家税务总局备案。

(6)契税的计税依据

①国有土地使用权出让、土地使用权出售、房屋买卖，为成交价格；

②土地使用权赠与、房屋赠与，由征收机关参照土地使用权出售、房屋买卖的市场价格核定；

③土地使用权交换、房屋交换，为所交换的土地使用权、房屋的价格的差额。

(7)契税应纳税额的计算

应纳契税税额＝住房成交价格×适用税率（如北京市对契税税率规定具体为高档房3%，普通房为5%）。

(8)契税的申报缴纳

①契税的纳税义务发生时间，为纳税人签订土地、房屋权属转移合同的当天，或者纳税人取得其他具有土地、房屋权属转移合同性质凭证的当天。

②纳税人应当自纳税义务发生之日起十日内，向土地、房屋所在地的契税征收机关办理纳税申报，并在契税征收机关核定的期限内缴纳税款。

③契税征收机关为土地、房屋所在地的财政机关或者地方税务机关。具体征收机关由省、自治区、直辖市人民政府确定。

(9)契税的减免税

①国家机关、事业单位、社会团体、军事单位承受土地、房屋用于办公、教学、医疗、科研和军事设施的，免征；

②城镇职工按规定第一次购买公有住房的，免征；

③因不可抗力灭失住房而重新购买住房的，酌情准予减征或者免征；

④财政部规定的其他减征、免征契税的项目。

2. 营业税

(1)定义

营业税是对提供应税劳务、转让无形资产和销售不动产的单位和个人开征的一种税。

(2)纳税人

凡在我国境内提供应税劳务、转让无形资产或者销售不动产的单位和个人,为营业税的纳税人。包括国有企业、集体企业、私有企业、股份制企业、其他企业和行政单位、事业单位、军事单位、社会团体以及个体工商户及其他有经营行为的个人。

(3)征税范围

营业税的征税范围为提供应税劳务、转让无形资产和销售不动产。这里应税劳务是指属于交通运输业、建筑业、金融保险业、邮电通信业、文化体育业、娱乐业、服务业税目征收范围的劳务。

(4)营业税额及计税标准

①营业税税额

销售不动产的营业税税率为5%。出售房屋时要按照约定的房屋成交价格计算缴纳营业税。从2005年6月1日起,对个人购买住房不足两年转手交易的,销售时按其取得的售房收入全额征收营业税;对个人购买普通住房超过两年(含两年)转手交易的,销售时免征营业税;对个人购买非普通住房超过两年(含两年)转手交易的,销售时按其售房收入减去购买房屋的价款后的差额征收营业税。

税额计算为:

应纳税额=营业额×税率

②营业税的计税依据

营业税的计税依据为提供应税劳务、转让无形资产或销售不动产取得的全部价款和价外费用(又称营业额)。

(5)营业税的纳税义务发生时间和纳税期限

营业税的纳税义务发生时间为纳税人收讫营业收入款项或者取得索取营业收入款项凭据的当天。营业税的纳税期限分别为5日、10日、15日或者1个月,具体由主管税务机关根据应纳税额大小确定;不能按固定期限纳税的,可以按次纳税。

3. 城市维护建设税和教育费附加

(1)城市维护建设税

①定义

城市维护建设税(以下简称城建税)是随增值税、消费税和营业税附征并专门用于城市维护建设的一种特别目的税。城建税以缴纳增值税、消费税、营业税的单位和个人为纳税人。对外商投资企业和外国企业,暂不征城建税。

②应纳城市维护建设税税额

应纳城市维护建设税税额＝实际缴纳的营业税税额×适用税率

其中，城市维护建设税的适用税率有三个档次：

第一档次，个人所在地为市区的，适用税率为7%；

第二档次，个人所在地为县城、镇的，适用税率为5%；

第三档次，个人所在地不在市区、县城或镇的，适用税率为1%。

(2)教育费附加

①定义

教育费附加是随增值税、消费税和营业税附征并专门用于教育的一种特别目的税。教育费附加的税率在城市一般为营业税的3%。

②应纳教育费附加额

应纳教育费附加＝实际缴纳的营业税税额×3%

营业税、城市建设维护税和教育费附加通常也称做"两税一费"。

4. 印花税

(1)定义

印花税是对经济活动和经济交往中书立、领受的应税经济凭证所征收的一种税。1988年8月，国务院公布了《中华人民共和国印花税暂行条例》，于同年10月1日起恢复征收。

(2)印花税的特点

①兼有凭证税和行为税性质；

②征收范围广泛；

③税收负担比较轻；

④由纳税人自行完成纳税义务。

(3)印花税的纳税人

中华人民共和国境内书立、领受本条例所列举凭证的单位和个人，都是印花税的纳税义务人。具体包括立合同人、立账簿、立据人和领受人。

(4)印花税的征税对象

现行印花税只对印花税条例列举的凭证征税，具体有五类：经济合同，产权转移书据，营业账簿，权利、许可证照和经财政部确定征税的其他凭证。

(5)印花税的计税依据

印花税根据不同征税项目，分别实行从价计征和从量计征两种征收方式。

①从价计税情况下计税依据的确定。

- 各类经济合同，以合同上记载的金额、收入或费用为计税依据；
- 产权转移书据以书据中所载的金额为计税依据；

● 记载资金的营业账簿,以实收资本和资本公积两项合计的金额为计税依据。

②从量计税情况下计税依据的确定。实行从量计税的其他营业账簿和权利、许可证照,以计税数量为计税依据。

(6)印花税的税率

现行印花税采用比例税率和定额税率两种税率。

①比例税率有五档,即千分之一、千分之四、万分之五、万分之三和万分之零点五。

②适用定额税率的是权利许可证照和营业账簿税目中的其他账簿,单位税额均为每件伍元。具体请看《中华人民共和国印花税暂行条例》中的印花税税目税率表。

(7)应纳税额的计算

①按比例税率计算应纳税额的方法计算,应纳税额 = 计税金额 × 适用税率;

②按定额税率计算应纳税额的方法计算,应纳税额 = 凭证数量 × 单位税额。

(8)印花税的缴纳方法

印花税实行由纳税人根据规定自行计算应纳税额,购买并一次贴足印花税票(以下简称贴花)的缴纳办法。为简化贴花手续,应纳税额较大或者贴花次数频繁的,纳税人可向税务机关提出申请,采取以缴款书代替贴花或者按期汇总缴纳的办法。

(9)印花税票

印花税票是缴纳印花税的完税凭证,由国家税务总局负责监制。其票面金额以人民币为单位,分为壹角、贰角、伍角、壹元、贰元、伍元、拾元、伍拾元、壹佰元九种。印花税票为有价证券,可以委托单位或个人代售,并由税务机关付给 5% 的手续费,支付来源从实征印花税款中提取。

(10)印花税的税收优惠

下列情况之一可享受印花税税收优惠政策:

①已缴纳印花税的凭证的副本或者抄本;

②财产所有人将财产赠给政府、社会福利单位、学校所立的书据;

③国家指定的收购部门与村民委员会、农民个人书立的农副产品收购合同;

④无息、贴息贷款合同;

⑤外国政府或者国际金融组织向我国政府及国家金融机构提供优惠贷款所书立的合同;

⑥对商店、门市部的零星加工修理业务开具的修理单，不贴印花；

⑦对房地产管理部门与个人订立的租房合同，凡用于生活居住的，暂免贴印花；

⑧对铁路、公路、航运、水路承运快件行李、包裹开具的托运单据，暂免贴印花；

⑨对铁路、公路、航运、水路承运快件行李、包裹开具的托运单据，暂免贴印花；

⑩企业与主管部门等签订的租赁承包经营合同，不属于财产租赁合同，不应贴花。

(11)印花税的违章处理

纳税人有下列行为之一的，由税务机关根据情节轻重，予以处罚：

①在应纳税凭证上未贴或者少贴印花税票的，税务机关除责令其补贴印花税票外，可处以应补贴印花税票金额3～5倍的罚款；

②对未按规定注销或划销已贴用的印花税票的，税务机关可处以未注销或者划销印花税票金额1～3倍的罚款；

③纳税人把已贴用的印花税票揭下重用的，税务机关可处以重用印花税票金额五倍或者2 000元以上10 000元以下的罚款。

④伪造印花税票的，由税务机关提请司法机关依法追究刑事责任。

5. 土地增值税

(1)定义

土地增值税是对有偿转让国有土地使用权及地上建筑物和其他附着物产权、取得增值性收入的单位和个人征收的一种税。国务院于1993年12月13日发布了《中华人民共和国土地增值税暂行条例》，财政部于1995年1月27日颁布了《中华人民共和国土地增值税暂行条例实施细则》，决定自1994年1月1日起在全国开征土地增值税。

(2)特点

①以转让房地产取得的增值额为征税对象；

②征税面比较广；

③采用扣除法和评估法计算增值额；

④实行超率累进税率；

⑤实行按次征收。

(3)土地增值税的纳税人

土地增值税的纳税人为转让国有土地使用权及地上建筑物和其他附着物产权、并取得收入的单位和个人。

(4)土地增值税的课税对象和范围

课税对象是指有偿转让国有土地使用权及地上建筑物和其他附着物产权所取得的增值额。

(5)土地增值税的税率

土地增值税的税率如表4－1所示。

表4－1　土地增值税税率

级数	增值额与扣除项目金额的比率(%)	税率(%)	速算扣除系数(%)
1	不超过50%的部分	30	0
2	超过50%～100%的部分	40	5
3	超过100%～200%的部分	50	15
4	超过200%的部分	60	35

(6)转让房地产增值额的确定

转让房地产的增值额,是纳税人转让房地产的收入减除税法规定的扣除项目金额后的余额。

参与计算增值额的扣除项目包括:

①取得土地使用权所支付的金额;

②开发土地的成本、费用;

③新建房及配套设施的成本、费用,或者旧房及建筑物的评估价格;

④与转让房地产有关的税金;

⑤财政部规定的其他扣除项目。

纳税人有下列情形之一的,按照房地产评估价格计算征收:

①隐瞒、虚报房地产成交价格的;

②提供扣除项目金额不实的;

③转让房地产的成交价格低于房地产评估价格,又无正当理由的。

(7)应纳税额的计算

①计算增值额

增值额＝收入额－扣除项目金额

②计算增值率

增值率＝增值额÷扣除项目金额

③依据增值率确定适用税率

④依据适用税率计算应纳税额

应纳税额＝增值额×适用税率－扣除项目金额×速算扣除系数

(8)土地增值税的申报纳税程序

纳税人应自转让房地产合同签订之日起七日内,向房地产所在地的主管税务机关办理纳税申报。

(9)纳税时间和缴纳方法

以一次交割、付清价款方式转让房地产的,应在办理过户、登记手续前一次性缴纳全部税款。

以分期收款方式转让房地产的,可根据收款日期来确定具体的纳税期限。

项目全部竣工结算前转让房地产的,可以预征土地增值税。

(10)土地增值税的税收优惠

有下列情况之一可享受土地增值税的税收优惠政策:

①纳税人建造普通标准住宅出售,增值额未超过扣除项目金额20%的;

②因国家建设需要依法征用、收回的房地产。

6. 个人所得税

(1)定义

个人所得税是以个人(自然人)取得的各项应税所得为对象征收的一种税。《中华人民共和国个人所得税法》是1993年10月31日第八届全国人民代表大会常务委员会公布的,自1994年1月1日起施行。国务院于1994年1月28日发布了《中华人民共和国个人所得税法》。

(2)个人所得税的特点

①实行分类征收;

②累进税率与比例税率并用;

③费用扣除额较宽;

④计算简便;

⑤采用源泉扣缴和自行申报两种征收方法。

(3)个人所得税的应纳税所得额

要按20%的税率缴纳个人所得税。扣除房屋原值、合理费用以及缴纳的上述税费以后,就是个人出售房屋取得的应纳税所得额,个人还需要就这一应纳税所得额按照财产转让所得适用20%的税率计算缴纳个人所得税。

(4)个人所得税优惠政策

有下列情况之一可享受个人所得税优惠政策:

①出售自有住房并拟在现住房出售后一年内按市场价重新购房的个人,其出售现住房所应缴纳的个人所得税,视其重新购房的价值可全部或部分予以免税。

②个人转让自用五年以上、并且是家庭唯一生活用房取得的所得,不用缴纳个人所得税。

(二)出租房屋

出租房屋需缴纳营业税、城市维护建设税、教育费附加、房产税、印花税和个人所得税。下面仅说明各税种与上述房屋买卖不同之处,相同之处请参考房屋买卖情形。

1. 营业税

每月应纳营业税税额 = 月租金收入 × 适用税率如果出租的是营业用房,适用税率为5%;如果出租的是居民住房,适用3%的优惠税率。

2. 城市维护建设税和教育费附加

按照营业税税额计算缴纳城市维护建设税和教育费附加。

3. 房产税

(1)定义

房产税是以房屋为征税对象,按房屋的计税余值或租金收入为计税依据,向产权所有人征收的一种财产税。现行的房产税是第二步利改税以后开征的,1986年9月15日,国务院正式发布了《中华人民共和国房产税暂行条例》,从当年10月1日开始实施。

(2)房产税的特点

①房产税属于财产税中的个别财产税,其征税对象只是房屋;

②征收范围限于城镇的经营性房屋;

③区别房屋的经营使用方式规定征税办法,对于自用的按房产计税余值征收,对于出租、出典的房屋按租金收入征税。

(3)房产税的征收范围

房产税在城市、县城、建制镇和工矿区征收。

(4)房产税的纳税人

房产税由产权所有人缴纳。产权属于全民所有的,由经营管理的单位缴纳。产权出典的,由承典人缴纳。产权所有人、承典人不在房产所在地的,或者产权未确定及租典纠纷未解决的,由房产代管人或者使用人缴纳。

产权所有人、经营管理单位、承典人、房产代管人或者使用人,统称为纳税义务人。

(5)房产税的计税依据

房产税采用从价计税。计税依据分为按计税余值计税和按租金收入计税两种。

(6)房产税的税率

依照房产余值计算缴纳的,税率为2%;

依照房产租金收入计算缴纳的,税率为12%。

(7)应纳税额的计算

每月应纳房产税的税额=月租金收入×适用税率。如果出租的是营业用房,适用税率为12%;如果出租的是居民住房,适用4%的优惠税率。

(8)若干具体规定

①新建房屋的纳税义务发生时间是建成之日或办理验收手续之日的次月;

②投资联营房产的,共担风险的按房产余值,不担风险的按租金;

③融资租赁房屋的按房产余值征税;

④纳税单位和个人无租使用房产部门、免税单位及纳税单位的房产,由使用人代交;

⑤纳税单位与免税单位共同使用的房屋,按各自使用的部分划分,分别征收或免征房产税。

(9)房产税的纳税申报

纳税人应根据税法的规定,将现有房屋的坐落地点、结构、面积、原值、出租收入等情况,据实向当地税务机关办理纳税申报。

(10)房产税的纳税期限和纳税地点

房产税实行按年征收,分期缴纳。纳税期限一般规定按季或按半年征收一次。房产税在房产所在地缴纳。房产不在同一地方的纳税人,应按房产的坐落地点分别向房产所在地的税务机关缴纳。

(11)房产税的税收优惠

下列房产免纳房产税:

①国家机关、人民团体、军队自用的房产;

②由国家财政部门拨付事业经费的单位自用的房产;

③宗教寺庙、公园、名胜古迹自用的房产;

④个人所有非营业用的房产;

⑤经财政部批准免税的其他房产。

4. 印花税

个人出租门店签订的合同,签订合同的双方(包括出租方和承租方)还需要按照财产租赁合同税目缴纳印花税,适用税率为1‰。

应纳印花税税额=月租金收入×租赁期限(月份数)×适用税率

5. 个人所得税

扣除上述缴纳的税费(包括纳税人负担的该出租财产实际开支的修缮费用)以及税法规定的费用扣除标准以后,就是个人出租房屋的应纳税所得额。个人还需要就这一所得额按照财产租赁所得计算缴纳个人所得税,适用优惠税率10%。

（三）受赠或继承土地、房屋权属

1. 契税

受赠或继承土地、房屋权属须缴纳契税。个人继承土地、房屋权属缴纳契税有两种情况。

（1）对于《中华人民共和国继承法》规定的法定继承人（包括配偶、子女、父母、兄弟姐妹、祖父母、外祖父母）继承土地、房屋权属的，不用缴纳契税。

（2）对非法定继承人根据遗嘱承受土地、房屋权属的，需要缴纳契税。

2. 印花税

如果个人是通过签订产权转移书据继承或受赠经政府管理机关登记注册的房屋权属的，还需要缴纳印花税。印花税按商品房销售额的万分之五征收。

二、房地产交易的相关税费

（一）房屋交易手续费的收取规定

房屋交易手续费包括房屋转让手续费和房屋租赁手续费，主要用于房地产交易中心人员经费、房屋、设备等固定资产折旧、维护和购置费用、办公费用及缴纳税金等，其他部门、单位不得平调、扣缴、截留。

在办理房屋交易手续过程中，除房屋转让手续费和房屋租赁手续费外，不得以任何名义收取其他费用。根据国家计委、建设部《关于规范住房交易手续费有关问题的通知》（计价格[2002]号）精神，房屋交易手续费属经营服务性收费，应坚持公开、公平、质价相符的原则，由经批准建立的房地产交易中心提供交易服务，办理交易手续时收取。房地产行政管理部门不得收取房屋交易手续费。

（二）房屋交易手续费的收取标准

1. 房屋买卖手续费

（1）手续费

办理了房屋买卖过户手续后，由买卖双方向房地产管理部门缴纳手续费，征收的标准是按照国家房屋买卖成交价或最低保护价的1%，由买卖双方各缴纳一半。

（2）房屋产权登记费

办理房屋所有权登记时，除缴纳相关税费外，还应缴纳权证费、工本费。不按规定申请登记，又未获准缓期登记的，需缴纳罚金。已申请登记，但未按时办理手续的，同样征收罚金。

（3）中介服务费

房地产中介经纪服务费指中介机构接受客户委托，采取居间或代理方式，向委托人报告房屋买卖或租赁的交易信息，提供订立合同等媒介服务，并促成成交而收取的费用,包括房地产价格评估费、房地产信息咨询费和房地产经纪服务费。

2. 房屋租赁手续费

房屋租赁手续费的收费项目全国各省份基本相同,在具体的收取数额上差异较大,这与各地的经济发展水平和房屋供求情况密切相关。下面仅就相同的收费项目进行简单介绍。

(1)房屋登记费

办理房屋租赁业务要缴纳房屋登记费。由租赁双方根据登记的件数进行缴纳。各地的税率根据具体情况有所差别。

(2)房屋租赁手续费

房屋租赁业务同样需要缴纳房屋租赁手续费。它由租赁双方根据成交房屋价格各支付成交价的0.5%,各地税率可能有所不同。

3. 房屋赠与手续费

房屋赠与分为公房赠与和私房赠与。公房赠与的情况下,受赠人按建筑面积缴纳手续费。若是私房赠与,受赠人应按件数缴纳手续费。

4. 其他收费

(1)按国家房改政策出售的公有住房一次性向购房户收取手续费每户60元。

(2)企业实施改革、改组、改造过程中涉及房屋交易的,免收交易手续费。

第四节　房地产交易的产权登记

一、房地产产权登记的类型与程序

房地产登记是指房地产登记机关依照房地产申请人(权利人)的申请或者依照登记机关的职权,对土地使用权、房屋所有权、房地产他项权利和其他依法应当登记的房地产权利进行记载、公示的行为。房地产申请人(权利人),是指依法享有土地使用权、房屋所有权、房地产他项权利的自然人、法人和其他组织。房地产登记以一宗土地为基本单元进行登记。

(一)房地产产权登记的类型

1. 总登记

总登记是指县级以上人民政府根据需要,在一定时间内对本行政区域内的房屋进行统一的权属登记。凡列入总登记范围的所有房屋,无论房屋归谁所有,也无论其产权有无转移或变更房屋所有人都应在规定的期限内向登记机关申请登记。

2. *初始登记*

初始登记是指新建房屋(竣工)或在集体土地上的房屋转为国有土地上的房屋所进行的房屋所有权登记,包括出让土地使用权,租赁土地使用权,划拨土地使用权,集体非农建设用地,新建商品房和新建非商品房登记。

以出让方式取得的土地使用权,以划拨方式取得的土地使用权,新建商品房屋和新建非商品房屋,应当进行初始登记。登记的基本事项主要包括申请人名称、地址、房地产性质、房地产坐落、面积、用途、等级、价格、房地产权属来源证明及其他登记事项。

3. *土地使用权登记*

土地登记是依法对国有土地使用权、集体土地所有权、集体土地建设用地使用权和他项权利的登记。土地登记分初始土地登记和变更土地登记。国有土地使用权由使用国有土地的单位及法人代表或者使用国有土地的个人申请登记;农村集体土地所有权,由村民委员会或农业集体经济组织及法人代表申请登记;农村集体土地建设用地使用权,由使用集体土地的单位及法人代表或者使用集体土地的个人申请登记;他项权利需要单独申请的,由有关权利者申请登记。以宗地为基本单元进行登记。拥有或使用两宗以上土地的土地使用者或土地所有者,应分宗申请。两个以上土地使用者共同使用一宗地的,应分别申请。跨县级行政区使用土地的,应分别向土地所在地的县级人民政府土地管理部门申请。

土地登记申请者申请土地使用权、所有权和他项权利登记,必须向土地管理部门提交下列文件资料:

(1)土地登记申请书;

(2)土地登记申请者的法人代表证明、个人身份证明或户籍证明;

(3)土地权属来源证明;

(4)地上附着物权属证明。

国有土地使用权、集体土地所有权、集体土地建设用地使用权、他项权利及土地的主要用途发生变更的,土地使用者、所有者及他项权利拥有者,必须及时申请变更登记。不经变更登记的土地使用权、所有权及他项权利的转移,属于非法转让,不具有法律效力。

4. *房屋产权转移登记*

(1)定义

房屋产权转移登记是指房屋因买卖、交换、赠与、继承、划拨、转让、分割、合并、裁决等原因致使其权属发生转移后所进行的房屋所有权登记。

(2)办理程序

其办理程序如下:

①受理申请;

②地籍调查;

③权属初审;

④权属审核;

⑤人民政府审批;

⑥注册登记;

⑦颁发证书;

⑧档案整理;

⑨档案资料管理;

⑩档案资料查询。

(3)申报资料

其申报资料包括土地使用权登记申请表、调出户土地使用证书、调剂协议书、调剂双方房屋及人口情况说明并由村(居)和土管所证明、户主身份证复印件土地使用权登记申请表、原土地使用证书、土地使用权调换协议(并由村、居、土管所证明)、户主身份证复印件土地使用权登记申请表、原土地使用证书、地价确认书、增值税及契税交付凭证、土地使用权转让协议、个人建房呈报表、户主身份证复印土地使用权登记申请表,征地文件,出让金交付凭证,户主身份证复印件土地使用权登记申请表、原土地使用证书、土地使用权转让协议、统一征地协议书、征地批文、出让合同、地价确认书、出让金交付凭证、户主身份证复印件。

5. 房屋变更登记

(1)定义

房屋变更登记是指权利人名称发生变更和房屋现状发生下列情形之一的所进行的房屋所有权登记:

①房屋坐落的街道、门牌号或者房屋名称发生变更的;

②房屋面积增加或减少的;

③房屋翻建的;

④法律法规规定的其他情形。

(2)程序

其办事程序为:

①收件初审;

②复审;

③审批；

④收费发证。

(3)申报材料

申报材料根据不同情况具体有：

①房屋翻建改建扩建

- 原《房屋所有权证》；
- 建设工程规划许可证及附图(原件及与原件核对无误的复印件)；
- 房产测绘机构出具的房屋测绘成果；
- 其他有关证件、证明；
- 法人资格证件（与原件核对无误的复印件)；
- 个人身份证原件及复印件、名章。

②房屋门牌变化

- 原《房屋所有权证》；
- 街道门牌变更说明；
- 房产测绘机构出具的房屋测绘成果；
- 其他有关证件、证明；
- 法人资格证件(与原件核对无误的复印件)；
- 个人身份证原件及复印件、名章。

③权利人姓名、名称变更

- 原《房屋所有权证》；
- 有关部门下达的名称变更文件；
- 房产测绘机构出具的房屋测绘成果；
- 其他有关证件、证明；
- 法人资格证件(与原件核对无误的复印件)；
- 个人身份证原件及复印件、名章。

6. 房屋注销登记

(1)定义

房屋权属注销登记是指房屋权利因房屋或土地灭失、土地使用年限届满、他项权利终止等而进行的登记，房屋权利人自事发之日起三十日内申请注销登记。

(2)所需材料

办理房屋注销登记需要以下材料：

①房屋所有权证(收原件)；

②拆除、灭籍证明；

③房屋所有权人的身份证件或法人资格证明(验原件、收复印件一份)；

④其他有关证明的文件。

(3)办理程序

①受理登记;

②审核;

③收费;

④签发房屋注销监理证。

7. 他项权利登记

(1)定义

他项权利登记是指设定房屋抵押权、典权等他项权利所进行的房屋所有权登记。

(2) 所需材料

其所需申报材料根据不同情况具体有:

①房产抵押

- 《房屋所有权证》;
- 《国有土地使用证》;
- 房地产评估报告、确认书;
- 抵押合同;
- 借款合同;
- 其他有关证件、证明;
- 法人资格证件(与原件核对无误的复印件);
- 个人身份证原件及复印件、名章。

②在建工程抵押

- 《国有土地使用证》(原件及原件核对无误的复印件);
- 建设用地规划许可证及附图(原件及原件核对无误的复印件);
- 建设工程规划许可证及附图(原件及与原件核对无误的复印件);
- 施工许可证(原件及与原件核对无误的复印件);
- 房地产评估报告、确认书;
- 抵押合同;
- 借款合同;
- 其他有关证件、证明;
- 法人资格证件(与原件核对无误的复印件);
- 个人身份证原件与复印件、名章。

(3)办事程序

其办事程序为:

①受理登记收件;

②权属审核；

③发证。

(二)房地产产权登记的程序

1. 房地产登记依下列程序进行

(1)受理登记申请；

(2)权属审核；

(3)依照本条例的规定公告；

(4)注册登记，颁发房地产权利证书。

2. 关于登记申请

(1)共同申请

房地产转让、交换、分割、赠与、抵押、设典等，应当由有关当事人双方共同申请登记。申请人(权利人)为自然人的，应当使用其合法身份证明上的名称，由其本人申请；申请人(权利人)为法人、其他组织的，应当使用法定名称，由其法定代表人或者负责人申请。

共有的房地产，由共有人共同申请。

房地产他项权利登记，由他项权利当事人共同申请。

(2)单独申请

有下列情形之一的，可以由申请人(权利人)单独申请登记：

①以划拨或者出让方式取得国有土地使用权；

②依法取得集体土地非农建设用地使用权；

③新建房屋；

④继承、遗赠取得房地产；

⑤根据行政机关、人民法院、仲裁机构已经发生法律效力的决定、判决、裁定、裁决、调解而取得房地产；

⑥法律、法规规定的其他情形。

(3)委托申请

申请人(权利人)可以委托他人办理房地产登记申请。委托他人办理登记申请的，被委托人应当向登记机关交验申请人的书面授权委托书和被委托人的身份证件，申请人(权利人)是法人或者其他组织的，还应当出具对具体承办人员的授权委托书。

境外申请人委托他人代理的，应当按国家规定办理公证或者认证，并提交经公证的中文译本。

(4)有下列情形之一的，房地产登记机关不予登记，并将决定书面通知申请人(权利人)：

①房地产权属有争议的；

②不能提供有效的房地产权属来源证明的；

③违法用地、违法建筑未经处理的；

④临时建筑的；

⑤法律、行政法规、规章规定不予登记的其他情形。

二、房地产产权证书的种类与内容

购买到一套称心如意的房屋后，首先应该想到的是马上到房产管理部门办理确权登记，拿到属于自己的房产证时才是名副其实的房屋的主人。下面，将简要介绍一下房地产产权证书的相关知识。

房地产产权证书，简称房产证，是房屋所有权人所有权或其他相关权利的书面证明文件，由有关部门在所有权转移后通过登记发证手续颁发给产权人的权利证书。我国目前实行的是全国统一的房屋权属证书制度。有关房屋权属证书是由建设部统一制作并监制的。

根据建设部统一规定，房产证分为《房屋所有权证》、《房屋共有权证》、《房屋他项权证》三种。

《房屋所有权证》是房屋所有权人拥有其所列房产的法律证件，是证明房产归属的要件之一，它详细记载着产权人的姓名、房屋坐落、门牌号码、建筑年代、建筑结构和建筑面积等。每套房产只有一本《房屋所有权证》，它可以证明其房屋所有权人对该处房屋享有占有、使用、收益和处分的权利，并受到法律的保护。

《房屋共有权证》顾名思义是指同一处房产有两个以上的产权人共同主张权利，共同拥有对该房屋的支配权。《房屋共有权证》记载着共有权人和所有权人的姓名、房产情况及共有人所占的份额。它与《房屋所有权证》具有同等的法律效力。当房屋所有权人对房屋进行买卖、抵押等处置时，必须经共有人书面同意，否则房产管理部门不予受理。

住房商品化的逐步形成，以房产作抵押贷款买房的人越来越多，房产证的第三种形式《房屋他项权证》就是规范人们在贷款买房过程中所形成的一种权利制约。它包括抵押权和典权。现在登记较普遍的是抵押权，它记载着抵押权人和抵押人的名称、抵押权价值、抵押期限等内容，房屋一经抵押，抵押人的《房屋所有权证》或《房屋共有权证》上必须注明抵押事项。为抵押权人核发《房屋他项权证》，它是双方履行权利和义务的法律保障。等双方履行了法定的义务，《房屋他项权证》就被注销。抵押人也就成为真正的房屋所有权人。

以上三种房产证均由房屋所在地房产管理部门核发。

三、房地产产权登记的时限与相关要求

（一）房地产产权登记的时限

办理房地产权属登记的期限以立法规定。一般为申请人应当在地方人民政府公告的期限内申请。

1. 初始登记的时限

（1）以出让方式取得土地使用权的，应当在土地使用权出让合同规定的期限内申请土地使用权初始登记，并且提交下列文件：

①申请书；

②身份证明；

③土地使用权出让合同；

④已付清土地使用权出让金的证明；

⑤其他有关文件。

出让土地使用权年限届满后，经批准续期使用的，权利人应当重新办理初始登记。

（2）以征用划拨方式取得土地使用权的，应当在取得市或者区、县人民政府批准用地的文件后三十日内申请土地使用权初始登记，并且提交下列文件：

①申请书；

②身份证明；

③市或者区、县人民政府批准用地的文件；

④建设用地规划许可证；

⑤征地补偿协议或者拆迁补偿协议；

⑥其他有关文件。

（3）新建非商品房屋的，应当自房屋竣工交付使用之日起三十日内申请房屋所有权初始登记并且提交下列文件：

①申请书；

②土地使用权属证明；

③建设项目批准文件；

④建设工程规划许可证；

⑤竣工验收证明；

⑥交付使用证明；

⑦总平面图和分层平面图；

⑧具有相应资质的测量机构出具的勘测报告；

⑨其他有关文件。

土地使用权和房屋所有权初始登记的申请经审核符合规定的，市房地局应当在受理登记申请之日起三十日内作出准予登记的决定，颁发房地产权证书。

2. 房屋产权转移登记承诺时限

办理房屋产权转移登记的，在三十个工作日内登记发证，不符合登记规定的退件。

3. 房屋变更登记承诺时限

符合规定条件，手续齐全的，自受理登记申请之日起10个工作日核准登记，颁发权属证书。

(1)经初始登记的房地产有下列转让情形之一的，当事人应当自有关合同或者协议签订之日或者有关法律文件生效之日起三十日内申请变更登记：

①买卖；

②交换；

③赠与；

④继承；

⑤人民法院判决转移；

⑥仲裁机构裁决转移；

⑦法律、法规规定的其他情形。

权利人变更时，申请登记应当提交下列文件：

①申请书；

②身份证明；

③房地产权证书；

④与房地产转让有关的合同、协议、证明文件、行政决定、勘测报告或者其他法律文件等。

(2)经初始登记的房地产有下列情形之一的，权利人应当自事实发生之日起三十日内申请变更登记：

①房地产用途发生变化的；

②权利人姓名或者名称发生变化的；

③共有房地产分割的；

④房地产坐落地址或者房地产名称发生变化的；

⑤土地、房屋面积增加或者减少的；

⑥房屋倒塌、拆除或者因不可抗力灭失的；

⑦法律、法规规定的其他情形。

房地产权内容变更时，申请登记应当提交下列文件：

①申请书；

②身份证明；

③房地产权证书；

④具有相应资质的测量机构出具的勘测报告；

⑤与变更事实相关的证明文件或者政府主管部门的批准文件、行政决定等。

(3)居住在境外的当事人申请房地产变更登记的，申请期限为三个月。

(4)房地产变更登记的申请经审核符合规定的，市房地局应当自受理登记申请之日起三十日内作出准予登记的决定，换发房地产权证书。

4.注销登记时限

房屋权利人自事发之日起30日内申请注销登记。若所需证件、资料齐全，自受理之日起7个工作日办结。

土地使用权、房屋所有权依法终止的，当事人应当自事实发生之日起十五日内办理注销登记，并缴回房地产权证书。

有下列情形之一的，由房地局直接代为注销登记：

①当事人未按规定办理注销登记的；

②房地产依法发生强制性转移，原权利人未在规定期限内办理注销登记的；

③因房地产登记工作人员的过错，导致核准土地使用权和房屋所有权登记不当的；

④依法应当注销登记的其他情形。按前款规定直接代为注销登记的，市房地局应当在十日内书面通知当事人，限期缴回房地产权证书。当事人未在规定期限内缴回房地产权证书的，市房地局可以在本市主要报纸或者境外报纸公告该房地产权证书作废。

5.他项权利登记

符合规定条件，手续齐全的，自受理登记申请之日起10个工作日核准登记，颁发权属证书。

(1)下列房地产权利的文件，当事人应当申请登记：

①房地产抵押权设定、变更的合同；

②房地产典权设定、变更的合同；

③法律、法规规定应当登记的其他文件。前款所列文件自核准登记之日起生效。

(2)下列房地产权利的文件，当事人应当登记备案：

①商品房预售合同及其变更合同；

②房地产租赁合同及其变更合同；

③房屋维修、使用公约和物业管理文件;

④当事人认为有必要登记备案而登记机构准予登记备案的文件。当事人未办理前款所列文件登记的,不得对抗第三人。

两人以上对同一房地产其他权利申请登记的,按受理登记申请的先后顺序依法进行审核。

申请房地产其他权利登记,申请人应当提交房地产权证书及有关的申请登记文件。房地局应当自受理登记申请之日起十日内作出准予登记或者不予登记的决定,准予登记的,出具登记证明;不予登记的,书面通知申请人。

(二)房地产产权登记的相关要求

1. 关于房地产登记原则的要求

(1)单独拥有一宗土地的,以该宗土地和地上房屋进行登记。

(2)共用宗地上单独拥有一个权属单元房屋的,以房屋的幢、层、套、间以及有具体权属单元界限的部分为基本单元连同房屋分摊的土地进行登记。

(3)两个(含)以上申请人(权利人)拥有一宗土地及地上房屋的,各申请人(权利人)可以分别申请房屋所有权和土地使用权登记。

(4)因下列情形之一进行房地产登记的,当事人双方应当共同申请:

①买卖;

②交换;

③赠与,但遗赠的除外;

④抵押;

⑤设典;

⑥法律、法规规定的其他情形。

(5)因下列情形之一进行房地产登记的,当事人以一方申请:

①以出让、征用划拨方式取得土地使用权的登记;

②新建房屋所有权;

③继承、遗赠;

④人民法院已经发生法律效力的判决、裁定、调解;

⑤仲裁机构已经发生法律效力的裁决、调解;

⑥法律、法规规定的其他情形。

两人以上共有的房地产权利,当事人应当同时申请登记。

2. 分别登记

房地产申请人(权利人),拥有或者使用两宗以上土地及地上房屋的,应当按宗地分别申请登记;

一宗土地跨两个或者两个以上区县行政区的房地产,应当向该房地产门牌所在地区的登记机关申请登记。

3. 土地使用权和房屋所有权登记

土地上已有房屋的，土地使用权、房屋所有权应同时登记；

单独拥有一宗土地及地上房屋，土地使用权、房屋所有权可以单独登记；

土地上没有房屋或者在建房屋未竣工的，土地使用权可以单独登记；

土地使用权未经登记，他项权利不予登记；

房屋所有权未经初始登记，他项权利不予登记，但依据本条例申请预告登记的除外。

4. 对房地产产权证书的要求

(1)房地产权证书实行定期验证。

(2)房地产权证书不得涂改。房地产权证书破损，经查验后可以换发。换发房地产权证书后，应当将原房地产权证书注销存档。

(3)房地产权证书灭失的，权利人应当向登记机构报失，并在本市主要报纸或者市房地局指定的境外报纸登报声明；见报后满三个月无异议的，可以申请补发房地产权证书，补发的房地产权证书上应当注明“补发”字样。申请《房地产证》灭失补发登记应提交如下资料：

①房地产变更及其他登记申请表；

②申请人身份证明；

③刊登有遗失声明的整版报纸；

④查档材料(应加盖档案馆的查档专用章)；

⑤遗失《房地产证》具结书。

(4)《房地产证》破损，经房地产登记部门查验确需换领的，申请人应提交《房地产变更登记及其他登记申请书》、身份证明，交回破损《房地产证》，申请换领新《房地产证》。

(5)《房地产证》的分割或合并是指将房地产面积根据需要分割成若干份或合并成一份，在房地产登记上表现为《房地产证》的分证或合证，即将一本《房地产证》分为几本《房地产证》或将几本《房地产证》合并为一本《房地产证》。当办理房地产分割或合并时，必须按有关规定由规划、建管、测绘等部门批准同意后，提供测绘部门最新的测绘报告，原《房地产证》收回注销。

5. 对房地产转让的要求

根据规定，下列房地产是不得转让的：

(1)根据城市规划，市政府决定收回土地使用权的；

(2)司法机关、行政机关依法裁定、决定查封或者以其他形式限制房地产权利的；

(3)共有房地产,未经其他共有人书面同意的;

(4)设定抵押权的房地产,未经抵押权人同意的;

(5)权属有争议的;

(6)法律、法规或市政府规定禁止转让的其他情形。

6.处罚规定

有下列情形之一,但是未获得不正当利益的,由市房地局吊销当事人的房地产权证书并处以一千元以上一万元以下的罚款:

(1)用隐瞒、欺骗等不正当手段骗取房地产权证书的;

(2)用虚报灭失手段骗取补发房地产权证书的;

(3)涂改房地产权证书的。

有前款所列情形之一并且获得不正当利益的,由市房地局吊销当事人的房地产权证书,没收违法所得,并处以一万元以上五万元以下或者违法所得一倍的罚款;构成犯罪的,依法追究其刑事责任。

当事人伪造房地产权证书的,由市房地局依法没收伪造的房地产权证书,并将其移送司法机关处理。

单位擅自受理房地产登记或者擅自制作、发放房地产权证书的,由市房地局没收其擅自制作、发放的房地产权证书和违法所得,对直接责任人处以一千元以上一万元以下的罚款。

因申请房地产其他权利登记的当事人提交错误、虚假的申请登记文件而产生的后果,由当事人承担。

因房地产登记工作人员的过错,导致核准房地产登记不当或者房地产登记册上的记载有误,给权利人造成经济损失的,由市房地局依法赔偿。

房地产登记工作人员玩忽职守、滥用职权、徇私舞弊的,应当给予行政处分;构成犯罪的,依法追究其刑事责任。

当事人对市房地产局作出的具体行政行为不服的,可以依照《行政复议条例》和《中华人民共和国行政诉讼法》的规定,申请复议或者向人民法院起诉。当事人逾期不申请复议、不起诉又不履行行政处罚决定的,市房地产局可以依照《中华人民共和国行政诉讼法》的规定,申请人民法院强制执行。

研究思考题:

1.房地产交易的形式。

2.房地产交易的秩序。

3.如何运用房地产估价的原则、程序与方法?

4.房地产交易的税费。

5.如何进行房地产的产权登记?

第五章

房地产经纪业务

本章概要：

房地产经纪业务的类型、方式与基本流程；

房地产经纪业务的收费；

房地产经纪业务相关问题。

第一节　房地产经纪业务的类型与方式

一、房地产经纪业务的类型

（一）按照经纪业务的一般分类方法划分

按照经纪业务的一般分类方法划分，可将房地产经纪业务分为房地产居间、房地产代理和房地产行纪。

房地产居间是指居间方向委托人报告订立房地产交易（买卖、租赁等）合同的机会或者提供订立合同的媒介服务，委托人支付佣金的经营行为。委托人甲是指委托居间方出售或出租房屋的当事人；委托人乙是指委托居间方买入或承租房屋的当事人；居间方是指为委托人提供居间服务，具备房地产经纪人资格的房地产经纪组织。

房地产代理是指房地产经纪人在委托权限内，以委托人的名义与第三方进行交易，并由委托人承担相应的法律责任的经纪活动。

房地产行纪是指经纪人接受委托方的委托，以自己的名义进行买卖或其他业务而取得报酬的活动。

（二）按照房地产经纪所促成的房地产交易的不同形式划分

按照房地产经纪所促成的房地产交易的不同形式划分，房地产经纪业务又可以分为房地产买卖经纪、房地产抵押经纪和房地产租赁经纪。

房地产买卖经纪是指房地产经纪人与委托人通过约定为委托人的房地

产买卖活动提供劳动服务。

房地产租赁经纪是指房地产经纪人与委托人通过约定为委托人的房地产租赁活动提供劳动服务。

房地产抵押经纪是指房地产经纪人与委托人通过约定为委托人的房地产抵押活动提供劳动服务。

（三）按照房地产市场分级划分

按照房地产市场分级划分，房地产经纪业务可分为土地交易经纪业务、商品房交易经纪业务和存量房（二手房）交易经纪业务。

二、房地产经纪业务的方式

房地产中介服务是指房地产咨询、房地产价格评估、房地产经纪等活动的总称。房地产经纪业务是房地产中介服务的重要组成部分，它是指为委托人提供房地产信息和居间代理业务的经营活动。其主要形式有房地产代理业务、信息咨询业务和房地产信托业务等。

（一）房地产代理业务

在房地产市场实行交易代理制是健全中介服务体系、规范房地产市场行为的中心环节。房地产商品的不可移动性和房地产交易的专业性与复杂性以及房地产市场的变化，决定了房地产市场需要实行交易代理制。

1. 代理类型

代理可分为以下几种类型：

(1)委托代理、法定代理和指定代理

①委托代理是指基于被代理人的委托而发生的代理关系。

②法定代理是指根据法律的直接规定而发生的代理关系。

③指定代理是指根据人民法院或有关单位的指定而发生的代理，其实质是一种实现法定代理的方式。

(2)本代理和复代理

①本代理是指基于被代理人选任代理人而发生的代理关系。

②复代理是指代理人行使代理权，通过以自己的名义为本人选任代理人而发生的代理关系。

(3)单独代理和共同代理

①单独代理是指将代理权授予一人的代理，又称独立代理。

②共同代理的指将代理权授予二人以上的代理。

2. 房地产代理

(1)定义

房地产代理即代理人（ 经纪人 ）在委托人委托的权限内以委托人的名

义从事有关房地产租售业务的行为。

(2)类型

目前,最为主要的三种代理业务类型是房屋买卖代理、房屋租赁代理和房屋置换代理。

①房产买卖代理

房屋买卖代理指房地产经纪人接受房地产开发商的委托,按委托人的基本要求进行商品房销售并收取佣金的行为。房地产经纪人需经开发商委托,在委托范围内(如价格浮动幅度、房屋交付使用日期等)替开发商行使销售权。

房产买卖代理,应当按照下列程序办理:

- 委托人提出买卖申请;
- 委托事项登记;
- 填写委托代理书,签订中介服务合同;
- 按照委托人的委托要求,落实房源等委托事项;
- 委托人交纳定金;
- 带客户到现场看房;
- 代为办理买卖立契手续;
- 委托人缴纳有关费用;
- 填写房产转移过户清单。

②房屋租赁代理

所谓房屋租赁代理就是通过签订房屋租赁委托代理协议,将您准备出租的房屋,交由房地产经纪公司代理出租。

房屋租赁全程代理是一项“三赢”的业务,体现在:

- 免去了房主寻找客户,与客户讨价还价,磨嘴皮的烦恼;
- 房主得到稳定的回报,不必为收租、欠租而烦恼;
- 房主不必承担水、电、气等费用不能及时缴纳所造成的损失,以及客户不辞而别、损坏设施、带走钥匙的损失;
- 房主规避了房屋空置带来的经济风险;
- 租客省去了寻找房屋,联系房主的时间,更多选择便于租客快速寻找到最适合自己的住所;
- 中介公司在为房主和租客提供优质服务承担风险的同时,得到佣金作为回报。

由于房屋租赁代理业务涉及法律关系较复杂,目前涉及该项业务的纠纷投诉较多,房屋租赁当事人可选择由房地产经纪机构提供居间服务。若将房屋委托房地产经纪机构代理出租或通过房地产经纪机构租房,应委托通过指定银行从事房屋租赁代理业务的房地产经纪机构,并通过银行收付租金。

③房屋置换代理

● 步骤

A. 置换登记

凡需要办理房屋置换登记手续的居民需携带原房屋的有效权证原件、业主的有效身份证和同住人同意置换的书面证明材料。如委托置换,还需提供委托书。

B. 价格评估

凡置换的房屋须作价格评估。评估中的初评,必须上门实地详细勘察,再经过专业人员认真计算,进行复评,得出需置换的房屋评估价格。提供置换房屋的居民需要给予必要的配合并详细告之物业的有关客观情况。

C. 置换委托

凡确定置换意向的居民,在得到原物业评估价格后,可正式委托置换公司进行房屋置换服务,签订房屋置换委托协议并支付100元上网咨询费。

D. 签订合同

房屋置换委托后,由公司专门人员负责为居民服务,推荐房源或者寻找下家并陪同实地看房,直到居民满意后,正式签订有关交易合同或确认书,确定房屋置换委托人和房屋置换公司的权利和义务。

E. 办理手续

房屋置换委托人可以自行办理或者委托房屋置换公司代办。在房屋置换委托人签订合同或者委托确认书后,根据合同约定,房屋置换委托人需要支付有关房款定金和代理费等,才可以开始办理有关手续,完成房屋交割。

F. 交割物业

委托置换的房屋交付下家使用或者由置换公司保存时,以及新置换的房屋在交割验收时,必须符合以下三个条件:委托置换的房屋原有户口全部迁出,室内物件搬空,水、电、煤、通信费用等全部结清。

● 置换代理的收费

房屋转让或交换的价格由当事人双方,即住房换出方(即转让人,包括转让承租权者、所有权,以下同)与换入方(即受让人,包括受让承租权者、所有权者,以下同)协商议定。受当事人委托的中介服务单位,在换房委托事项兑现后,可向换出方按房价的0.5% ~5%收取代理费;可向换入方按房价的1% 收取代理费。

(3)房地产代理合同

房地产经纪机构向社会提供经纪服务,应当按照《经济合同法》的规定,与委托人签订规范的委托代理合同，明确委托人与受托人的权利和义务，明确受托人应向委托人承担的民事与法律责任，以保护双方的合法权益。

房地产经纪委托代理合同，应当载明下列内容：

①双方当事人的姓名或名称及法定代表人姓名；

②委托代理事项、服务内容与标准；

③委托代理期限和要求；

④代理服务佣金数额及支付方式；

⑤违约责任（含受托人应当向委托人承担的责任）与纠纷解决方式；

⑥签约人认为应当载明的其他事项。

规范的委托代理合同，具有法律效力，可以制约双方认真履行合同，任何一方均不得违反合同的有关规定。否则，违约方接受到经济处罚，而守约方的合法权益将得到国家法律保护。

3. 房地产信息咨询业务

房地产信息咨询是指房地产经纪公司为商品房购买者提供商品房信息咨询及代理服务、房地产展览展示、房地产评估、房地产营销策划、企业形象包装、管理规划等方面的咨询。提供咨询服务的人员多是房地产营销策划专家、房地产专业传媒策划人、房地产估价师、房地产专业律师等业内专家。房地产咨询服务主要包括相关的房地产政策法规咨询，房地产交易、抵押、租赁等办理程序咨询等，房地产投资项目可行性研究、房地产投资分析、房地产销售策划、销售代理等。此外，一些房地产经纪公司为拓展业务，相继推出了全权委托、责任委托和放心委托三种代理业务，拓宽了服务范围，活跃了房地产经纪业务。具体来说，主要包括以下几个方面。

（1）商品房信息咨询

房地产信息是认识房地产市场的手段和内容，是从事房地产咨询活动的前提。房地产从业人员都应高度重视房地产信息，对房地产经纪人来说则更为重要。它有利于房地产经纪人更好地服务于客户，有利于经纪人向高层次的中介业务转化，也有利于规范活跃房地产市场。

（2）房地产评估咨询

房地产评估咨询主要包括土地评估、项目营销咨询、房地产评估和项目开发可行性研究咨询。

①土地评估

土地评估的主要内容包括以下四个方面：

- 企业重组改制及海内外上市涉及的土地评估；
- 出让、转让、出租、抵押、作价入股土地评估；
- 司法仲裁及征收土地税费涉及的土地评估；

● 基准地价评估。

②项目营销咨询顾问

项目营销咨询主要包括以下三方面内容：

● 房地产项目开发市场调研、项目定位、销售策略研究、销售代理、营销顾问等；

● 土地、房产有关政策咨询；

● 房地产权证办理咨询代理。

③房地产评估

房地产评估主要包括以下两个方面：

● 房地产转让、出租、抵押、作价入股评估；

● 司法仲裁及征收房地产税费涉及的房地产评估。

④项目开发可行性研究

可行性研究咨询应包括以下两个方面：

● 项目开发预评估及可行性分析研究；

● 合资或独资等各类公司设立的可行性分析研究。

(3)房地产管理咨询

房地产经纪公司运用管理分析工具，通过人员访谈、问卷调查、对企业的历史数据进行统计分析，对企业的发展战略、组织、文化、研发、市场、生产、人力资源、信息体系等方面进行全方位、多层次的深度分析，发现问题，从管理环节寻找原因、管理模式找根源，从而提出有针对性的管理改进建议，有效解决企业管理中的问题，并确定为客户提供进一步的专项咨询课题。

主要内容包括：

①房地产企业综合诊断；

②房地产企业发展战略咨询；

③房地产企业组织与流程再造；

④房地产企业绩效管理体系与薪酬激励机制设计；

⑤房地产企业文化咨询。

下面以神州翰林房地产信息咨询公司的一个具体的咨询案例来了解一下房地产管理咨询的具体情况。

案例：某大型发电企业发展战略咨询项目

1. 客户概况

(1)该公司为苏北一家电力企业，各项经济指标在中国的发电企业中居于前列，曾为中国多家发电企业提供商务工程服务。

(2)尽管我们的客户处于盈利能力和发展前景都非常好的发电企业，这个企业的领导人敏锐地发现企业在发展过程中同样也遇到来自管理上的诸多问题:在公司整体战略上,缺乏明确的战略定位。随着国内电力企业改革的深入和地区力争成为能源基地的战略定位,电力企业也面临着新的竞争格局。在这种情况下,战略不清,企业在竞争中将面临被动的地位;战略错误,企业将面临灭顶之灾。

(3)公司从传统的改制不彻底的国有企业走出来,面对电力市场的新的整合形势,如何参与竞争,公司如何衡量自身的差距,如何与它们进行竞争,如何提高核心竞争力。

(4)公司需要哪些资源对战略进行支持,才能达到战略实现的目的。

2. 解决方案

(1)战略目标

①为客户制定了“争创国内一流的发电企业的发展战略——成本领先和规模升级战略”。

②项目组通过对国内同行业和区内同类企业进行全面分析,研究这些企业的战略、管理和技术等环节,找出它们成功的发展模式和管理模式,进一步提炼出对这些企业进行综合比较的体系设立了国内一流发电企业标杆体系。项目组对客户公司从总部到基层进行全面调查、了解和诊断,分析客户目前的竞争优劣势,并将客户与国外企业进行对比,明晰了客户公司存在的薄弱环节。

③通过与相关部门密切合作,项目组帮助客户制定了中长期发展战略,并且围绕发展战略提出了完善的目标体系。

(2)战略规划和细分

神州翰林在第一阶段的项目中提出了建设国内一流发电企业的六项关键指标,集团据此提出了十一项实施措施。神州翰林的咨询顾问深入分析了这些措施,制定出了该发电企业 3 ~ 10 年的规划细则,提出了战略具体化的职能策略和多项战略议题。

基于战略目标和指标体系的各项措施,咨询顾问把工作进行细化和分解,并且确定每项关键工作和措施的牵头部门、负责部门、支持部门和配合部门等,并涉及了关键的一些岗位,然后确定每个部门和岗位的关键职责、责任比例和权重、阶段评估方式、关键考核指标和奖励措施,达到有效和高效的运作。

(3)在战略目标体系细化和分解的过程中,神州翰林对于战略目标体系进行了不同的分类,明确轻重缓急,了解目前现状和资源配置。并且很好地进行了目标体系的总体规划和集团目前资源的有效整合。

(4)房地产法律咨询

房地产交易的复杂性、专业性决定了房地产法律咨询的必要性。在房地产交易市场,交易双方往往缺乏必要的房地产法律知识,这就增加了交易带来的风险。这种风险不仅仅是针对购房者而言,对于发展商和售房者同样存在着。因此,作为房地产经纪人,应该不断充实自己的法律知识,以便能满足客户在法律上的咨询要求,尽力帮助交易双方寻求信息对称,减少交易后的纠纷。

房地产法律咨询业务大致有以下五类:

①为委托人提供解决房地产纠纷处理的法律依据;

②兼有律师资格的经纪人可以受聘担任各类房地产企业的法律顾问;

③委托人可能因法庭判决所带来的风险;

④为维护委托人的正当权益提供法律依据;

⑤为委托人组织诉讼文件资料,通过法庭来保护委托人的合法权益。

在此特别指出的是,对于兼有律师资格的经纪人可为发展商、购房人提供如下法律服务。

①房地产前期开发方面的法律服务

● 协助发展商设立房地产开发公司参与制定公司股权结构方案,起草、修改合资(合作)合同、章程等各种公司设立文件,办理工商登记手续;

● 协助发展商申请取得房地产开发资质;

● 协助发展商取得房地产项目开发权:参与起草项目建议书、可行性研究报告等项目申请文件;

● 协助发展商申请取得建设用地规划许可证、建设工程规划许可证、建设用地批准证书等项目规划批准文件;

● 协助发展商取得国有土地使用权:审查国有土地使用权出让合同,并领取国有土地使用证;

● 协助发展商进行项目收购(转让):参与制定项目收购(转让)方案并对不同方案的法律风险进行比较和提示,起草、修改项目收购(转让)合同,代表发展商参加合同谈判,参与对合同履行情况的监督;

● 协助发展商进行融资:参与制定融资方案,起草、修改融资合同,参加合同谈判;

● 协助发展商进行项目管理:起草、修改项目招投标文件以及工程设计、工程施工、工程监理、材料采购等合同,参与项目工程的招投标活动,参加合同谈判,参与对合同履行情况的监督;

● 协助发展商完善公司内部各项管理制度,参与各种纠纷的处理。

②房地产销售(租赁)方面的法律服务

● 协助发展商办理预售(销售)许可证;

● 协助发展商制定房产销售方案;

● 协助发展商制定销售(租赁)文件:起草、修改房产认购书、房屋买卖合同、销售代理合同、房屋租赁合同;

● 代表发展商进行合同谈判并安排签约;

● 接受购房人(承租人)的委托:对房地产项目的合法性进行审查并出具法律意见书,起草、修改房屋买卖合同及其补充协议、房屋租赁合同,参加合同谈判,办理房屋所有权证及国有土地使用证;

● 提供法律咨询。

3. 房地产信托业务

所谓房产信托,就是信托投资公司发挥专业理财优势,通过实施信托计划筹集资金,用于房地产开发项目,为委托人获取一定的收益。

房地产信托之所以走俏市场,主要原因在于其良好的预期收益。与银行存款、国债、企业债和基金等多种金融投资产品相比,房地产信托的预期收益要明显高出一大截。目前市场上发行的房地产信托产品期限大多为1至3年,预期年收益率普遍在4%以上,有的甚至高达8%。而银行人民币存款利率三年期为3.33%,两年期只有2.79%,三年期国债年利率也只在3.73%左右。即使将国债投资收益免征个人所得税考虑在内,年收益率为4%的房地产信托产品,收益水平也分别比银行存款和国债高出58%和37%。

以前寻求房产信托产品的主要是中小开发商,信托公司一般根据项目的不同为其设计3 000万元以上的信托计划,年投资回报率在6%左右;但现在一些大型房地产商也会找上门来。虽然这些大房产商的主要融资方式还是通过银行,但在一些投资金额不是很大的项目中,他们很愿意通过“信托”尝试一下房地产金融服务,而且信托如果和开发商密切配合,能够带来开发商总体财务费用降低。

信托与房地产的迅速结合,与信托产品本身的特点密不可分。首先,信托具有独特的制度设计功能,能够起到避税、财产隔离以及政策规避的功能。其次,信托具有创新性、灵活性、收益性三大特点,对于融资方和投资人都具有很强的吸引力。最后,信托的运用范围比较广泛,可用于货币市场、金融市场、产业市场。而且,信托最适合管理长期资金,与房地产的结合,在过渡时期主要起到过桥的功能,从长远的发展看,资金链条的所有环节都可以通过信托来解决。与此同时,随着信托产品流动性问题的逐步解决、资产证券化的发展,还有可能为多类型、多层次投资者提供多元化的房地产信托产品,降低房地产的风险。另外,信托产品筹集的大多是民间资金,一般房地产企业在获得土地批文以后,就可以通过信托融资进行前期的投入,节约了时间成本。

为了开阔视野，下面简要介绍一下日本房地产信托的情况。

日本的信托制度是从美国引进的。1902 年，日本兴业银行成立后首次开办了信托业务。1923 年，日本颁布了《信托法》、《信托业法》，次年开始执行。这两个法律使日本信托业步入了新时期。

各国信托业发展的重点不大一样，如英国以土地信托比重最大，美国以有价证券信托最为发达，而日本则以“金钱信托”为主，这部分信托占日本信托财产的 90%。但是在剩下 10% 的非金融财产信托中，当数不动产信托比重最大，发展最快。日本的房地产信托是指土地及地面固定物的信托，它是以管理和出卖土地、房屋为目的的信托，大致经历了三个发展阶段：老式的房地产信托、房屋信托和土地信托。在其发展过程中，信托标的物从集体宿舍、公司住房而逐渐转到公司自身的生产、业务用房，如厂房、仓库，等等。另外，日本也积极利用信托制度改造城市。具体做法是让业主信托土地，再在整块土地上盖高层楼房，然后按业主的要求返还给他们大楼的所有权或出售房屋的所得。日本信托式房地产证券化的一个最为显著的特点是，作为委托人的业主可以不放弃土地所有权，而且不必直接准备工程费用就能达到有效利用土地的目的，并以信托分红的形式得到长期而稳定的收益。

第二节　房地产经纪业务的基本流程

一、信息收集与传播

房地产经纪人必须不断地收集大量的信息并加工成为具有系统性和连续性的信息，这些信息在经纪人的经营活动过程中又以不同的方式及渠道传播开来，为各界人士所用。房地产经纪人正是掌握了大量的房地产供求信息，才能有效地为买卖双方牵线搭桥，促成交易，活跃房地产市场。

信息传播的主要内容是委托标的物和委托方的信息（主要在代理销售时）。信息传播方式可以通过报纸、电视广告、经纪机构店铺招贴、人员推介、网络、邮发函件等方式。信息的收集与传递，必须经过信息分析和处理。各种信息有真有假，要进行筛选、分析、整理。对看准了可以采用的经济信息，要尽快利用，以及时获得效益。

目前很多房产经纪机构及执业人员都非常重视运用信息高速公路及互联网技术进行信息的采集及传递，使信息成为房地产经纪人的知识财富并转化为实际经营能力。这已成为各房地产经纪机构及执业人员提高其竞争能力的有效途径。

二、房源与客源开拓

（一）房源

1. 房源的概念

在房地产居间业务中，房源通常被认为是委托房地产经纪人出售或出租的房屋。从房源所包括的各项指标来看，它不仅有物理属性、法律属性，还有非常关键的“心理属性”。

房源不仅包括委托出售或出租的房屋，还包括该房屋的业主（委托人）。房源应当是指业主（委托人）及其委托出售或出租的房屋。

2. 房源的属性

（1）房源的物理属性

房源的物理属性是指房屋自身及其周边环境的物理状态。如房屋的区位（地段）、建筑外观、面积、朝向、空间格局、新旧程度等。

（2）房源的法律属性

房源和法律属性主要包括房屋的合法用途及其权属状况等。房源的权属状况一般由特定的法律性文件反映。

（3）房源的心理属性

房源的心理属性中的“心理”是指业主（委托人）在委托过程中的心理状态。房源价格是由业主（委托人）决定的。他们对市场信息的了解程度，以及其出售或出租的心态，是他们决定房源价格的重要依据。

3. 房源的分类

根据房源的特点，可对其进行分类，以提高查询效率。根据房地产经纪人开展工作的现实需要，通常将房源分为套盘、笋盘、新盘、散盘等。在这里，这些分类可互相重叠。

（1）套盘。套盘属房地产开发项目，通常有项目名称，如××花园等。

（2）笋盘。笋盘来自广东方言，“笋”是超值的意思，笋盘即是指符合或低于市场价、极易成交的房源。

（3）新盘。将在最近一段时间内刚刚搜集到的房源信息，录入“新盘库”，便于房地产经纪人掌握这些信息，也是提高工作效率的一个重要方法。

（4）散盘。散盘是相对于以上三种类型的房源而言的，是指在以上三种之外的一些房源，没有固定的特点，只是房源信息库的一个组成部分。

4. 房源开拓

物美价廉的房子不仅是消费者所追求的，也是房地产经纪公司寻找房源的基本准则之一。充足的房源是房地产经纪公司生存的基本条件之一。随着房地产经纪竞争的日趋激烈化、正规化，众多经纪公司不断创新房源开拓策略。京城二手房市场放开虽然已有两年,但是公房不能自由上市,二手房交易手续繁杂,地产中介进行二手房交易困难重重。为了开拓房源,中介公司各出其谋,我爱我家推出“二手房限时速递”,声称30天售出二手房;信一天、金丰易居推出“现金收购”,预付60% ~80%的房款;金丰易居还推出了代理公积金买二手房服务。其他新的业务模式还有我爱我家的“以旧换新”、“会员制”,置业家园的“买房为您先垫付”、“零距离交易”,等等。

(二)客源

1. 客源管理的对象和内容

(1)客源管理的对象

客源管理的对象就是买方或租房的客户。客源管理是以潜在客户的个人信息和需求信息为中心。

按不同的方法,可对客源作不同的分类。按客户的需求类型,可分为买房客户与租房客户。按客户需求的物业类型,可分为住宅客户、商铺客户和工业厂房客户。按客户的性质,可分为机构客户和个人客户。按与房地产经纪机构打交道的情况,可分为新客户、老客户、未来客户和关系客户,或曾经发生过交易的客户及正在进行交易的客户,即将进行交易的客户。不同类型的客户需求特点、方式、交易量都不同,因而对其管理要点也不同。

(2)客源管理的内容

①基础资料:客户姓名、性别、年龄、籍贯;家庭地址、电话、传真、E-mail;家庭人口、子女数量、年龄、入学状况、职业、工作单位、职务;文化程度等。

②需求状况:所需房屋的区域、类型、房型、面积;目标房屋的特征,如卧室、浴室、层高、景观、朝向;特别需要,如车位、通信设施、是否有装修;单价和总价、付款方式、按揭成数;配套因素的要求,如商场、会所、学校等。

③交易记录:委托交易的编号、时间;客户来源;推荐记录、年房记录、洽谈记录、成交记录;有无委托其他竞争对手等。

2. 客源管理原则

对客源的获取、记录、储存、分析和利用的一系列活动,就是客源管理。客源管理必须遵循以下原则。

(1)有效原则

客户需求的信息量大、内容杂,而且通常有些模糊。房地产经纪人只有对客户的信息及时进行处理,才能确保客源内容的准确和有效。

(2)合理使用原则

客源是房地产经纪人和房地产经纪公司的宝贵资源,只有合理使用才能发挥其价值,促成交易。客源的合理使用包括:恰当地保存和分类;信息共享和客户跟进;保守客户秘密,不得滥用。

(3)重点突出原则

面对数量庞大的客源信息,房地产经纪人要通过对客源资料的分析找出重点客户,挖掘出近期可以成交、需求意向强烈的客户作为近期重点客户,对那些潜在的、创收潜力大的客户可作为中期重点客户,而对于有长期需求的意向客户作为未来重点客户来培养。

3. 客源开拓的策略

(1)将精力集中于市场营销,房地产经营应从销售为主导转变为以市场营销为主导。市场营销和销售之间的根本区别是:市场营销是吸引客户,而销售是留住客户。

(2)致力于发展和客户之间的关系。交易从客户开始,以客户结束。不同的客户因为不同的需求和兴趣使之有所区分。探询客户的兴趣,帮助他们解决问题,帮助他们节约时间和金钱,避免不必要的错误,是房地产经纪人的吸引力和价值所在。

(3)培养敏锐的观察力与正确的判断力,养成随时发掘潜在客户的习惯,并且每日记录新增加的潜在客户。

(4)养客。运用房地产经纪人的知识使潜在客户变为真正的客户。养客是客源开拓中的重要策略,是指房地产经纪人将一个陌生的客户转化为一个积极接受房地产经纪人服务的购买者,达成交易的过程。

(5)以直接回应的拓展方法吸引最有价值的客户。直接回应拓展方法是市场营销方法,是通过提供一个诱人的价位或某一种好处,如减免某种费用,或制造某一吸引力,从预先希望获得的客户那里得到一个直接的回应,从而获得客户的策略。

4. 客源和房源的关系

一项交易的成功取决于有需求的买方,一个愿意以适当的价格接受的卖方,再加上房地产经纪人的撮合。客源为交易解决了需求的前提,房源为交易提供了供给的前提,房源和客源存在如下关系:

(1)互为条件,缺一不可。房源和客源都是一项交易促成的不可或缺的条件。

(2)在房源和客源和市场营销活动中,两者相得益彰。房源开拓和客源开拓有共同的手段,也有不同的做法。

(3)互为目标,不断循环。在房地产经纪人的活动中,某些时候是有了房源需要去找客户,这时的起点为具体的房源信息;另外一些时候则是有了客户需求,需要去寻找合适的房源,这时的起点为客户,目标对象是房源。

三、业务洽谈

业务洽谈为房地产经纪人和客户进行良好沟通提供了机会和方式。面对面的谈话有助于经纪人了解客户的真实需求,了解买卖双方的真实意愿以及对信息和资源的掌握情况。业务洽谈是经纪业务进入实质性阶段的标志。顺利的洽谈过程是成功实现交易的重要保证,也是对前面信息收集与传播、房源和客源开拓的真实性和有效性的检验。因此,房地产经纪人应当十分重视与客户的洽谈过程,以礼貌友好的态度对待客户,以客观公平的态度对待交易,以积极审慎的态度对待信息和决策。

当委托人有初步委托意向时,即派出房地产经纪人与其进行业务洽谈。业务洽谈流程一般如下。

(一)倾听

经纪人要善于倾听客户陈述,接受委托,以充分了解委托人的意图与要求,提高自身接受委托、完成任务的能力。

(二)了解

如果委托人是购房者或承租者,则需了解客户的经济能力、需求的时间、需求的原因等具体情况;如果委托人是售房者或出租者,则应通过查验有关证件如身份证、公司营业执照、产权证、土地使用证、新建工程规划许可证以及施工许可证等来了解委托人的主体资格、生产经营状况及信誉等。

(三)检查

通过查验有关证件如身份证、公司营业执照、产权证、土地使用证、新建工程规划许可证以及施工许可证等了解委托人的主体资格,生产经营状况及信誉。

(四)告知

向客户告知本机构的状况以及经纪人自身的职业情况。

(五)协商

经纪人要就经纪方式、佣金标准、服务标准以及拟采用的经济合同类型及文本等关键事项与客户进行协商,达成委托意向。

四、物业检查

(一)物业查验的主要内容

1. 物业的物质状况

对物业的物质状况进行检查是指对物业的实物情况进行核查。其内容主要包括物业所处地块的具体位置和形状、朝向、房屋建筑的结构、设备、装修状况、房屋建筑的成新。对物业实体的检查是物业检查的重要组成部分,统计表明，现在房地产交易纠纷投诉的主要焦点之一就是对物业本身质量结构问题的投诉。由于物业质量具有一定的隐蔽性，在验收时很难发现全部问题，因此，在进行物业的物质状况检查时应仔细核查，必要时可聘请或咨询相关专家。

2. 物业的权属状况

房地产交易的实质是所有权的转让。因此，物业权属的真伪以及合法性成为物业检查的核心内容。对于产权有争议、未取得房地产权证、房屋被司法或行政部门依法限制和查封等各种原因而造成房地产产权不完整的，都不得转让出租、抵押，因而涉及此类物业的经纪业务不能成立。这一点也是房地产经纪活动中的主要风险之一。

检查物业的权属状况应包括以下几方面内容：物业权属的类别与范围、房地产其他权利设定情况、房地产的环境状况，包括标的物业相邻的物业类型、周边的交通、绿地、生活设施、自然景观、污染情况等。

（二）物业查验的基本途径

1. 文字资料了解

可以获取物业情况的文字资料有很多，比如售楼说明书、产权证等。但要注意的是，在阅读这些文字资料时，首先应明确具有法律效力的文件（如产权证，项目批准文件）与非法律文件（如售楼说明书）的区别，以具有法律效率的文件为准，非法律文件只能作为参考，不可作为确认物业的依据。

2. 现场实地察看

俗话说“百闻不如一见”。物业检查最直接最有效的办法是去物业所在地察看。这主要包括了解房屋的成新、外形、房屋的质量、房屋的平面布置、公用部位情况、楼宇周围环境等。

3. 向有关人员了解

现场实地观察虽然直接，但看到的可能只是物业表面的情况。实际使用中会出现哪些问题仅仅通过现场察看是不可能了解的。因此，通过向已入住的业主了解房屋使用情况，向邻近楼盘的开发商或代理商了解有关楼盘情况可以更加深入地了解该物业的具体情况。

（三）业主的基本权利、义务

1. 在物业管理中，业主具有以下权利

（1）参加业主大会，享有表决权；

（2）享有业主委员会的选举权和被选举权；

（3）监督业主委员会的工作；

（4）享有与所交纳物业管理服务费相符的服务；

（5）监督物业管理企业的管理服务活动；

(6)法律、法规规定的其他权利。

2. 业主的义务有

(1)遵守物业管理法律、法规、政策;

(2)遵守业主公约;

(3)遵守所在物业管理区域的物业管理制度;

(4)执行业主大会和业主委员会的有关决议、决定;

(5)交纳物业管理服务费用和维修基金;

(6)法律、法规规定的其他义务。

五、签订经纪合同

(一)经纪合同

1. 经纪合同的定义

接受委托人委托,应签订委托合同(委托协议),委托合同也称经纪合同。

2. 经纪合同的类型

经纪合同的具体形式根据业务类型的不同而有所区别,如居间业务应签房地产居间合同,代理业务应签房地产代理合同。

3. 合同的有效性

经纪合同的当事人双方既可以都是自然人或法人,也可以一方是自然人另一方是法人。自然人必须具有完全民事行为能力。作为委托人的自然人或法人对委托事务必须具备相应的权利能力,即只有委托人依法有权进行的事务才可委托他人办理,否则委托合同无效。

(二)签订经纪合同

1. 含义

签订经纪合同的过程就是明确委托关系。房地产经纪人接受放盘委托时,应与业主签订书面委托协议或直接以房屋资料表格向业主索取其委托的书面确认,并明确服务范围、委托条件及佣金。

2. 两种情况

签订经纪合同通常有两种情况:

(1)临时合同。通过居间成功洽商,业主和客户在各项条件及价款方面均达成一致意见,便需要将各重要条款落实到临时买卖合同或临时租约中。

(2)正式合同。进入产权过户手续之前,双方必须签订正式买卖合同。正式合同通常由政府管理部门提供。

六、买方(承租方)看房

由于房地产是不动产,现场看房就是房地产交易中必不可少的环节。

房地产经纪人都有义务引领买方(承租方)全面查验标的物业的结构、设备、装修等实体状况和物业的使用状况、环境状况,并充分告知与该物业有关的一切有利或不利因素。

在中介机构经纪人联系房主和买家,约定看房时间和会面地点后,经纪人会引领买家一同前去看房。交易能否成功,看房的"第一印象"很关键。下面从买家和卖家的不同角度来说明。

(一)卖家

1. 准备资料

在买家来看房前,首先需要把房屋产权证明资料、身份证、物业交费清单等资料准备好,到时便于买方查阅,避免临时手忙脚乱,影响双方的情绪和交易进程。

2. 打扫房屋

为了交易的顺利进行,房主还需要把房间打扫一下。如果卫生间的瓷砖缺损了一两块,把它补上;如果灯管或灯泡坏了,把它换掉;如果厨房油渍很多,把它清洗掉。这些看来细小的事情能够注意到了,使购房者一进门留下一个比较好的印象,对尽快实现交易会有不小的帮助,对在协商房屋价款时争取主动权也会有帮助。

(二)买家

1. 准备资料

在看房前首先需要把身份证等资料准备好,到时便于经纪人和房主查阅,避免因为资料不全再往返一次,手忙脚乱之中会影响双方情绪和交易进程。

2. 查看环境

在看房前,需要对房屋周边环境有一个概要的了解,譬如,学校在什么位置?都有哪些公交车途经这里?应避免盲目看房,既耗费时间,又打扰房主。

3. 了解周围情况

在看房过程中,可以在小区或家属院的收发室聊一会儿,也可以向房主了解一下有关治安状况,了解一下楼里邻居情况,以后生活中的邻里关系也是需要注意的。

4. 相关费用

在看房过程中,还需要向房主了解水电气、小区物业等费用交付结算的时间和方法,在与房主交割房屋钥匙时,房主应当把以前的有关费用一并结清。

七、代理(或协助)交易达成

无论是哪一种经济行为,最终都要促成交易,因此这一环节是整个流程中的关键。当买方对房地产经纪机构所代理的房地产达成初步购买意向时,就要由经纪人员同买方进行价格谈判,签订合同。因此,主要包括以下两个方面的工作。

(一)协调价格

通常情况下,交易双方总是从各自利益最大化的角度给出房屋的交易价格,因此,常常不能就成交价格一次性达成一致意见。这就需要房地产经纪人以专业的身份和经验来协调双方的认识。一般而言,房地产经纪人应以标的物业的客观市场价值为基准来协调交易双方,必要时还可借助房地产评估机构的力量。

(二)代理(或协助)交易达成

签订交易合同是成交的标志。房地产经纪应代理(或协助)委托方与交易对象签订合同。由于房地产交易合同是比较复杂的经济合同,客户因受自身知识、经验的局限,常常不能把握合同的各个细节。因此房地产经纪人要特别提醒客户注意许多容易忽视的细节。必要时,应建议客户委托律师进行协助。

八、代办产权过户与登记

(一)代办产权过户手续

签订临时合同后,房地产经纪人可协助填写正式买卖合同和租赁合同,并代为奔走房地产管理部门和税务部门。代办产权过户手续现在已成为多数房地产经纪公司的一项独立的经纪业务,也是房地产经纪公司为争取业务,扩大业务范围的表现。

(二)代办登记手续

1. 转移登记

签订正式买卖合同后,可协助将合同正本连同原房地产证提交给交权登记部门,并填写转移登记申请书,附上当事人身份证明文件复印件。

2. 租赁登记

经纪人可协助业主办理租赁许可证、交缴租赁税项及管理费、正式签约鉴证、租赁登记。

大多数情况下,房地产经纪人需代客户办理种类产权登记手续。有时客户要亲自办理这类手续,房地产经纪人也应进行协助,如告知登记部门的工作地点、办公时间及必须准备的资料等。

九、物业交接

由于物业交接与签订成交合同之间常常有一个时间过程。难免一些因素会在其间发生变动,因此,如何就这些变动达成解决方案也是避免纠纷的主要环节。有时,一份不够周全的交易合同,也会在物业交接时引起双方的争议。此时,房地产经纪人更应运用自己的市场经验,发挥良好的沟通、协调能力,在交易双方之间进行周旋,促成调解方案。

物业交接是房地产过程中最容易暴露问题和产生矛盾的一环。交房日之前,先向卖方(出租方)确认交房时间,然后书面通知买方(承租方)。一份周全的交易合同,通常已对这些因素作了一一界定。房地产经纪人必须充分发挥自己的专业知识和经验,协助买方客户进行校对。即使委托方是卖方,房地产经纪人也应这样做。

十、佣金结算

(一)佣金结算

交易过程完成后,房地产经纪人应及时与委托人(或交易双方)进行交易结算。

佣金金额和结算方式应按经纪合同约定来定。经纪人收取佣金的标准和方式,由经纪人与委托方协商确定。个体经纪人获得的佣金,由挂靠的经纪人组织统一收取,扣缴税费后,其余部分用现金支付给本人并开具结算清单。

(二)注意事项

在佣金结算过程中以及结束后有如下问题仍需注意。

1. 佣金问题

佣金是房地产经纪服务成果的回报,但必须以合法的方式收取。对于房地产经纪人的劳动报酬,一方面要保证其合法收入,另一方面要加强对经纪人的监管力度,改进监管方式,坚决杜绝非法回扣的存在。

2. 交接问题

房地产交易不容易,交易达成后一定要严格遵守合同的约定,积极协助完成交接手续,直至新业主拿到钥匙,脸上绽放新业主的自豪与满意为止。

3. 后续服务

像普通商品的销售有售后服务一样,房地产经纪业务在完成佣金结算后,应不忘其后续服务。这主要包括恭贺新业主搬家,帮助办理燃气开户、水电费、户口转名等烦琐小事,略施小善而为之,相信能巩固服务成绩,培植生意,再续机缘。

第三节 房地产经纪的业务收费

根据有关规定,房地产中介经纪服务费指中介机构接受客户委托,采取居间或代理方式,向委托人报告房屋买卖或租赁的交易信息,提供订立合同等媒介服务,并促成成交而收取的费用。由于房地产交易的特殊性,房地产中介经纪服务不仅仅是介绍买卖双方认识,而要一直服务到买卖双方完成房地产权证书的变更,如果需要迁移户口的,还应当办理好户口迁移手续。因此,房地产经纪手续费根据业务的不同而不同。

一、房地产经纪收费的构成与确定

(一)房地产经纪收费的构成

1. 房地产经纪收费

房地产经纪收费是房地产专业经纪人接受委托,进行居间代理所收取的佣金。

2. 房地产经纪收费的构成

房地产经纪费根据代理项目的不同实行不同的收费标准。

(1)房屋租赁代理收费

房屋租赁代理收费,无论成交的租赁期限长短,均按半月至一月成交租金额标准,由双方协商议定一次性计收。

(2)房屋买卖代理收费

房屋买卖代理收费,按成交价格总额的0.5% ~5%计收。北京市在实施中作了详细规定,即成交价格总额在500万元以下的按2.5% 收取,成交价格总额在10 001万元以上的按0.5%收取。其间还有三个成交额档次。实行独家代理的,通知要求最高是3%,北京市实施时则按2.8%。房屋租赁涉及的人群最多,也是最受关注的。根据有关规定,房屋租赁业务中,无论成交的租赁期限长短,均按半月至一个月成交租金额标准。北京市也是按这一规定制定的文件,但由于租赁市场处于出租方市场,对出租方有利,绝大多数中介都是向承租方收取一个月的中介费。对看房费有关规定没有作出说明,根据规定,房屋租赁中介公司在代理业务中,凡是收取相当于一个月以上房租中介费的,都属市场行为,并无政策依据。

3. 房地产经纪费的规定

房地产经纪费由房地产经纪机构向委托人收取。上述房地产经纪收费为最高限标准。各省、自治区、直辖市物价、房地产行政主管部门可结合自身实际制定当地具体执行的收费标准，报国家计委、建设部备案。对经济特区的收费标准可适当规定高一些，但最高不得超过上述收费标准的30%。

（二）房地产经纪收费的确定

房地产中介服务收费的确定，应当遵循公开、公正、诚实信用的原则。房地产中介服务收费实行在国家价格政策调控、引导下，主要由市场形成价格的制度。根据房地产中介服务不同的项目，分别实行市场调节价、政府定价和政府指导价。

1. 市场调节价

实行市场调节价的房地产中介服务收费由房地产中介服务机构自行制定或与委托方协商确定实行政府指导价的房地产中介服务收据，房地产中介服务机构应按照价格主管部门公布的基准价格（费率），在规定的浮动幅度内，和委托方协商确定。

2. 政府定价

在我国，土地属于国有资产，房地产价格评估直接涉及国有资产的保值与增值，因此，土地依法进行转让时，需经国家授权的权威评估机构评估，实行政府定价，土地转让需收土地转让金。实行政府定价的是房地产价格评估收费、土地价格评估收费。

3. 政府指导价

（1）适用范围

实行政府指导定价的是房地产中介服务收费中的书面咨询费、房屋租赁费代理费和房屋买卖代理费。

（2）收费标准

对于实行政府指导价的业务收费标准，房地产经纪机构可以在指导价上限以下，按服务项目实行菜单式收费。

所谓菜单式收费是指对居住房屋的买卖或租赁中介经纪服务中相对独立的服务环节进行分类，以表格的形式列明，客户可以根据自己的需要选择不同的服务项目组合，中介机构则按照实际提供的服务项目的多寡收取相应的费用。

（3）延伸服务的收费

为促进房地产中介行业健康发展，鼓励房地产经纪机构提供多样化、多层次、多元化的服务，以满足不同层次客户的需求。政府鼓励房地产经纪机构在提供基本服务项目之外，根据客户需求，提供其他延伸服务项目。延伸服务项目收费实行备案制。经纪机构提供基本服务项目以外的延伸服务项目，需事先向市物价局备案，并在收费场所实行明码标价，基本服务项目与延伸服务项目应分别列明。如房地产经纪机构违反服务承诺，或不执行明码标价规定,强制提供服务,一经查实,将取消该机构提供延伸服务项目的收费资格。

二、房地产经纪佣金的收取与保护

(一)佣金

1. 定义

佣金是经纪收入的唯一来源,其性质是劳动收入、经营收入和风险收入的综合体。它是对经纪人开展经纪活动时付出的劳动、花费的资金和承担的风险的总的回报。

2. 佣金的种类

佣金可分法定佣金和自由佣金。

(1)法定佣金

法定佣金是指经纪人从事特定经纪业务时按照国家对特定经纪业务规定的佣金标准获得的佣金。法定佣金具有强制效力,当事人各方都必须接受,不得高于或低于法定佣金。

(2)自由佣金

自由佣金是指经纪人与委托人协商确定的佣金,自由佣金一经确定并写入合同后也具有同样的法律效力,违约者必须承担违约责任。

(二)佣金的收取与保护

除法律法规另有规定外,佣金的支付时间由经纪人与委托人自行约定,可以经纪成功后支付,也可提前支付。经纪人在签订经纪合同时,应将佣金的数量、支付期限及中介不成功时的中介费用的负担等明确写入合同。经纪人收取佣金时应当开具发票,并依法缴纳税收和行政管理费。经纪人为了防止佣金被“甩”,可在签订合同时预收部分佣金或费用,也可与委托人签订“专用经纪合同”。国家保护经纪机构拥有从事合法经纪活动并取得佣金的权利。

(三)佣金和回扣

佣金与回扣有很多相似之处,它们都是商品经济发展产物,都能起到促进商品流通,加剧市场竞争的作用,给经纪人付佣金和给对方采购员一定的回扣都是企业的促销手段,但两者之间有质的差距。佣金是经纪人开展经纪业务所得到的合理合法收入,它是由经营收入、劳动收入和风险收入构成的综合体。而回扣既不是风险收入,也不是劳动收入和经营收入,而是由卖方转让给买方的一部分让利。暗中收受回扣属于违法犯罪行为。

(四)佣金与信息费

在多数情况下,佣金和信息费都是用户为获取某种信息而支付的费用,是收集、加工信息所耗费的人力、物力的补偿,也是提供信息一方扩大再生产必要的资金积累,但两者有明显的区别。

1. 两者的性质不同

信息费是出卖信息商品的销售收入,无论信息以何种介质为载体,也无论信息有何用途,只要将信息售出,即可收取,它从属于信息咨询业。而佣金则是一种劳务收入,这种劳务是经纪人为了满足委托人的某种商业需要而付出的,经纪人与委托人之间是一种雇与佣的关系,提供信息往往只是经纪活动中的部分内容,它从属于各种经济业。

2. 两者作用的效果也不同

支付信息费满足了买方的信息需求,卖方只要保证信息准确、及时即可达到加速信息传播的效果。而支付佣金则是为了实现买方的某一具体目的。只有当目的实现了,一项经纪业务才算最终完成了,它作用的效果是有利于各种资源的合理配置,而不是仅仅提供信息。

(五)经纪人监管

经纪业属于第三产业,是由从业人员的具体的居间、行纪、代理行为所构成的,因此经纪业务发展的关键取决于从业人员的素质和经纪行为的规范。工商行政管理机关是我国市场监督管理的主管机关。在市场监督管理工作中肩负着市场准入、行为规范和查处违法经营等职责。为将经纪人管理工作纳入规范化、法制化轨道,国家工商总局1995年10月26日发布了《经纪人管理办法》。这是我国第一部全面统一的规范经纪人活动的行政规章,它总结了全国各地方各行业的管理经验,确定了我国对经纪人管理的基本内容。

研究思考题:

1. 房地产经纪业务的类型。
2. 房地产经纪业务的方式。
3. 房地产经纪业务的基本流程。
4. 房地产经纪业务的程序。
5. 房地产经纪收费构成与保护。

第六章

房地产经纪业务的促成

本章概要：

房地产经纪业务促成的技巧

影响房地产业务成交的因素

房地产经纪业务面临的风险

第一节　影响房地产经纪业务促成的因素

一、物业因素

（一）房屋本身

房屋本身的好坏是客观存在的，而客户对房屋本身的印象却是主观的，因此房屋展示就成为影响成交的重要因素之一。

1. 主要内容

房屋本身主要包括以下内容：

(1)房屋建筑材料，包括钢材、水泥、木材、砖瓦、塑料、玻璃、轻质材料等；

(2)房屋建筑地基，包括宅基地及地基；

(3)房屋内设施，包括水、电、煤、卫、空调、取暖等附属设施设备；

(4)房屋外部环境，包括地理位置、道路交通、文化娱乐、生活服务。

2. 经纪人的任务

作为房地产经纪人在促成业务时应注意以下两方面：

(1)创造有利于成交的条件

主要是化解房屋缺陷，表现房屋优点，让客户容易接受，为业主卖个好价钱。

(2)引导客户看房

房地产居间业务必须双向沟通,言行要得体,适度渲染是技巧,但要说到点子上。要客观展示房屋,将房屋的优缺点尽量列在表上,针对优点款款道来,客户提出缺点,胸有成竹,能立即作答。

(二)房屋产权

房屋交易的实质是房屋产权的交易,因而产权清晰是成交的前提条件。核实房屋产权应注意以下几个方面。

1. 有房屋未必就有产权

有些房屋无法取得房屋产权,比如单位自建房屋,农村宅基地上的房屋,社区或项目配套用房,未经规划或报建批准的房屋等。因此,在房屋交易达成前,一定认清该房屋的产权是否存在。

2. 产权是否登记

产权登记是国家依法确认房地产权属的法定手续,未履行该项法律手续,房地产权利人的权利不具有法律效力,因此也不得转让该项房地产。如产权发生变化,未及时进行变更登记的,或房屋登记已注销的,该房产同样不具备法律效力。

3. 产权是否完整

产权的完整性也是考察产权的一个重要方面。产权是否完整也影响着产权的有效性。在核实产权完整性的过程中,应注意以下三种情况:

(1)共有房地产,未经其他共有人书面同意的。

共有房地产,是指房屋的所有权、土地使用权为两个或两个以上权利人所共同拥有。共有房地产权利的行使需经全体共有人同意,不能因某一个或部分权利人的请求而转让。

(2)设有抵押权的房屋在未解除抵押之前,业主不得擅自处置。

(3)公房、房改房、各种国家和政府投资的房屋在产权转移时,多少都会存在着一定的限制。

4. 产权有无纠纷

有纠纷的房产很难成交。所谓产权有争议的房地产,是指有关当事人对房屋所有权和土地使用权的归属发生争议,致使该项房地产权属难以确定。这些纠纷和争议可能会涉及债务、继承、婚姻等方面,情况十分复杂。即便这样,房产是否有纠纷也是很难一眼辨别出的,这需要交易双方多次、深入的沟通、接触才能了解到。房产交易绝非儿戏,交易双方,包括经纪人,在最终成交之前一定要多方面多渠道地了解房地产的情况,只有这样才能将交易的风险最小化。

二、委托人及其客户因素

（一）卖主与房主

房地产居间业务是在交易双方之间斡旋促成的。在卖方的确认和说服工作中，重点把握下列因素。

1. 资格甄别

本着审慎的原则，房地产经纪人应首先考察卖主的资格。首先是对卖主身份真实性的核查，其次对其产权是否存在以及产权的真实性和合法性进行核查。这一过程中，不仅需要房地产经纪人通过口头盘查获得感性认识，更需要通过法律等手段获得理性认识。

2. 真实意愿

真实意愿是指卖方真的愿意并且能够出售房屋。只有签订委托书才能证明和确认卖方具有真实意愿。口头协定或其他形式的协定在法律上均不成立。

3. 需求内涵

需求内涵是指交易双方各自的真实需求。一般来说，进行交易的目的是为了满足自身的某种需求。如果交易双方预期自身需求不能通过交易得到满足，那么交易有可能就会夭折。因此，房地产经纪人要想顺利促成某项经纪业务，在交易前应对交易双方的需求有所了解。买卖双方的需求可能是不同的。比如，卖方有可能希望房屋能高价售出，并且能迅速脱手；而买方可能希望价钱合理，并且会在购买前对房屋进行仔细检验。此外，双方可能都希望交易手续能简便快捷，等等。

4. 尊重和利用顾问

房地产经纪人应该充分尊重来自交易双方各自顾问的意见。双方为了保证自己的利益不受损，双方会请一些其他人做顾问。这些人可以是相关的专业人士，也可以是周围的亲朋好友。无论是谁，房地产经纪人应该予以尊重。在此基础上，通过沟通，尝试着利用这些顾问和他们的意见，最终促成交易。

（二）买主与租客

让客户成为真正的买主或租客，下列工作能够缩短进程。

1. 需求引导

多数情况下，有需求就会有市场。房地产市场也不例外。人们对于房屋的需求及需求的多样性决定了房地产经纪业务的多样性。因此，经纪人首先识别客户的需求，其次对客户的需求进行正确引导。这是促成经纪业务的前提条件。

2. 能力判断

能力判断是指房地产经纪人应对买主的真实购买能力进行准确判断。房地产交易,无论是买还是租,都在很大程度上取决于买方的个人支付能力。因此,房地产经纪人应在正确判断买主的购买能力的基础上,对其进行适度营销,有的放矢才能提高交易成功的概率。

3. 了解出资人

如果交易的买主或承租人不是出资人,那么房地产经纪人有必要了解一下出资人对交易的意见和喜好。如果出资人将交易事项全权委托给买主或承租人,自己仅仅是提供资金,那么经纪人可以只与买主或承租人沟通;如若不然,经纪人应当与出资人进行沟通,这是十分必要的。

4. 了解受益人

如上所述,经纪人应弄清买主或承租人与受益人的关系,必要时与受益人进行沟通,有助于经纪业务的促成。

5. 与律师沟通

经纪人在面对客户所聘请的律师时,应礼貌友好。与律师真诚适当的沟通会大大提高交易达成的几率。

三、房地产经纪企业因素

(一)管理因素

1. 规范管理

在激烈竞争的房地产经纪市场,只有规范管理才是房地产经纪企业生存发展的根本内部因素。因此,在内部管理方面,房地产经纪公司首先应该做到的是规范管理。规范管理最基本内容是应将下列文件在经营场所公开:

(1)依法经营文件。如工商营业执照、税务登记证。

(2)房地产经纪资质证书,包括企业的和房地产经纪个人的。

(3)业务规章流程,重点是房地产经纪服务流程图。

(4)服务取费标准,特别说明什么时候和什么条件下收取,哪种情况下不收取。

2. 形象管理

信誉和口碑对于房地产行业以及单个房地产经纪公司的生死存亡起着决定性的作用。因此,房地产经纪公司不仅要加强公司自身管理,更要给潜在客户树立诚实可靠、积极进取的公司形象。因此,公司的形象管理就成为房地产经纪企业的重要因素之一。

形象管理包括以下几个方面:

(1)稳健经营的形象。这包括:

①公司建制的宣传;

②运营中心的运作;

③公共关系的发挥。

(2)店面展示的形象。这包括:

①充分发挥LOGO的吸引力;

②室内整洁,配饰温馨;

③钥匙牌体现邻里信赖。

(3)制服的魅力。

①制服能够带来统一的美感、有助于深化统一化的服务意识;

②制服能够烘托团队的魅力和服务面貌;

③穿制服的同时要使员工真正理解穿制服的目的。

(二)合作精神

合作精神在市场经济条件下的企业竞争中比比皆是。通过单打独斗实现克敌制胜的日子和理念已经一去不复返了,谋求共赢、双赢、多赢的局面才是单个企业生存发展之道。在房地产经纪市场的竞争中同样需要合作精神,这种合作应当体现在两个方面,即经纪人的合作和经纪公司间的合作。

1. 经纪人的合作

市场经济条件下的房地产经纪市场需要同业协作精神。这就是要求经纪人之间建立良好的沟通方式和真诚的合作关系,甚至在一些数据或资料方面可以实现共享。

2. 经纪公司的合作

经纪公司之间也可以通过建立某种公约或条例来加强行业自律,通过合作来加强行业的竞争力。值得一提的是,在知识经济时代,充分利用互联网实现房地产经纪企业之间的信息网络化与共享化也是企业间合作精神的体现。

(三)自我防范能力

企业要想在市场经济中生存,不仅需要协作精神,更需要企业自我防范的意识和能力。正所谓“防人之心不可无”。这里,自我防范主要是指防范同业撬盘、业主跳盘。因为优质房源往往成为同业追逐的对象,因此防止被撬的手段只有独家委托和快速成交。此外,经纪公司的信息安全和网络维护也应纳入自我防范的范围。在充分享受互联网带来的工作便捷之外,也要注意网络安全问题。

四、房地产经纪人因素

房地产经纪人也称不动产经纪人，正如前面所介绍的，它是指在房地产经济活动中，受客户委托，为客户提供房地产居间、行纪、代理等服务并收取佣金的中介人。他们在房地产经纪业务的促成中扮演着重要的角色，对业务的最终达成起着决定性作用。作为房地产经纪人，不仅要了解经纪业务的职业含义，更要具备相应的服务意识，端正服务态度，积极促成交易的达成。同时，在服务的过程中，谨慎和耐心也是经纪人应该具备的素质。具体说来，房地产经纪人应做到以下几点。

（一）职业素质

1. 明确房地产经纪的职业含义

合格的房地产经纪人首先应明白所从事的职业含义，这是促成房地产经纪业务成功的先决条件。也就是说，经纪人应该明白自己从事的职业是干什么的，有什么作用。房地产经纪人应当明确，自己是房地产经纪公司的代表，自己的行为应当与公司的利益相一致，不仅要作交易双方的桥梁，还要积极努力地促成双方交易的达成，节省交易成本。在整个经纪业务的执行过程中，不应做出有损公司声誉、有损自己名誉的事情。

2. 养成职业习惯

由于房地产经纪人的业务特点，在处理业务的过程中，经纪人应当既具备谨慎的态度，又要对客户和交易过程有充足的耐心。这就是说，经纪人一方面应谨慎行事，防患于未然，从信息的收集与整理开始，严格按照房地产交易程序办事；另一方面，在面对烦琐的讨价还价、多次配对谈判等环节应当显示出充足的耐心，始终认真耐心地做好买卖双方的工作。不能因为双方的条件比较苛刻而轻易放弃服务，应在买卖双方之间不断周旋，使买卖双方的条件逐渐接近，最终达成交易。房地产经纪人应当在从业过程中养成谨慎和耐心的职业习惯。

（二）知识因素

要想积极有效地促成房地产经纪业务，经纪人的专业知识水平也是重要的影响因素之一。很难想象缺乏房地产知识或业务不熟练的经纪人如何为买卖双方牵线搭桥，如何促成交易的达成。经纪人需要具备多方面的知识，包括房地产知识、金融学知识、建筑学知识、心理学知识等。多方面的知识融会贯通才能在工作实践中得心应手。

（三）服务因素

1. 服务意识

房地产经纪人应当具备热情真诚的服务意识，以满足客户希望和需求为宗旨,以亲切的态度和和蔼的笑容让客户发自内心地感觉到真诚。任何虚伪的,耍小聪明的服务只会让经纪人与客户越离越远。

2. *服务原则*

无论经纪人采用何种方式如何促成经纪业务,应当遵循如下两点服务原则:

(1)平等化原则

这是指在服务过程中经纪人与客户是平等的互利关系。经纪人对待客户应当不卑不亢,自然大方,在为客户提供服务满足其需求的同时保护自己合法的利益。

(2)珍惜常客

获取顾客忠诚度在任何一个产品市场都不是一件容易事。忠诚的顾客,也就是所谓的常客,不仅能够带来持续的业务和财源,而且还会将自身的感受传播开来,形成大众口碑。因此,房地产经纪人应当十分珍惜常客能够带来的有形的和无形的收益,与他们保持良好的关系。

3. *修饰外表*

此外,在提供服务的整个过程中,经纪人应当注重自身外表的修饰。职业得体的外表不仅是对客户的尊重,也有益于自身,有助于端正自身的行为和树立自信心。外表修饰的重点是衣着整洁,注重品位,风格保守。

第二节　房地产经纪业务面临的主要风险

由于房地产经纪业务存在着复杂的委托—代理关系,因此,就必然存在着各种各样的风险。作为房地产经纪公司应有风险意识,通过风险管理将来自各方面的风险尽量减小。下面,简要介绍一下风险的概念。

广义上的风险,是指未来结果的不确定性,可分为如下三类:

第一类称为收益风险,即只产生收益而不导致损失的可能性,如接受教育的风险就是一种典型的收益风险。

第二类称为纯粹风险,即只带来损失而不会带来收益的可能性,如地震、洪涝、火灾。

第三类称为投机风险,即既可能带来损失又可能带来收益的可能性,如房地产投资、股票投资等。风险和危险在经济学中是两个不同的概念,风险主要是指第三类风险,而纯粹风险被称为危险。

识别风险是风险管理的基础。进行风险识别时所要解决的主要问题是:风险因素、风险的性质以及后果,识别的方法及其效果。涉及风险的识别内容和识别原则两个方面。

1. 风险识别的内容

明确风险的存在是处理风险的前提。风险识别的内容还包括对风险发生损失程度的估计,这是制定和选择风险处理方案的基础。

2. 风险识别的原则

(1)全面周详原则。这是实现风险识别目标的首要原则。

(2)综合考察原则。

(3)量力而行原则。

(4)系统化、制度化、经常化原则。

一、顾客因素产生的风险

(一)交易资格风险

交易资格风险即买卖双方没有从事房屋交易的资格。具体表现为出卖人非房屋所有权人,也未获得房屋所有权人的有效授权;作为买受方的个人支付能力不强或不诚实履约,使出卖人不能得到全部房款。例如,在寻找房源的过程中,可能会遇到"房虫子"的诈骗,也可能是卖方由于自己的房屋存留着一系列政策性问题而造成的欺骗行为。比如,卖方的房子属于优惠价购买的央产房,只有重新测量后才能上市出售。如果中介公司在收房时没有注意到这一点,那么将直接导致将来的交易失败。

(二)"跳单"风险

在顾客方面最大的不确定性在于顾客"跳单"现象。所谓"跳单",就是指在房地产交易过程中买卖双方为逃避咨询费,在接受经纪人咨询、带客户看房服务后避开中介进行私下成交的行为。由于中介公司和经纪人无法对交易双方进行有效的控制和监督,交易双方往往会为了省去支付中介费而"跳单"。

二、政策法律因素产生的风险

(一)新政策法规产生的影响

随着房地产市场的发展,各项新规章制度也不断出台,以求更好地调节、规范房地产行业的发展。有些政策是针对规范市场交易行为的强硬性规定;有的是通过调节价格或交易税费来促进或约束房地产交易;还有的是直接对房地产经纪公司的资格和经纪人的从业资格提出了新的要求;等等。因此,房地产经纪公司和经纪人应当充分收集政策法律信息,尤其重视新颁布的法律法规,充分估计到新政策可能带来的影响和风险。

（二）现行法律政策的不完备

这主要是指现行的房地产中介规范或条例内容相对滞后于实践的发展，不能很好地解决实践中产生的纠纷和问题，对于经纪人和经纪公司的利益缺乏合法有效的保护。相关的法律法规不健全，也给房地产业务的公平交易带来很多隐患，导致出现纠纷投诉无门。此外，行业标准难以界定，相关的行业标准含混晦涩，缺乏可操作性。

三、企业内部因素产生的风险

（一）资金风险

由于房屋的高价值，房地产交易往往涉及大手笔资金。因此，房地产经纪公司在收房或进行其他房地产交易时，雄厚的资金是必不可少的条件之一。在竞争激烈的房地产市场，公司资金实力是否雄厚也成为经纪公司在行业内安身立命的重要条件之一。在收售房屋的过程中，一旦出现资金周转不灵，导致资金链条断裂，可能会给公司带来致命伤。

（二）财务风险

这里的财务风险是指避税，甚至偷、漏税给公司带来的潜在风险。房地产经纪公司通常会采取各种避税方式，有些不法公司甚至会采取偷税、漏税的方式获取更多的利益。

（三）员工风险

如上所述，由于员工和经纪公司之间是委托—代理的关系，这就必然存在着代理成本和风险控制的问题。经纪人在经纪业务促成中起着决定性作用，直接影响着经纪公司的赢利，因此，尽量减少员工的代理成本是经纪公司需要考虑的一个重要问题。

可通过如下几方面实现员工风险的控制。

1. 权利与义务相匹配

赋予房地产经纪人一定的权利，并规定其必须履行一定的义务，其目的在于引导和规范房地产经纪人的行为准则，维护各方利益，维护市场秩序，促进房地产经纪人更好地开展房地产经纪业务。

2. 进行职业道德和职业素养教育

定期进行职业道德，职业素养教育，真正溶入员工的工作意识中。

3. 文化熏陶

积极培育经纪公司诚实守信的企业文化，在公司内部形成无形的约束氛围。

4. 法律约束

通过法律手段约束经纪人行为，制定合理的规章制度，加大经纪人违规成本。

（四）人力资源风险

理论扎实、经验丰富、声誉良好的房地产经纪人是各房地产经纪公司争夺的对象，也是公司重要的人力资源。这些人往往与大客户关系良好并掌握着他们的一些重要信息和需求。因此，这些骨干经纪人的跳槽对于经纪公司来说会形成致命的打击。因此，业务骨干和管理精英的离开是房地产经纪公司潜在的人力资源风险。因此，房地产经纪公司应制定适当的人力资源制度，来吸引、发展、激励并最终留住精英人才。

第三节　房地产经纪业务促成的技巧

一、寻找客户的技巧

（一）注重连锁介绍

连锁介绍就是根据消费者的消费需求和购买动机的相互联系和相互影响的性质，根据各顾客之间的社会联系，通过顾客之间的连锁介绍来寻找更多的新顾客。具体地说，是推销员请求现有顾客介绍有可能成为顾客的朋友，使销售人员从每一笔业务中都能获得更多的准顾客。由于房地产这一商品有着不可移动的特性，使朋友介绍成为推销房地产商品极为有效的方法。所以，任何房地产推销员都必须重视这一方法，决不能只知道抓住眼前顾客，而忘了请他推荐几个未来的顾客。

进行连锁介绍的方法很多，如推销员可以请现有的顾客代转送资料、样本、名片、书信、信笺等，从而促使现有顾客的朋友转为准顾客，并使推销员与准顾客建立一定的联系。

需要注意的是，利用连锁介绍寻找新的顾客，关键是推销员要取信于现有顾客，也就是要培养最基本的顾客。我们知道，连锁介绍主要是借助现有顾客的各种社会关系，而现有顾客并没有介绍新顾客的义务。此外，现有顾客因为与被介绍者有着共同的社会联系和利害关系，所以他们往往是团结一致，相互负责的。因此，推销员想要现有顾客介绍新顾客，首先必须取信于现有顾客，使现有顾客满意，才能从现有顾客中获取未来顾客的名单。明确这一点，推销员就必须树立全心全意为顾客服务的观点，千方百计为顾客解决问题，急顾客所急，想顾客所想，赢得现有顾客的信任，从而取得源源不断的新顾客名单。

（二）利用核心人物

任何有人群的地方实际上都有核心人物（包括非正式小群体的领袖）。利用核心人物的方法，就是推销员集中精力对核心人物攻关，与核心人物交朋友，使核心人物成为自己所推销商品的使用人或者介绍人，从而使核心人物范围内的个人或组织都成为推销员的准顾客。这个方法，实际是连锁介绍的推广运用，使用得当，往往能得到事半功倍的效果。

利用核心人物，关键在于要取得核心人物的信任与合作。为此，推销员要努力使对方了解自己的工作，使对方相信自己的人格和自己所推销的商品，同时努力与对方合作。

利用核心人物的难度，在于核心人物往往很难接近，并且如果处理不当，导致核心人物不合作，推销员就有失去更多顾客的可能。

（三）加强个人观察

个人观察是比较古老的和最基本的方法，也就是指推销员根据自己对周围的直接观察和判断，寻找潜在的顾客。

有人认为，一般商品可以由推销员通过直接观察来寻找顾客，而房地产的商品是不大可能的。其实不然，正因为房地产商品的不可移动性和销售价高的特点，有购房意向的人会反复到现场察看。如果这时推销员不是坐在办公室里，而是具有敏锐的眼光，就往往能获得真正的顾客。比如一个购房人，他看准某一地区的一个楼盘，一年中不下几十次去观看，从土建一直到卫生洁具配套，他甚至比推销员还清楚。他的行为最终引起了推销员的注意，双方最终达成了购房协议。所以说，在房地产推销时，推销员一定要注意用眼、用耳、更用心，注意观察周围人群，随时发现自己的准顾客。

用个人观察的方法搞推销，有利于提高推销员的洞察能力，积累推销经验，提高推销能力，也有利于推销员直接面对市场，面对现实，扩大视野，排除中间性的干扰。但是也会因为推销员个人见闻的局限，而使准顾客名单受到局限，并因为事先完全不了解顾客，容易陷入空洞的可能性里，失败率较高。

（四）开发个人广告

现在，房地产由于楼盘积压严重，所以楼盘广告可谓铺天盖地，但是房地产推销员的个人广告却是凤毛麟角。这不能不说是一个缺陷。事实上，一个聪敏的推销员，首先要刻意“推销”自己，才有可能获得更多的准顾客名单，取得新的业绩。所以，推销员应当把个人广告也作为寻求顾客的技巧之一。

利用个人广告寻找顾客，重要的是在于正确地选择广告媒介。个人由于受到费用等限制，不太可能通过报纸、电视、广播等媒介，所以最佳的方法是邮寄。推销员在所发信函中，应尽可能清楚地介绍自己及自己所推销的业务内容,同时要选择好邮寄时间,一般能让顾客在休息日收到为好,以便认真阅读。

在香港还有一种个人广告方法,就是推销员将有关资料,悬挂在大街上,任人取阅,这也是可以学习的。

(五)积极查阅名录

运用以上几种方法,可以获得一大批准顾客的名单,但是,以上方法都有自己的局限性,如连锁介绍需要有现成的客户,核心人物又太难接近,个人观察范围太窄,个人广告又存在无目标性的问题,所以积极查阅名录是一个很好的互补办法。

所谓查阅名录,就是通过查阅现有的各种情报资料来寻找顾客。在中国,一般是有一定地位的人才能进入有关名录,而有地位的人往往有能力购买住房,所以应积极查阅有关情报资料。

可查阅的名录主要包括:

1. 工商企业名录

着重把法定代表人作为自己的准顾客选择对象。

2. 产品目录介绍

从中去发现该产品是否适销对路,效益如何,从而确定该单位是否具有购房可能性。

3. 工商登记公告

新单位成立都会在报上刊登工商登记公告,推销员可以从中看出这些新单位是否需要购买办公用房。

4. 专业团体成员名册

如各种学会、协会、联合会等,很多知名人士均在名册中,他们具有很强的购买能力。

上面谈了五种方法,实际上寻找顾客的技巧是多种多样的,决不局限于以上五种;同时推销员在工作中,也决不能单一运用一种方法,而是要把各种方法综合运用在一起。但是,只要推销员能努力地、熟练地应用各种技巧,自己的顾客队伍一定会越来越大,这样才能把自己的商品更多地推销给别人,才能使他人从自己销售的商品中获得利益,同时也使推销员自己的利益得到提高。

二、考察客户的技巧

售楼人员要有正确的判断力,要能找出你要服务的客户。通常的做法是,可以对客户做一下评估,确保他们是可以做出购买决策的人。

考察客户的内容包括:

(一)殷勤接待查询

广告发生效力后,客户会电话查询或登门造访,经纪应持殷勤、专业、忍耐、有礼、有节的态度。

(二)了解客户需求

在接待过程中,及时把握机会,了解客户租购需求和资金预算,以便推荐合适的房屋,提供真实、准确的资料,同时展示房地产经纪人的专业知识。

(三)索取客户资料

房地产经纪人应以合适的方式留下客户的姓名、地址和联络电话,方便跟进服务。谨记切不可强留。

(四)尽早告知佣金标准

房地产居间的佣金是提供服务及赖以生存的基础,免佣或减佣均可能影响自尊和服务质量,甚至人为制造差价,损失客户利益且败坏行业声誉。

三、接待客户的技巧

(一)客户服务的5S技巧

房地产客户服务的5S技巧是指快速、微笑、真诚、机敏、研究。由于其英文第一个字母都是“S”,所以称为5S技巧。

1. 快速(Speed)

速度(Speed)是指“动作快速”,它有两种意义:一是物理上的速度(工作时尽量快些,不要让客人久等);一是心理上的速度(售楼员诚意十足的动作与体贴的心会引起顾客的满足感,使他们不觉得等待的时间过长)。在今天快节奏的经济生活中,快捷无疑成为服务业发展的一个客观要求。具有快速响应客户需求的能力对于房地产经纪公司来说更是非常重要的。这包括:快速接听电话、及时通知变化事项、准时参加约会、交款等待与办理相关手续的配合等,均应做到在需要的时间和地点提供必要的和优质的服务。

2. 微笑(Smile)

微笑(Smile)是相对于过度的笑容而言的。售楼员必须身体健康,对顾客有体贴的心,才可能散发出真正的微笑,表现出心灵上的理解和宽容。这种微笑不是矫揉造作或曲意逢迎的。

3. 真诚(Sincerity)

诚意(Sincerity)是指售楼人员如果存在尽心为顾客服务的诚意,顾客一定能体会到。因此,经纪公司和经纪人应树立“诚信为本”的经营和服务理念,并让这种理念贯穿到工作当中。一方面真诚的努力,另一方面让顾客感受到你真诚的一面。真诚的工作态度有助于同客户良好的沟通,有助于树立房地产经纪人的职业形象。

4. 机敏(Smart)

机敏(Smart)指"精明、整洁、利落"。以干净利落的方式来接待顾客即是所谓的"机敏的服务"。小聪明、小技巧等投机取巧的把戏都不可能实质性地解决客户的问题,甚至还会给公司或本人带来纠纷和损失。

5. 研究(Study)

房地产经纪是经验密集的,只要平日多努力研究顾客的心理、接待时的技术以及商品知识等,在接待顾客的层面上必定会有更好的成绩。房地产经纪人在学习理论知识的基础上,可以在实践中学习,向同业先进学习,走出店面去各售楼处、展销会体验,尝试客户经验等,以便更好地做出判断和提高业务的成交率。

(二)推销与促销技术

1. 心理误区

谈起房屋销售,不少客户总会有这样一个概念:房屋销售人员总是在骗客户,尤其是在事后,当客户对已购买的房屋哪怕有一点点的不满意,这种感觉就会愈加深刻。而有些销售人员也常常因为对一些销售技巧的运用而深感内疚:我这样做究竟对不对?

任何一件房地产商品都不可能十全十美,即使地点好、规划好、房型好、得房率[指可供住户支配的面积与每户建筑面积之比。得房率二套内面积/(套内面积+公摊面积)]高、环境也不错……但必然有一点让人无法接受,那就是价格高。因为没有一个老板会在产品畅销的情况下低价倾销的。同样,世界上也没有一个产品是卖不出去的,只要价格足够低,与产品所能提供的综合功能相吻合,与客户心理价位相一致,必定有市场。而不少销售人员往往觉得自己的产品不是最好的而认为竭力推销是不道德的,当产品落伍销售不畅时使用销售技巧更加觉得是在"助纣为虐",这是错误的想法。任何一个产品都有它所对应的价格,它所对应的客户,只要你为这样的产品找到这样的客户,销售技巧的运用是理所当然的事。

销售时,往往碰到这样的问题,客户对产品已经有70%认可度,但附近地区有一个相似的楼盘让他犹豫不决,而且这个楼盘在某些方面的确有优势。此时,作为一个销售人员该不该运用销售技巧推荐自己的产品?一般情况下,促销自己的产品是一件自然而然的事,因为满足了基本条件的两个产品,不可能有悬殊的差别。选择这个或选择那个,并没有给客户带来太多的不同。况且,有时候这种差别是来自不同角色在主观上的理解。自然,如果两个产品相差很大,大到足以给客户带来显而易见的影响时,推荐好的产品是职业道德的基本要求。

必须特别强调的是,对销售技巧的运用,始终是建立在客户对产品70%

的认可程度上的，任何违背客户意愿，随意玩弄手段的行为必定会遭到惩处。相反，对销售技巧一味地忌讳，认为是洪水猛兽的想法也必定是不可取的。

2. 推销

(1)推销自己

房地产销售人员给客户的第一印象至关重要，所以台湾的房地产销售公司老板允许自己的销售人员在上班时间去理发店也就不足为奇了。真正的专业售楼人员对说什么把握得极准，而且能够吸引客户听下去。让客户感觉到真诚，而不是夸夸其谈，如果能做到这一点，就成功了一半。所以，作为售楼人员，要锻炼出这种本领，成功地推销自己。

(2)推销开发商

目前，很多商品房延迟交房，施工质量灯光问题投诉日益增多，如果开发商很有实力且守信誉，这方面做得比较好，那么就可以自豪地向客户推销，这样，可以让客户感到更安心、更可靠、更踏实，也会使公司的形象牢牢地印在客户的脑海里。

(3)推销楼盘

售楼人员要满怀热情和真诚地推销，因为真诚和热情是很容易感染人的，千万不要让客户认为你是在泛泛而谈。你至少可以找一个绝妙的理由，并说服他考虑购买，可以说“这是开盘价，过两天就要涨价了”、“只优惠十套”，说话要简洁，并机智地加以运用，不要让客户认为你是在下套让他去钻。

(4)现场讲解

大多数售楼人员会做一个开场白，大略讲解一下，然后再正式介绍。当客户觉得能了解新鲜有趣的信息时，就会愿意花时间去听，给客户详尽的信息，突出楼盘的优点和独到之处，做个好的演员，背好台词，设计好一举一动，了解客户信息，包括客户一进售楼处讲些什么，在参观样板房的路上讲些什么，现场讲些什么，等等。一切努力都只为一个目标：向客户推销你的楼盘。

(5)带给客户高附加值

客户买房不仅仅是满足基本居住功能的需要，是因为他还看到了除此之外附带的高附加值。你在向客户介绍你的楼盘时，就应该清晰无误地告诉客户，楼盘超值超在什么地方，因此，得将价值或超值的概念融入楼盘介绍中。

(6)适当的价格策略

房地产经纪人在推荐房产时，尤其是对客户的财务状况或购买预算不甚了解的情况下，一般应先推荐低价位的房产，以免因不必要的误会和心理感觉而吓跑或赶走顾客。

3. 顾问式销售

一般来说，在和客户会谈的过程中，顾客很难直接告诉，他存在什么样的问题，即使他愿意告诉，但也不知道如何来表述。这就需要采取顾问式销售，即：通过发现顾客的问题点、了解客户的真实情况、引导和理解客户的现实，提供其解决方案的过程，最终产生一个非常大的订单，引发非常大的市场需求。这和一般的销售代表仅仅通过表面现象去发现问题点，或者仅仅通过一个问题点就进行强行的推销有本质的区别，当然也会产生绝对不同的效果。

(1)利益是产品或方案可以满足买方所表达出来的明显性需求

许多销售人员会混淆利益和好处这两个概念。例如，许多销售人员在推销新房的时候，经常会遇到很强的市场阻力，或者说找不到销售的方向。可是，在销售之前，销售人员一般都会做一些销售准备，了解产品的特性和特征，同时虚拟解决客户的一些问题，从而建立一个假设前提或者一种桥梁。一般来说，销售人员在销售过程中会用陈述的方式陈述产品的好处和优点，但这绝非利益。因为利益的产生首先要来源于一种探询的方式。因为利益是产品和方案可以满足客户提出的非常明显性的需求。如果客户没有提出明显性需求，就无所谓利益的存在，也就是说在销售过程中，如果虚拟桥梁的终点不是明显性需求，而仅仅是隐藏性需求，客户始终都不会明白他为什么要购买你推荐的房屋，这是利益在顾问式销售中非常关键的一点。

(2)利益的核心点在明显性需求上

如果客户没有表达出明显性需求，那销售代表陈述的利益，或者跟客户根本不相干，或者连好处都没有，或者只是一般性的好处、一般性的特征，总之都只是一些泛泛的说法而已。

四、心理战术技巧

根据市场营销学对推销过程的分段，即寻找客户、接近客户、确认需求和问题、介绍说明、异议的处理、协商谈判、促成交易、售后服务，顾客的购买心理又大体经历以下几个阶段：注目、兴趣、联想、欲望、比较检讨、信赖、行动、满足。因此，购买者在交易时会面临着复杂的心理因素的影响。这些因素不仅对最终交易的达成起着关键的作用，而且对于经纪人来说难以观察和把握。因此，作为有经验的房地产经纪人应当具备一定的消费者心理学知识，并且掌握一定的心理战术技巧，攻破顾客的心理防线，促成交易的达成。

具体来说,影响购买者心理的因素有很多,无论是路边小门脸儿的交易,还是上亿工程的交接,都会引起买卖双方一定程度的恐惧感。私人住房的变动也是如此。比如,由于家庭纠纷引致的房屋变动、由于生活原因引致的变动或是对于房屋具体结构等方面的要求而产生的变动,等等。因此,经纪人应当根据不同的情况,使买卖双方均处于一种充满信心、能够解决问题的精神状态,只有这样才能有助于最终交易的达成。

五、谈判的策略与技巧

(一)准备工作

要使谈判取得成效,必须注重下述几方面的工作。

1. 摆正自身的位置,经营目标必须明确

谈判不是互摆姿态、亮立场、消磨时光。应尽量避免一些无实际意义的谈判。有必要建立双方之间的信任(对初次合作者尤其重要),可以让对方充分认识自己公司的业绩、实力、技术力量、经济可靠性等。这项工作可为谈判顺利进行铺平道路。

2. 加强谈判中的应变能力

(1)要有应付时间压力的措施。房地产谈判中,经常会遇到时限问题。对方可能会提出谈判最后截止期限,达不成协议就结束。或提出把原定三个阶段的谈判并为一起解决,加班谈判等。发展商必须具有预备措施,才不至于陷入被动。

(2)要有应付意外情况的准备。对手有可能在谈判中列举出乎意料的文件、资料、信息、证明等。

(3)要密切留意谈判对手的反常表现。研究谈判方对手的性格,可能有助于消除双方因为情绪化而产生的误会。

(二)策略与技巧

1. 价格策略

谈判的最终目的,是达成双方可以接受的价格。可加强以下几方面的工作:

(1)注意谈价格的技巧

如果考虑到双方要价的差距较大,可以先建立双方的信任,先谈一些具体的环节和双方容易解决的问题,避免一开始谈判就陷入僵局。

(2)要注意非价格因素

如本公司实力雄厚、信誉好,拟购房地产项目前景优良,或对方由于某种原因,急欲投资合作建设,则价格可以提高一些。在这种情况下,“喊价高的人往往会以较高的价格成交”。

(3)妥协和让步

房地产谈判中,往往会因为一些具体问题互不相让,僵持不下。在必要的时候,双方都要作一些妥协和让步,才能最终达成协议。下述一些做法可供参考:

①在价格上预留有妥协余地,同时准备好让步的幅度和策略。

②在小问题、次要方面妥协,在大方面、主要问题上不让步。

③面子问题可优先给对方,我方应争取实质利益。

④在价格上不让步的同时,考虑对方的困难,可对付款方式、首期款、付款期限等给予对方一定的宽限。

(4)注意识别对方的虚假行为

例如,对方一开始就拒绝我方报价,可能并不是他们对价格不满,而是企图在谈判中占上风,另外,值得注意的是,对方可能缺乏诚意,而运用虚假价格策略,甚至违反市场规则的策略来进行谈判。遇到这种情况,更需要提高警惕,避免损失。灵活巧妙机智地运用谈判技巧,能使交易取得令人满意的结果。

2. 适时反击

反击能否成功,就要看提出反击的时间是否掌握得准确。反击只有在对方以"恐怖战术"来要挟时方能使用,所以,它也可以说是一种以退为进的防卫战。其次要注意的是,使用反击法时,如果对方不认为你是个"言行一致"的人,那效果就要大打折扣了。因此,在使用反击法之前,你必须先行了解,在谈判对手眼中,你是否是个言行一致、说到做到的人。

3. 攻击要塞

选房人通常不止一人。因此,售楼人员经常会面临"以一对多"的谈判情况。这种情况下最适合采用的就是"攻击要塞"。

谈判对手不止一人时,实际上握有最后决定权的,不过是其中一人而已。在此,我们姑且称此人为"对方首脑",称其余人为"对方组员"。"对方首脑"是在谈判中需要特别留意的人物,但也不可因此而忽略了"对方组员"的存在。

谈判时,有时无论再怎么努力也无法说服"对方首脑",在这种情况下,就应该转移目标,向"对方组员"展开攻势,让"对方组员"了解你的主张,凭借他们来影响"对方首脑"。其过程也许较一般谈判辛苦,但是,不论做任何事,最重要的就是要能持之以恒,再接再厉,才能获得最后的成功。

4. 期限效果

从统计数字来看,有很多谈判,尤其较复杂的谈判,都是在谈判斯限即将截止前才达成协议的。

谈判若设有期限，除非期限已到，不然的话，谈判者是不会感觉到压力存在的；在距离谈判最终期限尚有充裕时间的状态下，谈判者会感觉"遥遥无期"；一旦临近谈判的最后关头，心理状态和谈判气势则会骤然紧张。当谈判的期限愈接近，双方的不安与焦虑感便会日益扩大，而这种不安与焦虑，在谈判终止的那一天，那一时刻，将会达到顶点——这也正是运用谈判技巧的最佳时机。

在谈判时，不论提出"截止期限"要求的是哪一方，期限一旦决定，就不可轻易更改。所以，无论如何，都必须倾注全力，在期限内完成所有准备工作，以免受到期限的压力。如果对方提出了不合理的期限，只要抗议，期限即可获得延长。如果对方拒绝了延长期限的提议，或者自认为所设定的期限相当合理的话，需沉着应对。在这种情况下，唯一能做的，就是加倍努力，收集资料，拟定策略，如果还一味地因对方的"不讲理"而带有强烈情绪，以致浪费了原本有限的时间，只会带来更大的损失。不论有多少时间，冷静地拟定应付措施、仔细地检查对策，才是最明智的做法。

5. 适度让步

在谈判过程中，在准确理解对方利益的前提下，努力寻求双方各种互利的解决方案是一种正常渠道达成协议的方式，但在解决一些棘手的利益冲突问题时，如双方就某一个利益问题争执不下，例如，房东与承租人之间的房租问题。恰当地运用让步策略是非常有效的工具。

在利益冲突不能采取其他的方式协调时，客观标准的让步策略的使用在谈判中会起到非常重要的作用。成功让步的策略和技巧表现在谈判的各个阶段，但是，要准确、有价值地运用好让步策略，但总体来讲必须服从以下原则。

(1) 目标价值最大化原则

应当承认，在谈判中的很多情况下的目标并非是单一的目标，在谈判中处理这些多重目标的过程不可避免地存在着目标冲突现象，谈判的过程事实上是寻求双方目标价值最大化的过程，但这种目标价值的最大化并不是所有目标的最大化，如果是这样的话就违背了谈判中的平等公正原则，因此也避免不了在处理不同价值目标时使用让步策略。不可否认在实际过程中，不同目标之间的冲突是时常发生的，但是在不同目标中的重要价值及紧迫程度也是不相同的，所以在处理这类矛盾时，所要掌握的原则就需要在目标之间依照重要性和紧迫性建立优先顺序，优先解决重要及紧迫目标，在条件允许的前提下适当争取其他目标，其中的让步策略首要就是保护重要目标价值的最大化，如关键环节——价格、付款方式等。成功的谈判者在解决这类矛盾时所采取的思维顺序是：①评估目标冲突的重要性、分析自己所处的环境和位置，在不牺牲任何目标的前提下冲突是否可以解决；②如果在冲突中必须有所选择的话区分主目标和次目标，以保证整体利益的最大化，但同时也应注意目标不要太多，以免顾此失彼，留给谈判对手可乘之机。

(2)刚性原则

在谈判中，谈判双方在寻求自己目标价值最大化的同时也对自己最大的让步价值有所准备，换句话说，谈判中可以使用的让步资源是有限的，所以，让步策略的使用是具有刚性的，其运用的力度只能是先小后大，一旦让步力度下降或减小则以往的让步价值也失去意义；同时谈判对手对于让步的体会具有"抗药性"，一种方式的让步使用几次就失去效果，同时也应该注意到谈判对手的某些需求是无止境的。必须认识到，让步策略的运用是有限的，即使你所拥有的让步资源比较丰富，但是在谈判中对手对于你的让步的体会也是不同的，并不能保证取得预先期望的价值回报。因此，在刚性原则中必须注意到以下几点：

①谈判对手的需求是有一定限度的，也是具有一定层次差别的，让步策略的运用也必须是有限的、有层次区别的；

②让步策略的运用的效果是有限的，每一次的让步只能在谈判的一定时期内起作用，是针对特定阶段、特定人物、特定事件起作用的，所以不要期望满足对手的所有意愿，对于重要问题的让步必须给予严格的控制；

③时刻对于让步资源的投入与所期望效果的产出进行对比分析，必须做到让步价值的投入小于所产生的积极效益。在使用让步资源时一定要有一个所获利润的测算，需要投入多大比例来保证所期望的回报，并不是投入越多回报越多，而是寻求一个二者之间的最佳组合。

(3)时机原则

所谓让步策略中的时机原则，就是在适当的时机和场合做出适当适时的让步，使谈判让步的作用发挥到最大、所起到的作用最佳。虽然让步的正确时机和不正确时机说起来容易，但在谈判的实际过程中，时机是非常难以把握的，常常存在以下种种问题：

①时机难以判定，例如认为谈判的对方提出要求时就认为让步的时机到了，或者认为让步有一系列的方法，谈判完成是最佳的时机。

②对于让步的随意性导致时机把握不准确，在谈判中谈判者仅仅根据自己的喜好、兴趣、成见、性情等因素使用让步策略，而不顾及所处的场合、谈判的进展情况及发展方向等，不遵从让步策略的原则、方式和方法。这种随意性导致让步价值缺失、让步原则消失，进而促使对方的胃口越来越大，在谈判中丧失主动权，导致谈判失败，所以在使用让步策略时千万不能随意而为。

(4)清晰原则

让步策略中的清晰原则是:让步的标准、让步的对象、让步的理由、让步的具体内容及实施细节应当准确明了,避免因为让步而导致新的问题和矛盾。常见的问题有:

①让步的标准不明确,使对方感觉自己的期望与你的让步意图错位,甚至感觉你没有在问题上让步而是含糊其辞;

②方式、内容不清晰,在谈判中你所作的每一次让步必须是对方所能明确感受到的,也就是说,让步的方式、内容必须准确、有力度,对方能够明确感觉到你所做出的让步,从而激发对方的反应。

(5)弥补原则

如果迫不得已,再不作出让步就有可能使谈判夭折的话,就必须把握住"此失彼补"这一原则。即这一方面(或此问题)虽然给了对方优惠,但在另一方面(或其他地方)必须加倍地,至少均等地获取回报。当然,在谈判时,如果发觉此问题若是让步可以换取彼处更大的好处时,也应毫不犹豫地给其让步,以保持全盘的优势。

在谈判中,为了达成协议,让步是必要的。但是,让步不是轻率的行动,必须慎重处理。成功的让步策略可以起到以局部小利益的牺牲来换取整体利益的作用,甚至在有些时候可以达到"四两拨千斤"的效果。

研究思考题:

1. 影响房地产经纪业务成交的主要因素。
2. 如何分析房地产经纪业务面临的主要风险?
3. 如何规避房地产经纪业务中的风险?
4. 如何掌握和运用房地产经纪的业务技巧?
5. 如何掌握和运用房地产经纪业务的技巧?

第七章

房地产经纪合同

本章概要：

房地产经纪合同的条款、格式与订立要求；

房地产经纪合同中的权利义务；

房地产经纪合同的一般情况。

第一节　房地产经纪合同概述

一、房地产经纪合同的概念

（一）合同的概念

既然房地产经纪合同是合同中的一种，那么我们首先必须理解合同的概念和特征。合同的含义十分广泛，有劳动法上的合同、有行政法上的合同，也有民法上的合同。民法上的合同也分为许多种，有调整身份关系合同、有调整物权关系合同、有调整债权关系合同等。《合同法》中对合同的定义是这样界定的：

> 《中华人民共和国合同法》规定的合同，是指平等主体的自然人、法人、其他组织之间设立、变更、终止民事权利义务关系的协议。

该法中还规定了婚姻、收养、监护等身份关系适用其他法律规定，排除出了《合同法》调整的范围。因此，《合同法》规定的合同指的是物权合同和债权合同，是一种财产合同。

要正确理解合同的概念，应当把握合同的几个特征：

第一，合同以意思表示为要素，并且按意思表示的内容赋予法律效果，所以合同是民事法律行为，而非事实行为。只要双方当事人达成合意，合同就产生了。

第二,合同是两方或多方当事人协商一致的产物,是两个以上的意思表示相一致的协议。合同各方相互为意思表示,并且意思表示一致,这点区别于单方法律行为。另外,学理上认为"协议"一词与"合同"同义。

第三,合同双方当事人在订立合同时的法律地位是平等的,意思表示必须真实自愿。双方当事人平等地享有民事权利和承担民事义务,一方不得将自己的意志强加给另一方。任何一方当事人在订立合同和履行合同中都要普遍地受法律约束,不得享有特权。

第四,合同内容必须合法,只有合法的合同才受法律保护,才具有法律约束力。例如订立法律禁止交易的物品的买卖合同,不受法律保护。

第五,双方当事人签订合同,必须以设立、变更、终止民事权利义务关系为目的,具有明确的目的性,聊天、谈话中所说的非正式承诺不能算为合同。

第六,订立合同必须符合法律规定的形式,例如有的合同必须为书面形式,有的合同必须在主管机构登记后方能生效。

(二)房地产经纪合同的概念

根据上述对合同的分析和解释,我们不难总结出房地产经纪合同的定义:

> 房地产经纪合同指的是在平等、自愿和协商一致的基础上,房地产经纪人为促成委托人与第三方交易而接受委托人的委托,从事房地产相关事项的协议。

房地产经纪合同,是一种劳务合同,是《合同法》调整范围内的分则合同。在合同的主体关系方面,它具有一般合同的特征,同时又有自己独特之处。

(三)房地产经纪合同的特征

房地产经纪合同,主要具有以下特征。

1. 房地产经纪合同是债权合同

作为债权合同,房地产经纪合同一经生效,双方当事人互负债权债务。

2. 房地产经纪合同是双务合同

以给付义务是否由双方当事人互付为标准,合同分为单务合同和双务合同。双务合同指的是双方当事人相互承担给付义务的合同,即一方当事人之所以承担给付义务,为的是从对方当事人处获取对等的给付。买卖合同、租赁合同、加工承揽合同属于此类。单务合同是指仅有一方当事人负有给付义务的合同,赠与合同、借用合同属于此类。

双务合同和单务合同的法律后果不同：第一，在双务合同中，若事先未规定履行合同顺序，那么合同一方在对方履行合同之前，可以拒绝履行自己的合同义务，而单务合同则不能拒绝履行自己的义务。第二，因不可归责于双方当事人的原因致使合同不能履行时，双务合同的风险可根据情况由债权人或债务人承担，而单务合同的风险一律由债务人承担。第三，双务合同一方当事人违约时，若另一方已履行合同，则可请求强制违约方履行合同或承担责任，还可解除合同、要求违约方返还受领的给付，而单务合同则不能。

3. 房地产经纪合同是有偿合同

以当事人取得权益是否须负相应代价为标准，合同分为有偿合同和无偿合同。买卖合同、租赁合同、保险合同等属于有偿合同。赠与合同、借用合同等属于无偿合同。

房地产经纪合同一方当事人享有合同约定的权利同时，必须向对方当事人付出相应代价。

有偿合同和无偿合同法律后果也不同：第一，无偿合同债务人所负注意义务程度较低，而有偿合同相反。房地产经纪人必须严格审核委托人和买受人的资格，确保交易物的合法性。委托人必须妥善保管交易物的安全，确保质量。第二，无偿合同中，纯获利益的一方当事人可以是完全民事行为能力人，也可以是限制民事行为能力人和无民事行为能力人。而房地产经纪合同中的委托人必须是完全民事行为能力人，限制民事行为能力人和无民事行为能力人必须经其法定代理人同意才能签订合同。

4. 房地产经纪合同通常为书面形式的合同

书面合同是与口头合同相对应产生，房地产经纪合同之所以采取书面形式，是为了保证合同所规定各项条款的一一落实，约束双方当事人的行为。

5. 房地产经纪合同主要是从合同

从合同不能独立存在，必须以其他合同（主合同）的存在为存在前提。房地产经纪合同作为一种劳务合同，不能独立存在，它的主合同是房地产交易合同。之所以说房地产经纪合同依附房地产交易合同而存在，目的是促成房地产的交易。

（四）房地产经纪合同的类型

目前，常见的房地产经纪合同主要有以下三类：

(1)房地产居间合同；

(2)房地产代理合同；

(3)房地产行纪（信托）合同。

此三类合同在以后几节做详解。

（五）房地产经纪合同的作用

随着我国房地产市场日趋完善，房地产交易量的逐年增长，房地产经纪合同在房地产经纪活动中扮演着十分重要的角色，是整顿和规范房地产市场秩序的保证。只有通过订立合同，房地产经纪人及其委托人的权利才能得到保证，双方当事人的义务才能认真履行。可以说，房地产经纪合同对于保障合同双方当事人的合法权利、促进房地产市场持续健康发展具有十分重要的意义。

1. 有效保障了合同双方当事人的合法权利

合同一经订立，就对双方当事人产生了法律约束力。房地产经纪合同的约束力主要体现在：

（1）自合同正式成立起，合同当事人都要接受合同的约束。房地产经纪人必须履行为委托人提供各项劳务服务的义务，同时享有约定的权利；委托人在接受服务的同时也必须按照合同约定支付给房地产经纪人相应的报酬。

（2）如果情况发生变化，需要变更或者解除合同时，应该协商解决，任何一方当事人不得擅自变更或者解除合同，否则可能造成违约。

（3）除不可抗力等法律规定的情况以外，当事人不履行合同义务或者履行合同义务不符合约定的，要承担违约责任。

（4）合同书是一种法律文书，当当事人发生合同纠纷时，合同书就是解决纠纷的根据。当事人之间的争议，应当按照合同条款的规定协商解决；协商不成的，可以向人民法院起诉或者向仲裁机构申请仲裁。

应该说，在市场经济条件下，合同是确保双方当事人权利义务得以实现的唯一合法、有效的途径。

2. 维护了社会经济秩序

“社会经济秩序”指的是保障社会经济活动正常运行的稳定规则。在实行市场经济的社会中，经济秩序主要靠法律手段来维持。房地产经纪合同规定自然人、法人和其他组织之间设立、变更、终止债权债务关系的规则，而这些债权债务关系更多的是发生在社会经济生活中。因此，房地产经纪合同是房地产市场交易中的重要工具，它调整合同关系的结果，将直接关系到社会经济秩序的稳定与有序。

3. 促进了房地产市场的持续健康发展

房地产经纪活动，作为劳务服务，它实际上体现了房地产经纪人和委托人之间的交易关系。这种交易能否顺利实现，取决于市场规则的完善和市场秩序的稳定。房地产经纪合同的存在，以法律条文的形式完善了市场规则，约束了房地产经纪人和委托人的行为，为双方的交易活动提供了基本的规范，有效地防止了双方欺诈、无序的交易行为，促进了房地产市场持续健康的发展。

二、房地产经纪合同的主要条款

（一）房地产经纪合同内容的界定

合同，作为民事法律行为，其内容是指缔约双方的权利和义务。这种权利和义务反映成法律文书，就是合同条款。合同条款非常重要，合同当事人的权利义务的实现正是依靠合同的各项条款予以保证的。

通常情况下，房地产经纪合同应包含以下四个方面内容：

（1）标的物的价值；

（2）双方当事人应该承担的责任以及希望履行的标准；

（3）对经济风险以及双方当事人对风险造成的损失进行分担的事先约定；

（4）对合同实施过程中发生障碍的处理办法。

（二）房地产经纪合同的主要条款

合同条款是合同内容的表现和固定化，是确定合同当事人权利和义务的依据，房地产经纪合同的条款由双方当事人约定，细节根据当事人不同的需要会有所差别。包括主要条款和普通条款。合同的普通条款是法律未直接规定的，也不是房地产经纪合同的性质要求必备的，由当事人自行约定，或者当事人未约定，但根据商业习惯或约定俗成的行业规则，理应存在的合同条款。但根据《合同法》第 12 条规定，合同中必须存在的条款就是主要条款，通常包含以下几个方面。

1. 当事人的名称或者姓名和住所

当事人是合同权利义务的承受者，没有当事人，合同权利义务就失去了存在的意义，也就不存在合同。当事人若为自然人，合同中写明其姓名；当事人若为法人，合同中写明其名称。同时为了在诉讼中有效识别当事人，应当写明当事人的住所或注册地址。委托人可以是完全无民事行为能力人，也可以是限制民事行为能力人或无民事行为能力人。委托人委托其代理人签订房地产经纪合同的，合同中要载明代理人的姓名、名称及住所。若委托人是无民事行为能力人或限制民事行为能力人，在订立合同时，必须由其法定代理人代理，合同中要载明法定代理人的姓名、名称及住所。因此，订立房地产经纪合同时，应当明确主体关系，使合同在履行过程中具备法律效力。

2. 标的

合同的标的物是合同法律关系的客体，是合同当事人权利和义务共同指向的对象。合同不规定标的，就失去了目的，失去了意义。双方当事人也就不可能存在合同关系，因此房地产经纪合同条款中应清晰、准确地注明标的的名称。比如"×小区×楼×号×居住房一套"，同时要明确主客体关系，比如"该住房为××人所有"。另外，合同标的必须是合法的，法律禁止交易的房地产和已设立抵押未经抵押权人同意交易的房地产不能成为合同的标的。

3. 数量和质量

房地产经纪合同标的（房地产）的质量要订得具体详细，如房屋结构、建成时间、房屋设施等。标的（房地产）的数量要确切，如建筑面积、室内面积、地下室、车位等。首先应选择双方共同接受的计量方法、计量单位；其次应允许规定合理的误差。

4. 服务事项和服务标准

这一条款表明了房地产经纪人的服务质量和服务能力，也是体现房地产经纪人能否保证合同有效履行的主要条款。为了确保合同的正常履行，服务的事项和标准应当详细列出。在合同履行的过程中，由于劳务活动的不确定性，该条款经常遭到委托人的争议，需要在进行过程中不断地修改和补充，使合同的内容更加完善。

5. 价款或酬金

房地产经纪合同中应载明委托人认可的房地产交易价格底线。同时载明相关费用，如律师费、评估费用、保管费用等，由哪一方支付。

酬金是房地产经纪人按照合同约定给委托人提供劳务后得到的报酬。房地产经纪合同作为有偿合同，必然要载明劳务报酬金额、支付标准（如货币单位）、支付方式，以免发生纠纷。

6. 合同的履行期限、地点和方式

履行期限指的是合同当事人履行合同和接受履行的时间，它直接影响到合同义务完成的时间，也是决定是否违约的重要因素。履行期限可以规定为即时履行，也可以规定为定时履行或一定期限内履行。如果是分期履行，应写明每期的准确时间。比如约定"截至×日售出房屋，截至×日售出车位"。

履行地点指的是合同当事人履行合同和接受履行的地方，因房地产是不动产，通常履行地点在房地产所在地。履行地点是确定验收地点的依据，也是确定风险由谁承担的依据。比如委托人将房地产移交被委托人（如经纪公司）后，通常房地产发生的损害由被委托人承担。

履行方式指的是合同当事人履行合同与接受履行的方式，比如是一次性交付还是分次分批交付，是交付实物还是所有权凭证，都关系到当事人的物质利益。

通常情况下,为了保证合同的正常履行,约束双方当事人的行为,在房地产经纪合同中当事人应当明确约定合同的履行期限、地点和方式。但若能通过有关方式推定,合同欠缺它也能成立。

7. 违约责任

违约责任是当事人违反合同约定时承担的法律责任,它以支付违约金和损失赔偿金为主要承担责任方式。合同中对违约责任的规定,有利于督促当事人认真履行合同义务,维护守约方的利益,对于将来及时解决违约问题也很有意义。例如合同中明确规定违约致损的计算方法、赔偿范围等。合同中没有明确违约责任的,并不意味着违约方可以不承担违约责任。只要违约方未依法被免除违约责任的,守约一方仍然可以遵照法律追究违约方的违约责任。

8. 解决争议的方法

房地产经纪合同中缔约人可以约定发生争议后解决的程序、法律适用、鉴定机构的选择等。比如约定仲裁条款。双方当事人应当未雨绸缪,事先在合同中约定解决合同争议的具体途径。争议的解决途径没有事先约定的,当事人应该通过诉讼途径解决合同纠纷。

(三)订立房地产经纪合同的注意事项

为了保证合同的正常履行,在订立合同时,应注意以下几个方面:

首先,确保经纪合同主体的合法性。一方面,房地产经纪人应具备从事房地产经纪的资质;另一方面,委托人也要具有相应的签约和履约能力。

其次,确保经纪合同内容的合法性。这就要求房地产经纪人严格按照营业范围进行业务活动,委托事项也要严格遵循房地产业的相关政策法规和行业规定。

再次,确保经纪合同格式的规范性。为了保证合同合法、有效,在书写房地产经纪合同时应当遵照合同法的要求进行。

第二节 房地产居间合同

一、房地产居间合同的特点

居间是一种古老的商业行为,在同一交易行为中起中介作用,居间人作为交易双方的中间人促成了交易,从而有权从中收取报酬。我国古代称居间人为“互郎”、“牙行”、“牙经”,民间也叫做“跑合”、“掮客”。居间人在商品流通中起着重要的中介作用,是市场经济的“润滑剂”。

(一)房地产居间合同的概念

《合同法》第424条规定:

> 居间合同指的是居间人向委托人报告订立合同的机会或者提供订立合同的媒介服务,委托人支付报酬的合同。

由此可看出,《合同法》承认的居间行为有两种,一种是居间人为委托人寻觅和指示可以与委托人订约的相对人,从而向委托人提供订立合同的机会,学理上称之为“指示居间”,也叫做“报告居间”;另一种是居间人斡旋于双方当事人之间,介绍、撮合双方当事人订立合同,学理上称之为“媒介居间”。二者的区别在于是向一方还是双方当事人报告订约机会。

一个具体的居间活动可能是指示居间或媒介居间,也可能二者兼而有之。

房地产居间合同是居间合同的一种,从居间合同的定义入手,我们能够非常容易地理解房地产居间合同的含义:

> 房地产居间合同指的是房地产经纪人接受委托,为委托人提供房地产成交机会或撮合委托人与他方成交,委托人给付佣金的合同。

通常来讲,在房地产经纪活动中也存在指示居间行为和媒介居间行为。房地产经纪人将掌握的房地产信息报告给委托人,帮助委托人选择符合自己标准的房地产,这就是指示居间行为;房地产经纪人为双方当事人牵线搭桥,促成双方当事人之间的房地产交易,这就是媒介居间行为。在实际运作过程中,这两种居间行为是相辅相成的。

(二)房地产居间合同的特点

房地产居间合同具有以下一些特征:

第一,房地产居间合同以促成委托人与第三方订立合同为目的。

在房地产居间合同中,房地产经纪人是为委托人提供服务的,表现为寻觅及指示可与委托人订立合同的相对人,从而为委托人提供订约的机会,或者斡旋于双方当事人之间,介绍双方当事人订立合同。

第二,房地产经纪人在合同关系中处于介绍人的地位。

作为中介人,房地产经纪人为委托人服务仅是提供有关信息以促成委托人与第三人之间的交易,自己本身并不参与订立合同,既不是交易任何一方的代理人或当事人,也不直接参与交易双方的谈判。房地产经纪人的意思并不决定交易双方的权利义务。这是居间合同和委托合同、行纪合同最本质的区别。

第三,房地产居间合同是双务有偿合同。

房地产经纪人是以居间为营业的,从事居间活动的目的就是为了得到报酬,在促成委托人与第三方之间建立起有效的合同关系后,房地产经纪人有权要求从中获取酬劳,因此房地产居间合同是有偿合同。

房地产经纪人为委托人提供房地产相关服务,委托人向房地产经纪人支付报酬,两者互为对价,因此又是双务合同。

关于报酬的数额,原则上依当事人约定,但国家有定价的,应执行国家定价。当事人无约定以及约定不明的,应首先协议补充,不能达成补充协议的,按照合同有关条款或交易习惯确定,若仍不能确定,应根据居间人的劳务合理确定。

第四,在房地产居间合同中,委托人的给付义务具有不确定性。

在房地产居间活动中,委托人虽负有给付报酬的义务,但房地产经纪人提供劳务后不一定能马上获得报酬,只有当房地产经纪人促成了委托人与第三方订立合同才可要求委托人支付报酬。这里要注意的是,委托人与第三方的合同成立即意味着居间人的义务完成,居间人有权要求委托人支付报酬,而不是以合同是否履行为支付报酬的标准。

若房地产经纪人的居间活动未达到合同约定的效果,房地产经纪人无权收取报酬。这里要注意区分居间报酬和居间费用,虽然房地产经纪人无权收取报酬,但居间费用应由委托人负担。房地产经纪人可以就自己担负的费用请求委托人返还,但一定是为居间活动必需且合理支出的费用,超出这一限度的费用只能由房地产经纪人自己负担了。

第五,房地产居间合同具有诺成性。

尽管房地产经纪人要求委托人支付报酬是以其促成委托人与第三人订立合同为条件,但当委托人与房地产经纪人意思表示一致时起居间合同即可成立,并不以房地产经纪人是否最终促成交易为成立要件。只要房地产经纪人与委托人就居间事务达成一致意见,房地产经纪人就负有依委托人的指示进行居间的义务,所以说房地产居间合同也是诺成性合同。

第六,房地产居间合同为不要式合同。

《合同法》中对居间合同未规定必须采取的形式,这样房地产经纪人与委托人采取书面形式或口头形式都可以订立合同,而且这种合同不需要经过主管部门的批准、登记等程序就可以成立。在实际运作中,往往房地产经纪公司用设计好的合同示范文本与委托人签订,但此文本不具有法律约束力,只具有引导作用。

二、房地产居间合同的权利与义务

（一）居间人的权利与义务

在房地产居间合同中，作为居间人，房地产经纪人的权利表现为：

(1)为了认真履行居间活动，有权获得与委托人所委托事项有关的全部真实资料。

(2)在促成委托人与第三方的交易后，有权收取相应的报酬。

在房地产居间合同中，房地产经纪人应履行的义务表现为：

1. 反映真实情况的义务

《合同法》第425条规定："居间人应当就有关订立合同的事项向委托人如实报告。"这是居间人的主要义务。房地产经纪人应当将自己所知道的有关订立合同的信息报告给委托人，不得隐瞒情况，更不得弄虚作假。在指示居间，房地产经纪人应当将相对人的信用状况、财产状况、用于交易的标的物的存续状态等有关信息如实报告给委托人。在媒介居间，因为相对人已经确定，所以房地产经纪人无须再报告相对人本身的情况，只须报告相对人对合同条款的订立和履行的意见，以及其他人在该合同上竞争的情况。当然，这种媒介居间义务只是在相对人已由委托人选定，房地产经纪人只单纯承担媒介居间的情况下发生。倘若房地产经纪人先为指示居间后又进行媒介居间，则必须也报告相对人的有关信息，在实际运作中一定要分清一桩交易是否具有指示居间和媒介居间。

另外，房地产经纪人的如实报告义务，应当是无须委托人的请求而主动作出的。如实报告义务不包括积极调查的义务，房地产经纪人对于相对人的信用无保证义务，若委托人与相对人订立合同后因相对人不履约而受到损失，不能要求房地产经纪人承担责任。

《合同法》第425条又规定："居间人故意隐瞒与订立合同有关的重要事实或者提供虚假情况的，不得要求支付报酬并应当承担损害赔偿责任。"这条规定分三方面理解：

第一，实际生活中，委托人往往由于自身精力或能力不足，才委托房地产经纪人进行居间活动，对房地产经纪人提供的信息存在着信赖。倘若房地产经纪人隐瞒了重要事实或提供了虚假情况，很容易使委托人形成错误认识，从而受到损害。

例如，甲需出租房屋，委托乙（房地产经纪中介）公司为其寻找承租人，乙找到承租人丙，并知道丙无稳定收入，生活拮据，但乙未向甲说明该情况，仍说合甲与丙订立租房合同。甲从常理出发，很自然地认为乙应当知道丙的收入情况，既然乙未提到该点，说明甲有支付能力，遂与丙签订合同。这就是隐瞒与订立有关合同的重要事实,乙在将来发生丙无力支付房租的情况时,要承担赔偿责任。

实际操作中,不少房地产中介公司操作不规范,往往故意隐瞒相对人与订立合同有关的重要情况,或者故意造成房地产资源紧缺的假象,诱使委托人订立对自己不利的合同,这需要有关行政部门严格规范房地产中介市场。

第二,房地产经纪人故意提供虚假信息,但未造成委托人利益受到实际损害,房地产经纪人也应承担赔偿责任,这里的"损害委托人利益"不是指发生实际损害,应理解为"足以损害委托人利益"。

第三,房地产经纪人因过失提供了错误报告,不仅丧失报酬请求权,还应根据《合同法》第107条的规定,继续履行、采取补救措施或者赔偿损失。

2. 全力提供居间服务的义务

在与委托人签订了合同后,就表明接受了委托人的委托,理所应当地要从维护委托人利益出发,尽全力为委托方服务,寻找符合标准的第三方,尽力促成委托人与第三方的交易。若房地产经纪人未履行尽力义务,不能要求委托人支付居间活动的费用。

3. 严格保密的义务

房地产经纪人为委托人提供居间服务时,可能会获悉委托人的商业秘密,也会掌握委托人提供的其他信息。房地产经纪人只能向相对人提供与交易有关的信息,无论委托人是否特别要求保密,房地产经纪人都不能公开与交易无关的信息。一旦违反保密责任,造成委托人损失的,房地产经纪人需承担赔偿责任。

(二)委托人的权利与义务

在房地产居间合同中,委托人的权利表现为:

(1)有权获知并在合同中约定房地产经纪人的经纪能力、业务范围以及资信状况等。

(2)有权与房地产经纪人找寻到的符合要求的第三方进行房地产交易。

(3)有权要求房地产经纪人赔偿违约行为造成的损失。

如果由于房地产经纪人的不实报告造成委托人的利益损害,委托人有权就房地产经纪人的违约行为要求赔偿,并终止合同。

在房地产居间合同中,委托人的义务表现为:

1. 明示订立合同的要求和提供必要资料的义务

在与房地产经纪人签订居间合同时,委托人应当将自己订立合同的要求详细告知,并提供相应的背景资料给房地产经纪人,以尽快找到符合要求的第三方,促成交易的实现。

2. 支付报酬的义务

根据房地产居间合同有偿性的特点,委托人与符合条件的第三方的交易一旦达成,就应当支付相应的报酬给房地产经纪人。因为房地产居间合同是不要式合同,有时委托人和房地产经纪人就报酬数额约定不明确,双方又协商不成,就依交易习惯决定;依交易习惯也不能确定的,根据居间人的劳务合理确定,也就是主要根据房地产经纪人从事居间活动的难易程度和付出的时间、精力、人力、物力、财力确定。

在实际操作中,房地产经纪人从事居间活动的费用往往包含在其获得的报酬中,若支出的居间费用超过了获得的居间报酬,一般不得再向委托人索取,这与一般交易中存在亏损的风险一样,应由居间人自行解决损失。

当然,一旦在居间行为过程中,房地产经纪人实施损害委托人利益的行为,房地产经纪人不得要求委托人支付报酬。

3. 支付相关费用的义务

在居间活动获得成功后,房地产经纪人获得的报酬中包含了在居间活动中发生的费用。但是,居间活动不成功时,房地产经纪人不得要求报酬,但可以就自己担负的费用请求委托人返还。要注意的是委托人负担的费用以"必要费用"为限,即房地产经纪人从事居间活动支出的必要且合理的费用,超出这一限度支出的则由房地产经纪人自己负担。房地产经纪人在要求委托人担负费用时应该出示支出项目和必要的凭证。

三、房地产居间合同的条款、格式与样本

(一)房地产居间合同的条款

房地产居间合同既可以采用政府制订的合同示范文本,也可以由合同双方当事人协商制订。一般情况下,房地产居间合同应具备以下基本条款:

(1)明确双方当事人的名称或姓名,法人单位要标明单位地址和法定代表人姓名;公民个人应写明身份证号。

(2)注明所委托的居间事项。详细写明居间房地产的坐落与情况,同时须准确列出所委托事项是给予订约机会还是媒介合同的成立。

(3)明确业务酬金和酬金的计算方法、支付时间、支付方式和退赔等条款。

房地产居间合同是有偿合同,所以酬金的支付是合同条款的核心内容,应当详细地列出。目前,从各国立法的角度分析,居间人报酬的支付主要有约定报酬制、约定报酬酌减制和法定报酬制三种。由于我国的房地产居间业务尚在起步阶段,所以居间合同的酬金支付还不规范,国家没有制定统一的标准。

(4)明确违约责任。违约责任是当事人不履行合同应承担的法律后果。事先约定违约责任,可以约束合同双方的行为。一般情况下,违约责任的形式有违约金、赔偿金和继续履行合同。

(5)约定保密条款。在个别情况下,委托人因担心泄露商业机密,而需要与房地产经纪人特别签署一份保密条款,用合同条文的形式确保房地产经纪人履行保密义务。

(二)房地产居间合同的格式

房地产居间合同的格式有条文式和表格式两种。其基本格式包含以下几个方面:

1.标题

"标题"有两种写法,一种是直接写"居间合同",另一种是写上"委托书"或是"委托协议"。

2.双方当事人的基本情况

"基本情况"主要包括姓名、性别、年龄、地址、法定代表人的姓名、性别、年龄等。为了合同起草和表述的方便,可以用甲方或受托方代表房地产经纪人,用乙方或委托方代表对方。

3.正文

"正文"是房地产居间合同的核心内容,详细列示了双方当事人应享有的权利和履行的义务,应该引起合同订立双方的格外重视。

4.结尾

通常情况下,双方当事人的签名、盖章和合同签署时间都放在结尾部分。如果合同经过公证或鉴证,结尾还应包括公证或鉴证机关的意见。

(三)房地产居间合同的样本

在实际工作中,为了引导当事人规范签订房地产居间合同,很多地区制订了房地产居间合同的示范文本,本书仅以房屋出租居间合同为例。

房屋出租居间合同(样本)

委托人:(甲方)____________________

居间人:(乙方)____________________

合同编号:____________________

依据《中华人民共和国合同法》及相关法规、规章的规定,出租人与房地产经纪机构在平等、自愿的基础上,就房屋出租居间的有关事宜达成协议如下:

第一条:委托事项

甲方委托乙方为其居间出租具备以下条件的房屋(见附件),并协助其与承租人签订房屋租赁合同。

房屋用途:________________;对承租人条件的特别要求:______
________________。

乙方还应提供以下服务:________________________________。

第二条:委托期限

自______年______月______日至______年______月______日。

第三条:现场看房

本合同签订后______日内乙方应到房屋现场对甲方提供的房屋资料进行核实,经核实房屋状况与甲方提供的资料不一致的,乙方应要求甲方对合同进行修改。

乙方陪同承租人现场看房的,甲方应予以配合。因甲方提供的资料与房屋状况不一致造成承租人拒付看房成本费的,甲方应支付全部费用。

第四条:甲方义务

1. 应出示身份证、营业执照、________________等真实的身份资格证明;

2. 应出示房屋所有权证书或证明自己对出租房屋依法享有出租权利的其他证明;

3. 应保证自己提供的房屋资料真实、合法;

4. 应对乙方的居间活动提供必要的协助与配合;

5. 应对乙方提供的承租人资料保密;

6. 不得在委托期限内及期限届满后______日内与乙方介绍的承租人进行私下交易;

7. 在委托期限内不得将出租房屋同时委托其他房地产经纪机构出租;

____。

第五条:乙方义务

1. 应出示营业执照、房地产经纪机构资质证书等合法的经营资格证明;

2. 应认真完成甲方的委托事项,按照房屋用途和甲方对承租人条件的特别要求寻找承租人,将处理情况及时向甲方如实汇报,并为承租人现场看房及甲方与承租人签订房屋租赁合同提供联络、协助、撮合等服务;

3. 不得提供虚假信息、隐瞒重要事实或与他人恶意串通,损害甲方利益;

4. 收取必要费用、佣金的,应向甲方开具合法、规范的收费票据;

5. 本合同签订后,乙方不得以任何形式向甲方收取任何名目的预收费用;

____。

第六条:佣金

委托事项完成后,甲方应按照实际月租金的______%(此比例不得超过

100%)向乙方支付佣金。

佣金应在甲方与承租人签订房屋租赁合同后(即时/______日内)支付。

佣金的支付方式:现金□;支票□;______________________________。

委托事项未完成的,乙方不得要求支付佣金。

第七条:费用

委托事项未完成的,居间活动的费用由乙方承担。

非因乙方过失导致委托事项未完成的,甲方应向乙方支付必要费用如下:____。

第八条:转委托

甲方(是/否)允许乙方将委托事项转委托给第三人处理。

第九条:本合同解除的条件

1. 经核实房屋状况与甲方提供的资料不一致,乙方要求甲方对合同进行修改而甲方拒绝修改的,乙方有权解除合同;

2. 甲方没有房屋所有权证书或证明自己对出租房屋依法享有出租权利的其他证明或身份证、营业执照等身份资格证明的,或提供虚假的房屋资料的,乙方有权解除合同,由此造成的乙方一切损失,均由甲方承担;

____。

第十条:违约责任

1. 甲方未如约支付佣金、必要费用的,应按照__________________的标准支付违约金;

2. 甲方与乙方介绍的承租人进行私下交易的,乙方有权要求甲方按照____的标准支付违约金,甲方与承租人私下成交的,乙方还有权取得约定的佣金;

3. 甲方违反保密义务的,应按照________________的标准支付违约金;

4. 甲方在委托期限内将出租房屋同时委托其他房地产经纪机构出租的,应按照______________________________________的标准支付违约金;

5. 乙方提供虚假信息、隐瞒重要事实或有恶意串通行为的,除退还已收取的佣金外,还应赔偿甲方因此受到的损失;

____。

第十一条:合同争议的解决办法

本合同项下发生的争议,由双方当事人协商或申请调解解决;协商或调解解决不成的,按下列第__________种方式解决(以下两种方式只能选择一种):

1. 提交________仲裁委员会仲裁；

2. 依法向有管辖权的人民法院起诉。

第十二条：其他约定事项

____

____。

本合同在双方签字盖章后生效。合同生效后，双方对合同内容的变更或补充应采取书面形式，作为本合同的附件。附件与本合同具有同等的法律效力。

委托人（章）：	居间人（章）：
住所：	住所：
身份证号码：	法定代表人：
营业执照号码：	营业执照号码：
法定代表人：	委托代理人：
委托代理人：	房地产经纪资格证书号码：
电话：	电话：
传真：	传真：
邮政编码：	邮政编码：
	房地产经纪机构资质证书号码：
合同签订时间：	合同签订地点：

房屋基本情况一览表

房屋所有人：______________________________。

房屋坐落：______________________________。

产权证号（其他权属证明）______________________。

建筑面积：______________；使用面积：______________。

该楼房总层数：____________；本套房屋层数：____________。

朝向：______________________________。

户型：楼房为______室______厅______卫，平房为______间。

月租金标准：______________；大致租期：______________。

装修情况：无装修□、一般装修□、精装修□具体为______________。

有线电视接口□；防盗门□；天然气□；煤气□；集中供暖□；土暖气□；热水器□；电话□；空调□；上下水□。

家具清单：________________________________。

电器清单：________________________________。

其他：__________________________________。

四、房地产居间合同的订立

（一）房地产居间合同的形式

在我国，合同有口头形式、书面形式、公证形式、签证形式等多种形式。法律对于居间合同没制定特殊的形式要求。所以，房地产居间合同可以自由选择口头形式或书面形式。

（二）合同的订立程序

订立合同的程序，指的是双方当事人就合同的主要条款经过协商达成一致意见的过程。按照法律规定，房地产经纪合同的订立过程包括要约和承诺两个阶段。通常情况下，一方当事人先发出要约，待对方做出承诺后，合同就宣告成立，而合同成立标志着合同订立过程的完结。

1. 要约

要约，指的是一方当事人以缔结合同为目的，向对方当事人提出合同条件，希望对方当事人接受的意思表示。要约是一种法律行为，欲取得法律效力，必须具备一定的条件：

（1）要约是特定的合同当事人的意思表示

在房地产居间合同中，特定的合同当事人指的是委托人和房地产经纪人。一般由委托人发出要约，称为要约人；由房地产经纪人接受要约，称为受要约人。

（2）要约必须具有与他人订立合同的目的

要约是一种意思表示，只有在委托人发出订立合同的真实意愿时，才能成为要约。若委托人只是一般的表示，未明确说明他有订立合同的意思，那也不是要约。房地产经纪人不能以此为借口从事居间活动。

这里还需注意的是要约和要约邀请的区别。要约邀请是指一方当事人邀请另一方当事人向自己发出要约，其目的不是订立合同，而是邀请对方当事人向其为要约的意思表示。所以要约邀请只是当事人订立合同的预备行为，其本身并不发生法律效力。比如房地产中介公司在媒体上登载招租广告的行为就不是要约，而是要约邀请，当有意承租的一方当事人根据广告向中介公司发出签订合同的意向时，才能说有意承租方发出了要约，受要约人是中介公司。

（3）要约的内容必须具体、确定

通过要约，受要约人不但能明白地了解要约人的真实意愿，而且也能知道未来订立合同的一些主要条款,这也是要约不同于要约邀请之处。一般来说,由要约人向特定人发出,再由接受要约的特定人做出承诺。在要约规定的期限内,要约人受到要约的约束。要约被撤回、被拒绝或要约的有效期限届满,要约则失去约束力。

2. 承诺

承诺,指的是受约人做出的同意要约以成立合同的意思表示。承诺也是一种法律行为,要想获得法律效力,也应当具备一些条件:

(1)承诺须由受约人向要约人做出

要约和承诺是一种相对人的行为,只有受约人享有承诺的资格。一旦受约人做出承诺,合同即宣告成立,双方都负有严格履行合同的义务。向要约人的代理人所做的承诺亦有效,在要约人死亡,合同不需要要约人亲自履行的情况下,受约人可以向要约人的继承人做出承诺。

(2)应当保证承诺内容与要约内容的一致性

承诺是受要约人愿意按照要约的全部内容与要约人订立合同的意思表示。因此,承诺是对要约的同意,这种同意是对要约绝对和无条件的同意。若受约人在承诺中对原有要约做出了修改,则不被视为承诺,而视为对要约的拒绝,提出了一个新的要约。随着交易的发展,要求承诺与要约完全一致,确实不利于鼓励交易。《合同法》对此采取了灵活的态度,规定若承诺对要约的内容做出的变更是非实质性的,除非要约人及时表示反对或者要约明确不得做任何变更,否则这样的承诺是有效的。

(3)承诺必须在要约的存续期间内做出

在要约的存续期满后做出的承诺,不发生承诺的效力,应视为一个新的要约。

第三节 房地产代理合同

一、房地产代理合同的特征

(一)房地产代理合同的概念

《民法通则》第63条规定:

代理指的是代理人在代理权限内,以被代理人的名义实施民事法律行为,被代理人对代理人的代理行为承担民事责任。

房地产代理合同是代理合同中的一种，我们可以从代理合同的角度理解房地产代理合同：

> 房地产代理合同指的是房地产经纪人充当代理人时以代理人的名义和被代理人之间就完成代理事项而达成的权利义务关系的协议。通常房地产经纪人成为代理人，委托房地产经纪人充当代理人的一方成为被代理人。

房地产的代理行为包括民事代理和商事代理两方面。其中，民事代理既可以采取书面合同形式，也可以采取口头形式；而商事代理通常采取书面合同形式。房地产经纪人的代理行为受被代理人规定权限的限制，不得越权处理委托人没有授权的合同内容。

（二）房地产代理合同的特征

房地产代理合同主要具有以下特征：

1. 房地产经纪人在代理权限内实施代理行为

房地产经纪人进行代理活动的依据是代理权，因此必须根据被代理人的授权实施代理行为。

2. 房地产经纪人以被代理人的名义实施代理行为

这是代理合同和居间合同最明显的不同，房地产居间合同中经纪人只起牵线搭桥的作用，不以委托人名义活动；房地产代理合同中经纪人以被代理人的名义进行代理活动。而从权利义务角度看，代理人只有以被代理人的名义进行代理活动，才能为被代理人取得权利、设定义务。如果房地产经纪人以自己的名义实施代理行为，这种行为是房地产经纪人自己的行为，不是代理行为，不能要求被代理人因此承担责任。

3. 在代理权限内，房地产经纪人独立进行代理行为

一旦确定了代理关系，就为代理人规定了权利范围。在权限范围内，房地产经纪人可以独立地做出决断，代表被代理人向第三方做出意思表示。

4. 房地产经纪人从事代理活动的法律后果由被代理人承担

房地产经纪人从事代理活动的目的是代表被代理人进行一定的民事行为，相当于被代理人自己的行为，产生与被代理人自己行为相同的法律后果。因此被代理人享有因代理行为产生的民事权利，同时也应承担代理行为产生的民事义务和民事责任。

5. 房地产代理合同为有偿双务合同

作为一种交易行为，房地产代理合同为有偿合同。同时，在代理合同规定的范围内，房地产经纪人与其委托人都要承担相应的义务，享有相应的权利,因此它又是双务合同。

6. 房地产代理合同为诺成性合同

房地产代理合同的成立只需双方当事人达成意思一致即可,无须以一定物的交付或一定行为的完成为要件,因此为诺成性合同。

二、房地产代理合同的内容与样本

(一)房地产代理合同的内容

房地产代理合同的内容主要体现在以下几个方面:

1. 合同名称

代理合同的名称由其内容决定,为了对合同的种类有一个清晰的表述,通常在一开始就先注明合同的内容。例如“商品房出租代理合同”、“商品房出售代理合同”等。

2. 前文

前文内容主要包括四部分:

(1)成立日期。在合同没有标明生效日期的情况下,通常认定合同的签订日期就是合同的生效日期;也可以附条件,当条件达到时合同生效;还可以附生效日期,约定到某日合同生效。

(2)当事人。应当写明合同当事人的姓名(名称)、住所、执照号码等。通常房地产经纪人为甲方,被代理人为乙方。

(3)签约地。合同签订的地点也要在前文注明。

(4)案由。这是指签订代理合同的目的、经过等,有助于解决合同争端。

3. 代理权的授予

在房地产代理合同中,应当明确委托方授予代理人的代理范围和代理权限,对于解释合同内容的处分权时有助益。

4. 代理区域

合同中应当明确行使代理权的区域以及该区域扩大或缩小的条件。

5. 代理商品或代理行为

主要有四部分涵盖其中:

(1)代理商品或代理行为的种类。

(2)代理商品或代理行为的种类增加或减少的前提条件。

(3)新增添的商品或业务是否属于代理范围。

(4)代理期间内,委托人停止生产、供应代理商品或停止经营代理业务时的处理办法。

6. 选择次代理人

一般情况下,由代理人选择次代理人,次代理人的选任及行为后果应当在合同中予以说明。在合同中没有说明的情况下,通常在委托人认可的前提下,才能将次代理人视为委托人的代理人。

7. 最低代理量

该条款主要包括最低代理量、最低代理量的计算标准、计算期间以及没有达到最低代理量时,委托人的权利和行使权利的途径等四项内容。

8. 代理商品的价格

在代理合同中,由于代理人是代表委托方与第三方签订协议,所以代理商品的价格或代理业务的报酬额应当由委托人决定,自然出卖商品获得的价款或办理业务从第三方处取得的报酬也都应当交给委托人处置。

9. 订单的处理

该项条款主要包含三部分内容:

(1)价格的决定。

(2)在代理人与第三方订立合同后,怎样告知委托人。

(3)若代理人与第三方约定的价格高于报价,价差如何处置。

10. 酬金

该条款主要包括报酬的计算方式、领取报酬的日期和报酬的支付方式三部分。

11. 从事代理业务费用的支付

代理人处理委托事务在一定场合还需花费一定的费用。在订立合同时应就费用的使用标准、支付方式、结算方法等予以明确约定。

12. 保护知识产权

保护知识产权是代理人根据诚实信用原则而应当承担的义务。

13. 合同的终止

委托人或者受委托人死亡、丧失民事行为能力或者破产的,合同终止。但当事人另有约定或者根据委托事务的性质不宜终止的除外。合同双方当事人应就合同终止的情形予以约定,以避免在合同履行过程中因此而发生不必要的争议。

14. 合同的转让

代理人与被代理人之间就对可否转委托、转委托的条件及责任承担分别作出特别约定。

15. 合同的仲裁

如果当事人决定选择仲裁方式来解决将来可能发生的纠纷,应当在代理合同中明确规定制裁条款。

16. 合同的修订

当事人协商一致,可以变更合同。

17. 正本条款

在签署国际性代理合同时,通常存在语言的差异问题。当合同中出现两种或多种语言时,应事先约定以何种语言为准,防止因语言不统一造成合同纠纷。

18. 完整的合同条款

为预防发生纠纷,在书面合同中应当明确约定,一切行为均以书面合同为准,之前书面或口头订立的协议均属无效。

19. 结尾条款

结尾部分主要包括合同的份数、订约日期、生效日期和当事人的签名。

(二)房地产代理合同的样本

在实际工作中,为了引导当事人规范签订房地产代理合同,很多地区制订了房地产代理合同的示范文本,本书仅以房屋出租代理合同为例。

房屋出租代理合同(样本)

出租方(甲方):______________________________________。

代理方(乙方):______________________________________。

依据《中华人民共和国合同法》及有关法律、法规的规定,甲乙双方在平等自愿的基础上,就房屋出租代理的有关事宜达成协议如下:

第一条:房屋基本情况

该房屋坐落于__________市__________区(县)__________。

该房屋为:楼房______室______厅______卫,平房______间,装修状况____________________,其他条件为____________________,该房屋(□已/□未)设定抵押。

第二条:房屋权属状况

该房屋权属状况为第______种:

1. 甲方对该房屋享有所有权的,甲方或其代理人应向乙方出示房屋所有权证,证书编号为:______________________________________。

2. 甲方对该房屋享有转租权的,甲方或其代理人应向乙方出示房屋所有权人允许甲方转租该房屋的书面凭证,该凭证为:__________________。

第三条:房屋用途

该房屋用途为:______________________________________。

第四条:代理权限(可多选)

乙方的具体代理权限为:(□以甲方名义代理出租该房屋并办理与承租方之间的洽商、联络、签约事宜,□代甲方向承租方收取租金,□监督承租方按照房屋租赁合同的约定履行其他义务,□______________________。)

第五条:出租代理期限

1. 出租代理期自______年______月______日至______年______月______日,共计______年______个月。出租代理期限的变更由双方书面另行约定。

2. 甲方应于______年______月______日前将该房屋交付乙方。

第六条:租金

1. 租金标准为______元/(□月/□季/□半年/□年),租金总计:______元(大写:__________元)。出租代理期内租金标准调整由双方另行书面约定。

2. 租金收取方式:(□甲方直接向承租方收取/□乙方代为收取)。

双方选择由乙方代为收取租金的,适用以下款项:

1. 甲方将该房屋交付乙方后,无论该房屋实际出租与否,乙方均应按约定的租金标准向甲方交付租金。

2. 如乙方实际出租该房屋的价格高于与甲方约定的租金标准的,则高出部分(□归甲方所有/□归乙方所有/□______)。

3. 本合同签订之日起三个工作日内,乙方应将其中一份合同送达租金代收、代付银行即____________________银行,由银行为甲方开立账户。

4. 乙方自______年______月______日起开始按(□月/□季/□半年/□年)通过代收、代付银行向甲方支付租金,支付时间分别为:______、______、______、______、______、______、______、______。

第七条:佣金

出租代理期内其中______日作为乙方工作期,具体日期为______,工作期内的租金收入作为乙方佣金,按以下方式向乙方支付:(□由代收、代付银行划账/□______)。

第八条:房屋租赁保证金

甲方交付该房屋时,乙方(□是/□否)向甲方垫付房屋租赁保证金,金额为:______元(大写__________元)。出租代理期限届满或合同解除后,房屋租赁保证金除抵扣应由乙方承担的费用、租金以及乙方应承担的违约赔偿责任外,剩余部分应如数返还乙方。

第九条:其他费用

代理期限内,甲方不承担与该房屋有关的以下费用(可多选):

□水费/□电费/□电话费/□电视收视费/□供暖费/□燃气费/□物业管理费/□__________________________。以上费用乙方可根据实际情况与承租方约定具体支付责任。房屋租赁税费以及本合同中未列明的其他费用均由甲方承担。

第十条:房屋及附属设施的维护

1. 出租代理期内该房屋及其附属设施的维修责任:甲方负责__________;乙方负责__________。

2. 甲方(□是/□否)允许乙方或承租方对该房屋进行装修、装饰或添置新物。允许的,对该房屋进行装修、装饰或添置新物的具体事宜另行书面约定。

第十一条:转委托及告知义务

出租代理期内,未经甲方书面许可,乙方不得将代理事宜全部或部分转委托给他人。

乙方将房屋出租后,应将承租方及房屋租赁的有关情况如实告之甲方。

第十二条:合同的解除

1. 经甲乙双方协商一致,可以终止合同。

2. 有下列情形之一的,本合同终止,甲乙双方互不承担违约责任:

(1)该房屋因城市建设需要被依法列入房屋拆迁、危改范围的;

(2)因地震、火灾等不可抗力致使房屋毁损、灭失或造成其他损失的。

3. 甲方有下列情形之一的,乙方有权单方解除合同:

(1)迟延交付该房屋达______日且未征得乙方同意的;

(2)交付的房屋不符合合同约定严重影响使用的;

(3)不承担约定的维修义务致使乙方无法正常代理出租该房屋的。

4. 乙方有下列情形之一的,甲方有权单方解除合同:

(1)未按约定支付租金达______日以上的;

(2)擅自改变房屋使用用途的。

3. ____。

第十三条:违约责任

1. 出租代理期内甲方需要提前终止合同的,应提前______日通知乙方,并按月租金的%支付违约金。

2. 出租代理期内乙方需要提前终止合同的,应提前______日通知甲方,并按月租金的%支付违约金。

3. 甲方有第十二条第三款情形之一的,应按月租金的______%向乙方支付违约金。

4. 乙方有第十二条第四款情形之一的,应按月租金的______%向甲方支付违约金。

5. ____。

第十四条:合同争议的解决办法

本合同项下发生的争议,由双方当事人协商解决或申请调解解决;协商或调解解决不成的，依法向____________________人民法院起诉，或按照另行达成的仲裁条款或仲裁协议申请仲裁。

第十五条：其他约定事项

1. ____。

2. ____。

3. ____。

第十六条：合同生效

本合同经甲乙双方签字盖章后生效。本合同（及附件）一式______份，其中甲方执______份，乙方执______份，由乙方送达____________________银行______份。

合同生效后，甲乙双方对合同内容的变更或补充应采取书面形式，作为本合同的附件。附件与本合同具有同等的法律效力。

出租方（甲方）章：	代理方（乙方）章：
住所：	住所：
证件号码：	房地产经纪机构资质证书编号：
委托代理人：	房地产经纪持证人员姓名：
证件号码：	经纪资格证书编号：
电话：	电话：
签约时间：　　年　　月　　日	
签约地点：	

三、房地产代理合同的权利与义务

（一）代理人的权利与义务

在房地产代理合同中，作为代理人，房地产经纪人的权利主要体现在：

1. 有权获得佣金

房地产代理合同是一种有偿合同，在房地产经纪人代表被代理人与第三方达成协议后，被代理人应当遵照合同约定，支付相应的报酬给房地产经纪人。

2. 有权要求得到费用补偿

房地产经纪人代表被代理人寻找第三方，必然要支付一定的费用。在合同中，当事人应当约定，即使交易不成，代理人也可以要求被代理人补偿一些实际发生的费用。

3. 有权向被代理人要求赔偿损失

房地产代理合同规定,代理人处理代理事务所获得的利益归被代理人所有。根据公平原则,作为代理人的房地产经纪人在代理过程中因不可归责于自己的事由受到损失的,也应由被代理人承担。因为若无代理,这样的损失就会直接针对被代理人发生,而与代理人无关。被代理人对这种损失需承担无过错责任,即不论被代理人对这种损失的产生是否有过错都要承担相应责任。

在房地产代理合同中,作为代理人,房地产经纪人的义务主要体现在:

1. 遵照指示处理事务的义务

为被代理人处理事务,是房地产经纪人的责任。房地产经纪人应当按照被代理人的授权处理事务,不得越权处理。需要变更被代理人指示的,应当经被代理人同意;因情况紧急,难以和被代理人取得联系的,房地产经纪人应当妥善处理代理的事务,但应当将该情况及时报告给被代理人。

2. 亲自处理事务的义务

房地产代理合同建立在当事人双方信任的基础上,被代理人之所以将自己的事务交由房地产经纪人处理,是因为相信房地产经纪人的能力和经验。因此,原则上在房地产代理合同中,房地产经纪人应该亲自处理代理。当然,如果经被代理人同意,房地产经纪人也可以将所代理的事务转托给他人处理,形成转代理。作为例外的情形是,转代理虽未经被代理人同意,但因情况紧急,房地产经纪人为保护被代理人的利益不得不转代理,其效果等同于经过同意的转代理。

3. 真实汇报的义务

本条规定了房地产经纪人的报告义务。必要的报告是使被代理人及时了解代理事务的进展情况,从而及时做出或变更指示,妥善维护自身权益。

作为代理人,房地产经纪人的报告义务包括如下两种情形:

(1)房地产经纪人按照被代理人的要求报告代理事务的处理情况

本条并非强制性规定,被代理人可以和房地产经纪人特别约定报告的日期,也可以减少或免除房地产经纪人的报告义务。

(2)代理合同解除,房地产经纪人应当向被代理人告代理事务的结果

这是一条强制性规定,即在代理合同解除的情形下,无论被代理人是否要求,房地产经纪人都必须履行报告义务。因为被代理人和代理人都有权随时解除合同,为了防止房地产经纪人借此逃避责任,法律规定其必须履行报告义务,以使被代理人明了代理事务的状况,行使自己的权利。

4. 将事务处理后的收益交付被代理人的义务

所谓"事务处理后的收益",包括:(1)房地产经纪人为处理代理事务从

被代理人处接受的财产，若这些财产在代理事务终了后未被转移或消耗，则应当交还给被代理人。(2)房地产经纪人在处理代理事务过程中，从第三方处取得的收益，包括钱财、租金、利息等，应当交由被代理人处置。交付收益的时间应当在合同中约定，没有约定的，经被代理人提出，房地产经纪人应在合理期限内转交。但代理关系终止后尚未交付的，房地产经纪人应当负迟延履行的违约责任。

(二)委托人的权利与义务

在房地产代理合同中，委托人的权利主要体现在：

(1)有权要求房地产经纪人按合同约定实施代理行为。房地产经纪人实施代理行为时，必须按合同规定的相关事项和要求进行，如果由于代理人不能履行其约定的义务，委托人有权拒绝支付报酬。

(2)有权获知并在合同中约定房地产经纪人的经纪能力、代理权限等。

(3)有权要求房地产经纪人赔偿违约行为造成的损失。

如果由于房地产经纪人的不实报告造成委托人的利益损害，委托人有权就房地产经纪人的违约行为要求赔偿，并终止合同。

在房地产代理合同中，委托人的义务主要体现在：

1. 承担后果的义务

房地产经纪人在被代理人的授权指示范围内处理事务，最终的结果不管是对被代理人有利的还是不利的，都由被代理人承担。

2. 承担处理事务的费用的义务

房地产经纪人受被代理人的指示处理事务，在处理过程中所发生的费用应当由被代理人承担。费用的支付方式包括预付费用和偿还费用两种，前者是签订合同时，被代理人预先支付部分费用给房地产经纪人；后者是房地产经纪人在处理事务过程中发生的垫付费用，由被代理人偿还。

3. 支付报酬的义务

房地产代理合同是有偿合同，所以在合同订立时应当约定，当既定的委托事务完成后，委托人应当支付相应的报酬给房地产经纪人。报酬的种类、数额应当依照合同的约定，若合同没有约定或约定不明的，报酬通常应以金钱支付，其数额若有国家强制性规定的收费价目表的，按价目表规定收费；没有规定的，按照习惯或代理性质在合理范围内确定。报酬的支付期，应当按照约定；未约定的，应当在完成或部分完成代理事务后的合理时间内支付。

4. 承担赔偿损失的义务

被代理人在房地产经纪人按照授权处理事务时非房地产经纪人的过错造成的赔偿责任，应当由被代理人承担。房地产经纪人在直接处理事务中发生的非房地产经纪人过错造成的损失,或是在房地产经纪人同意的前提下,被代理人委托第三人处理事务,由于第三人的原因造成房地产经纪人损失的,房地产经纪人也可以要求被代理人承担责任。

四、房地产代理合同的订立和终止

(一)房地产代理合同的订立

由于房地产的价格以及交易程序都比较复杂,而且房地产又具有不可移动的特点,因此,房地产交易中采用代理这种形式较为广泛。在国外,房地产的买卖、租赁、税费的交纳和权证的登记过户等都可以通过签订房地产代理合同,从而委托房地产经纪人办理。

类似房地产居间合同,房地产代理合同的订立过程也包括要约和承诺两个步骤。由于房地产价值高的特点,委托人在寻找房地产经纪人出任代理人时,往往比较慎重,需要反复协商。因而当事人双方订立房地产代理合同实质上是一个要约—新要约—再要约—直至承诺的过程。

(二)房地产代理合同的终止

房地产代理合同的终止原因通常有以下几种情况:

1. 代理事务处理完毕

这是最正常的一种终止情况。按照双方当事人的约定,房地产经纪人在合同规定的范围内代替委托人与第三方进行协商并达成了交易,而委托人也支付给房地产经纪人相应的报酬,合同规定事项均进行完毕后,代理合同终止。

2. 合同履行已不可能

本条款指的是由于客观条件的限制,房地产代理合同中约定的双方或一方当事人无法继续履行义务的情况,此时只能终止合同。

3. 合同期限届满

该条款涉及双方当事人事先在房地产代理合同中约定合同最后行使期限的情况。一旦约定的期限到来,无论代理事项是否完成,合同一律终止。

4. 合同的解除条件成熟

在房地产代理合同中,双方当事人可以约定解除合同的条件。一旦时机成熟,当事人协商一致,可以解除合同。

5. 当事人一方终止合同

依据《合同法》,当事人一方主张解除合同的,应当事先通知对方。合同自通知达到对方时解除。对方有异议的,可以请求人民法院或者仲裁机构确认解除合同的效力。

第四节 房地产行纪(信托)合同

一、房地产行纪(信托)合同的法律特征

(一)房地产行纪(信托)合同的概念

行纪合同,在我国《合同法》中也称为“信托合同”,在法律界有其通行的定义:

> 行纪合同是指行纪人受信托人的委托,根据信托人的要求,以自己的名义为信托人办理代购、代销等事务,并收取酬金的协议。

其中,信托人指的是委托他人为自己办理代购、代销事务的人;行纪人指的是接受他人委托并以个人名义为信托人办理代购、代销事务的人。在我国市场经济的实践中,最为常见的行纪合同有:代购、代销或寄售合同,外贸代理合同,证券经纪合同,期货经纪合同,委托拍卖合同等。

房地产行纪(信托)合同是行纪合同中的一种,它指的是:

> 房地产经纪人以自己的名义为委托人从事房地产相关贸易活动,委托人支付报酬的合同。

(二)房地产行纪(信托)合同的法律特征

1. 房地产行纪(信托)合同的行纪人必须以自己的名义为委托人服务

根据房地产行纪合同,行纪人必须以自己的名义为委托人服务。由于行纪人为委托人从事房地产相关贸易时,是一种法律行为,所以当行纪人以自己的名义为委托人从事活动时,若行纪人与第三方签订合同的,行纪人直接享有该合同的权利,同时履行该合同的义务。而委托人与第三方之间不存在直接的法律关系。房地产行纪(信托)合同的订立目的是由行纪人为委托人从事房地产相关贸易。

2. 房地产经纪人为委托人的利益办理委托事务

房地产经纪人虽然以自己的名义对外活动,但并非为自己的利益活动。房地产经纪人之行为所生之权利、义务最终应归属委托人,其经济上的实益最终由委托人承受。如果该合同的主要目的在于为委托人的利益办事,但同时约定房地产经纪人也可参加其利益的分配,仍然可认定其为房地产经

纪合同。

3. 房地产行纪(信托)合同的目的是房地产经纪人为委托人进行房地产贸易活动

房地产行纪合同的目的,是由行纪人为委托人从事房地产相关贸易活动。因而,作为行纪人,房地产经纪人在从事相关事务时,必须将委托人的利益放在第一位。同时,房地产经纪人从事相关活动取得的收益应当归委托人所有。

4. 房地产行纪(信托)合同的行纪人必须是以从事房地产行纪活动为营业的主体

由于房地产行纪活动是一种营业行为,因而房地产行纪人必须经过工商登记,拥有营业执照,是营业主体。

5. 房地产行纪(信托)合同是有偿合同

合同法明确规定,行纪合同涉及报酬的支付,所以是有偿合同。房地产行纪人为委托人从事房地产贸易,委托人必须为行纪人提供报酬。

6. 房地产行纪(信托)合同为诺成合同

房地产行纪(信托)合同是诺成合同。在订立合同时,只要双方当事人意思表示一致,房地产行纪(信托)合同即宣告成立,而无须以实物的交付作为合同成立的前提条件。

同一般的行纪合同一样,房地产行纪合同既可以采取口头形式,也可以选用书面形式,具体由当事人根据具体情况自由选择。应当注意的是,由于行纪合同是一种营业行为,所以在现实生活中,书面形式的行纪合同应用更为普遍。

二、房地产行纪(信托)合同的主要条款与样本

(一)房地产行纪(信托)合同的主要条款

1. 当事人的姓名(名称)和住所

在订立行纪合同时,无论是委托人还是行纪人,都应当记载真实姓名(名称)。至于当事人的住所,参照《民法通则》中关于自然人和法人住所的规定。

2. 标的

标的指的是行纪事务,也称为委托事务,是行纪人为委托人从事的贸易活动。在房地产经纪合同中,没有标的或标的不明确,都无法构成房地产经纪合同。因此,在订立房地产经纪合同时,一定要确保标的的明确、合法。

3. 行纪事务方式的处理途径

在房地产行纪(信托)合同中,关于处理行纪事务方式的约定,通常有一般性和具体性两种方式。前者主要是对作为受托人的房地产经纪人诚

信义务的格外强调;后者则就房地产委托代理合同中的具体问题分别做了规定。

4. 费用及其支付方式

房地产经纪人在为其委托人从事行纪活动时,不仅要付出一定的劳动,而且会花费一定的费用。但是,由于行纪人的主业就是为客户提供房地产贸易活动,所以行纪人处理委托事务支出的费用视为其营业费用,由行纪人自行承担,除非双方当事人在行纪合同中有特别约定。

5. 报酬及其支付方式

由于房地产行纪合同为有偿合同,所以在合同中应当就有关报酬支付的事项做出具体的规定。在房地产行纪合同中约定报酬条款时,当事人可以规定报酬总额,也可以制订一个报酬标准,待到委托事务处理完毕后,再以此标准计算报酬额。

6. 如实汇报义务

根据行纪合同的规定,无论合同中是否约定,行纪人都必须向委托人如实报告贸易活动的进展状况。当然,当事人在订立房地产行纪合同时,可以就报告事项在合同中做出专门的约定。

7. 保密义务

保密义务是行纪人根据诚信原则应当履行的义务。房地产经纪人在为委托人从事房地产相关贸易时,会掌握一些委托人不愿公开的情况。对此,房地产经纪人应当遵守保密义务。

8. 违约责任

行纪合同的双方当事人为了约束对方行为,可以在合同中约定违约责任的大小、标准以及违约责任的承担方式等。

9. 解决争议的途径

关于解决争议的方法,当事人可以事先在行纪合同中约定,防止将来合同出现争议时无从着手。

(二)房地产行纪(信托)合同的样本

在实际工作中,为了引导当事人规范签订房地产行纪合同,很多地区制订了房地产行纪合同的示范文本,本书仅以房屋买卖行纪合同为例。

房屋买卖行纪合同(样本)

合同编号:__________

委托人(甲方):__________　　签订地点:__________

行纪人(乙方):__________　　签订时间:__________

依据《中华人民共和国合同法》及有关法律、法规的规定,在平等自愿的

基础上,甲乙双方就房屋买卖行纪的有关事宜达成协议如下:

第一条:甲方委托乙方以自己的名义为其(买入/卖出)以下房屋:

该房屋坐落于__________市__________区(县)__________。

该房屋为:楼房______室______厅______卫,平房______间,装修状况____________________,房屋所有权证编号:__________,建筑面积__________平方米,以人民币______仟______佰______拾______万______仟______佰______拾______元整(¥______元)的价款出售。

第二条:行纪期限:自______年______月______日至______年______月______日。

第三条:甲方(是/否)允许乙方把委托事务转委托给第三人处理。

第四条:乙方(买入/卖出)具有市场定价的房屋,乙方(是/否)可以作为(买售人/卖出人)。

第五条:甲方将委托卖出的房屋交付乙方的时间、地点、方式:____。

第六条:乙方将买入的房屋交付甲方的时间、地点、方式:____。

第七条:乙方处理委托事务支出的________________________等费用,由______________________________________承担。

第八条:结算价款的方式及期限:____________________________。

第九条:报酬的计算方法及支付方式、期限:________________________。

乙方以(高于甲方指定的价格卖出房屋/低于甲方指定的价格买入房屋)时,报酬的计算方法:____________________________________。

第十条:甲方未向乙方支付报酬的,乙方(是/否)可以留置委托物。

第十一条:本合同解除的条件:甲方或乙方可以随时解除合同。因解除合同给对方造成损失的,除不可归责于该当事人的事由以外,应当赔偿损失。

第十二条:甲方违约责任:____________________________________。

乙方违约责任:____________________________________。

第十三条:合同争议的解决方式:本合同项下发生的争议,由双方当事人协商解决或申请调解解决;协商或调解解决不成的,依法向____________________人民法院起诉,或按照另行达成的仲裁条款或仲裁协议申请仲裁。

第十四条:其他约定事项____。

委托人(甲方)章:	行纪人(乙方)章:
住所:	住所:
营业执照号码:	营业执照号码:
身份证号码:	身份证号码:
法定代表人证件号码:	法定代表人证件号码:
委托代理人:	委托代理人:
电话:	电话:
传真:	传真:
开户银行:	开户银行:
账号:	账号:
税号:	税号:
邮政编码:	邮政编码:

三、房地产行纪(信托)合同的权利与义务

(一)房地产经纪人的权利与义务

1. 行纪人处理信托事务支出的费用,由行纪人负担,但当事人另有约定的除外

本条体现了行纪人的费用负担义务。房地产行纪是一种营业行为,即房地产经纪人以营利为目的进行行纪活动。因此,房地产经纪人为处理信托事务支出的费用,相当于为获取利润而支付的成本,原则上由房地产经纪人自行承担,而房地产经纪人可以通过向信托人收取报酬来弥补。

当然,房地产行纪活动的费用由房地产经纪人负担,只是一般情况,并非强制性规定,若双方当事人特别约定,则可以减轻或完全转移房地产经纪人对费用的负担义务。例如,双方可以约定,费用由信托人负担,或由双方平摊。

2. 行纪人应遵照信托人的要求处理房地产相关贸易

在处理业务时,行纪人应主动选择最有利于信托人的方式。如果完成委托任务的结果超过了规定的条件,给信托人增加收入或节省了开支,房地产行纪人应主动将多余收益送交信托人处置。

3. 为了维护委托人的利益,行纪人不得随意改变信托人的要求

在房地产信托合同中规定,行纪人不得随意更改信托人要求。如果确实出于维护信托人利益的考虑,必须以高于合同价格购进商品或以低于合同价格出售商品时,行纪人应当事先征得信托人的同意。

4. 行纪人占有信托物的，应当仔细检查、妥善保管信托物品

本条体现了行纪人对信托物的保管义务。房地产经纪人承担保管义务的前提是信托物已经转移由房地产经纪人占有，并处在房地产经纪人的实际管理和控制之下。房地产经纪人在接受信托人出售或买进的商品时都应当进行检查，确保质量。如果发现物品有瑕疵，应保存证据并及时通知信托人。信托物品一旦在行纪人保管期间发生破损、丢失等情况，行纪人应承担赔偿损失。

5. 行纪人对信托人之买卖价格的指示负有忠实的义务

该条包括三方面含义：(1)在房地产行纪合同中，房地产经纪人低于信托人指定的价格卖出或者高于信托指定的价格买入的，应当经信托人同意。未经信托人同意的，由房地产经纪人补偿其差额，该买卖合同对信托人发生效力。(2)房地产经纪人以高于信托人指定的价格卖出或者以低于信托人指定的价格买入的，可以按照约定增加报酬。没有约定或者约定不明，同时又没有签订补充协议的，该利益属于信托人所有。(3)信托人对价格有特别指示的，房地产经纪人不得违背指示卖出或买入。

6. 行纪人应对第三方违反合同、侵害标的物的行为承担赔偿责任

行纪人应将真实情况向信托人及时汇报，并保留证据。信托人要求自己行使对第三方的请求权时，行纪人应当向信托人转交请求权。

(二)信托人的权利与义务

(1)信托人应当及时接受行纪人遵循合同约定完成的信托事务的结果。当行纪人把信托任务已经完成的消息告知信托人后，信托人应当迅速接受、核实并查收行纪人所完成的任务，及时解除行纪人担负的义务。如果信托人没有按时接收，行纪人可以代为保管，并收取一定的保管费。

(2)信托人应向行纪人支付相应的报酬。信托人在接到行纪人完成信托任务的通知并查验合格后，应按照合同约定，及时给行纪人支付报酬。

(3)信托人应当按照合同规定补偿行纪人因履行信托义务而支出的费用，支付逾期取回的保管费。一旦信托人不按合同规定支付费用，行纪人可以行使对占有物品的留置权。

四、房地产行纪(信托)合同的违约责任

(一)违约责任的概念

违约责任指的是合同当事人因违反合同所应承担的继续履行、赔偿损失等民事责任。违约责任既是违约行为的法律后果，同时也是合同效力的体现。违约责任制度是保障合同所约定事项顺利进行的重要措施，能够督促双方当事人履行责任。

（二）房地产行纪（信托）合同违约责任的法律特征

房地产行纪（信托）合同的违约责任作为违约责任中的一种，也属于民事责任，具有民事责任的一般法律特征，如具有惩罚性和补偿性。违约责任的惩罚性表现为法律对违约行为的一种否定性评价。违约责任的补偿性表现为对受害人所受损害的一种填补。

此外，房地产行纪（信托）合同的违约责任还具有一些区别于其他民事责任的特征：

1. 房地产行纪（信托）合同的违约责任是不履行或不适当履行行纪合同所引起的法律后果

这一特征有两方面内涵：

(1)房地产行纪（信托）合同违约责任的成立以有效的行纪合同的存在为前提。如果没有合同，就不涉及合同标的，因此就谈不上违约责任。

(2)房地产行纪（信托）合同违约责任是当事人违反合同约定义务的结果。

2. 房地产行纪（信托）合同的违约责任具有相对性

相对性指的是违约责任仅仅发生在特定的当事人之间，合同关系以外的人不承担违约责任。

违约责任的相对性包含以下两方面含义：

(1)合同的违约人应对自己的违约行为负责，不能将违约责任推卸给别人。

(2)因第三方原因造成违约的，违约责任仍由合同当事人承担。而当事人一方与第三方之间的纠纷，应当依照法律规定或者双方约定解决。

3. 房地产行纪（信托）合同的违约责任可以由当事人在法律规定的范围内约定

作为一种法律责任，房地产行纪（信托）合同的违约责任当然具有强制性。但是，它在具有强制性的同时，还具有一定程度的任意性。即法律允许当事人在一定的范围内事先对违约责任做出约定。

4. 房地产行纪（信托）合同的违约责任是一种财产责任

房地产行纪（信托）合同属于财产流转的法律形式，所以其合同关系属于财产关系而非人身关系。房地产行纪（信托）合同的违约责任作为合同债务的转化形式，与合同债务在经济利益方面具有一致性，因而房地产行纪（信托）合同的违约责任是一种财产责任。

（三）房地产行纪（信托）合同的违约责任种类

按照合同参与人划分，房地产行纪（信托）合同的违约责任主要有两种：

第一，行纪人的违约责任。作为行纪人，房地产经纪人不履行或不完全履行合同约定的义务,应承担相应的民事责任。如果房地产经纪人未经信托人的同意,以高于合同约定的进价或低于合同约定的销价买卖信托物品,应当赔偿信托人的损失。如果在保管期间对信托物的保管不善,导致信托物的损坏或灭失的,也应当承担赔偿责任。

第二,信托人的违约责任。如果信托人没有按照合同约定的期限和数额支付手续费用和信托费用,应当向房地产经纪人支付逾期付款的利息,并偿付违约金。

研究思考题:

1. 房地产经纪合同的主要条款。
2. 房地产居间合同的订立应考虑的问题。
3. 房地产代理合同的主要内容。
4. 如何订立和履行房地产行纪合同。
5. 房地产经纪合同的订立应注意哪些问题?

第八章

房地产经纪市场开发

本章概要：

房地产经纪市场调查与分析的有关内容；

房地产经纪市场营销的理念和策略；

房地产经纪市场预测的方法和内容。

第一节　房地产经纪市场调查和分析

一、房地产经纪市场调查的概念、目的和原则

《孙子兵法》云："知己知彼，百战不殆。"面对着一个个新生的房地产企业，眼见着一座座拔地而起的高楼，房地产市场的竞争越来越激烈。在如此严峻的市场形势下，作为房地产企业，要想求生存、谋发展，必须知己知彼。知己，了解自己企业的优势和不足，然后有针对性地发扬光大或加以改进；知彼，了解环境赋予企业的机会和威胁，从而抓住机遇，迎接挑战。如何做到知己知彼呢？市场调查是企业明智的选择，也逐渐受到广大企业的青睐。

（一）房地产经纪市场调查的概念

"市场调查"一般是指在广泛搜集资料的基础上，通过对资料进行整理分析，以服务于企业决策的一种活动。这种理解虽然简单，却直观地反映了市场调查的工作流程。如图 8－1 所示。

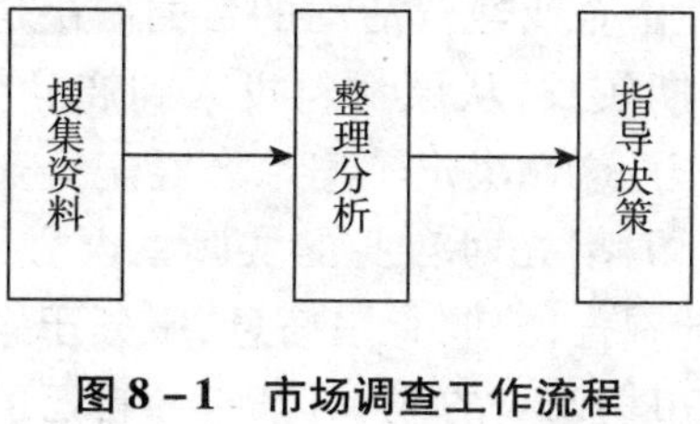

图 8－1　市场调查工作流程

过去人们往往简单地把市场调查等同于消费者需求调查，认为市场调查就是以消费者为对象，搜集消费者购买或使用某种商品的意见、动机等资料，并进行分析研究的一种经济活动。其实，这种理解有些狭隘，只看到了问题的一个方面。事实上，一切有关消费者和市场行销的问题和资料都是市场调查的对象。企业进行经纪市场调查，就是搜集经纪产品从生产者到消费者转移过程中的一切有关资料，再利用科学的方法和手段对这些资料进行加工处理，以达到正确认识现有和潜在经纪市场的目的。

相比较一般的经纪市场调查，房地产经纪市场调查更有针对性：

> 房地产经纪市场调查是房地产经纪企业为实现企业的经营目标，运用科学的理论和方法，以现代化的调查技术为手段，有目的、有计划、全面系统的收集、整理、分析有关房地产经纪市场的资料信息，正确判断和把握市场的现状及发展趋势，并为企业科学决策提供正确依据的一种经济活动。

房地产经纪市场调查作为市场调查的一个分支领域活动，既具有市场调查的一般特征，又有自身的特点，如图 8－2 所示。

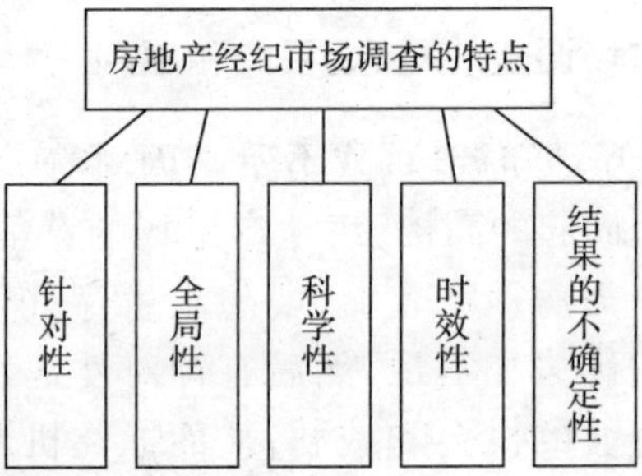

图 8－2　房地产市场调查的特点

为了更好地把握房地产经纪市场调查的概念，我们逐个对上面提到的房地产经纪市场调查的特点进行分析。

1. 房地产经纪市场调查具有较强的针对性

市场调查的针对性由企业经营活动的目的所决定。房地产作为一种特殊的商品，它的生产周期较长，从原材料投入到产品投放市场，还需要耗费大量的人力、物力和财力，这就决定了房地产经纪企业在进行市场调查时要格外谨慎，必须看准市场，事先对自身的实际情况做出充分和科学的分析，然后再有针对性地展开调查，获取有用信息，服务于企业的经营活动。切不可拿来主义，照抄他人市场调查的成果，来指导自己的决策。因为不同时期开发的不同档次的房地产项目，存在着很大的差异，彼此间可借鉴性很小，如果不深入开展调查研究，就盲目开展经纪活动，就会为项目的未来埋下隐患，企业甚至会因此付出沉重的代价。

> 伴随着越来越多独生子女家庭的出现，父母望子成龙、望女成凤的愿望更加迫切，在下一代的教育上，父母不惜花血本。广州光大花园的开发商正是看中了这一有利的市场时机，就教育与购房的关系展开了详细的市场调查，通过调研发现：相当数量的购房者看中下一代的教育环境，为了孩子的教育，宁愿放弃城市的繁华，购买靠近名校的郊区楼盘。于是，光大花园就充分运用全民族、全社会的教育情节大做文章，在其楼盘旁边引入了北大附中实验学校，并以此做了教育主题的系列广告，以突现北大附中"以能为重，以德育人"的教育理念，给家长带来了强烈的视觉冲击，为了子女的前途，很多家长选择了购买光大花园，让开发商赚了个盆满钵满。房地产经纪企业开展这类有市场基础的经纪业务，就会保证有可靠的目标市场。

2. 房地产经纪市场调查具有全局性

在激烈的市场竞争中，房地产经纪市场调查工作不能急功近利，认为只有销售阶段产生收益，所以调查工作只停留在销售活动阶段。正确的做法是将调查工作贯穿于项目立项、工程建设和销售的整个过程。在这个过程中，房地产经纪企业须搜集一切可以为其所用的信息资料，以便随时调整策略，适应市场不断变化的形势。同时，经常性的调查活动也可以帮助企业发展潜在市场，对开拓新的市场领域有积极作用。

3. 房地产经纪市场调查具有科学性

做任何事情都讲究方式方法，房地产经纪市场调查更是如此。房地产经纪企业在进行市场调查时，必须以科学的方法贯穿调查的始终。在调查工作展开前，对所需要的经济资料和信息搜集汇总工作进行科学规划；在调查过程中，综合运用定性分析和定量分析等科学的技术方法，同时充分利用计算机进行数据的归纳和分析，最后再运用科学方法指导实践。

4. 房地产经纪市场调查具有时效性

房地产市场是动态的和开放的。随着时间的推移，经济的发展和国家方针的调整，都会导致房地产市场发生变化，这就决定了房地产经纪市场调查的结果反映的只是某一特定时期的信息和情况，因而只能对短期的企业活动起到指导作用，而不可能长期有效。时间向前发展了，形势就会发生变化，企业就要慎重运用现有调查结果。否则，可能会延误企业的时机，使企业陷于困境。

5. 房地产经纪市场调查的结果存在不确定性

房地产经纪市场调查工作是一项持续时间长、任务繁重的工作,也是一项前后衔接紧凑的工作。在整个调查过程中,只要有一个环节出现疏漏,可能导致满盘皆输。为了提高调查的质量,不仅要求调查人员具备较强的业务能力,还需要被调查人员的全力配合。然而现实中,被调查人员是否乐于合作,又是不可控制的,加之房地产经纪市场调查还有时效性的制约,所以,房地产经纪市场调查的结果存在着很大的不确定性。在这种情况下,倘若市场调查人员只是根据现成的统计数据研究问题,所得到的结论肯定与现实情况有很大差距,也不能为企业的营销决策提供多大的帮助。为了提高调查的有效性,房地产经纪市场调查人员应该在争取被调查人员的配合上多下工夫,尽力多搜集一手资料,降低调查误差。

(二)房地产经纪市场调查的目的

在现代市场经济条件下,房地产行业的竞争不断加剧,房地产企业所处的外部环境和内部环境也在不断变化。环境的变化既给企业带来了发展的机遇,也带来了生存的挑战。企业为了在激烈的市场竞争中生存并发展壮大,必须重视市场调查,并通过深入的调研抓住机会,迎接挑战。

具体来说,房地产经纪市场调查的目的可以归结为以下几点。

1. 发现新的市场机会

企业的内部条件和外部营销环境,直接决定着企业未来业务的发展方向。通过市场调查,可以帮助企业很好地分析企业内部条件和外部营销环境状况,掌握市场的现状及变动趋势,挖掘新的市场机会并加以利用,从而确定企业今后的经营方向,在错综复杂的市场现象中探求企业生存和发展的立足点。

2. 进行科学的市场定位

在竞争对手如云的房地产市场上,吸引消费者的眼球靠的是攻心战术。所谓"攻心",指的是抓住消费者心理,开发消费者喜欢的楼盘样式。要想迎合消费者心理,必须开展市场调查,针对消费者的喜好,为自己的产品在市场上找到合适的位置。从各方面培养产品的特色,树立一定的市场形象,以求在消费者心目中形成特殊的偏爱。

> 对那些事业有成的人士而言,在购房时,价格已经不是他们最为关注的因素,他们更加看中的是楼盘的品质以及周边的环境等。位于山东潍坊的德兴置业公司,正是看准了成功人士的这一需求,在潍坊市中心绝版河景地段,依水开发了高品位、高品质、高价位(相对)的左岸华庭。

其"为富有的有品位的体面人而筑"的广告语,市场定位可见一斑。加之它的艺术雕塑景观花园、小区全面智能化管理以及纯净水入户等措施,确实吸引了很多成功一族前去购房,给开发商带来了巨大的经济效益。选择这样的房地产开展经纪活动,也可以保证经纪利益。

3. 制定合理的营销策略

房地产经纪企业为了实现既定的市场目标,在复杂环境中对市场营销活动中涉及全局性的问题所做的谋划就是营销策略。每一个参与市场竞争的房地产经纪企业,只有制定出正确的营销策略,才能在竞争中立于不败之地。要想制定正确的营销策略,必须开展广泛的市场调查,了解政府政策的新动向,了解市场的基本状况和发展趋势,了解企业自身的资源和条件,从而使企业的营销目标、资源条件与市场机会相吻合。

山东潍坊金庆房地产开发公司计划在该市奎文区文化路上开发商品房——金都花园。通过市场调查,它了解到最新的政府政策:文化路已经成为下一步市政府重点改造的路段。这一消息马上成为金庆公司市场营销的一张王牌,它们充分利用这一机会,项目立即上马,并在其产品宣传时,打出了"文化路黄金地段,未来升值潜力巨大"的广告语,加之其相对较低的房价,吸引了很多消费者的眼球,期房刚刚推出就被抢购一空。房地产经纪企业也必须制定合理的经纪营销策略。

4. 实行正确的产品定价

在开放的市场经济条件下,企业已经基本掌握了商品定价权。为了在激烈的市场竞争中占据有利位置,房地产经纪企业必须采用科学合理的定价方法,确定具体的定价水平。只有通过市场调查,房地产经纪企业才能充分掌握消费者需求的特点、政府政策的走向以及相关产品价格等信息,为合理的产品定价提供保证。

5. 提高经营管理水平

房地产经纪企业经营效益的高低,与其管理水平休戚相关。管理水平高,才能确保员工爱岗敬业,确保工作进度,确保工作质量,帮助企业树立良好的社会形象,实现房屋的较高销售量,进而使企业获得良好的经济效益。而要提高管理水平,必须依靠市场调查。通过市场调查,企业可以向同行业中的佼佼者学习,学习他们一流的生产技术和先进的管理经验,扬长避短,向更高层次迈进。

（三）房地产经纪市场调查的原则

为了保证房地产经纪市场调查的有效性，在展开市场调查时必须遵照以下几项原则。

1. 准确性原则

在进行房地产经纪市场调查时，准确性是最基本的要求。这里讲到的准确性，主要是指房地产市场调查所获得的资料必须真实可靠，有较大的利用价值。如果通过调查获得的资料内容虚假，漏洞百出，就会给企业产生误导作用，使企业无法做出正确的判断和决策，它所造成的危害甚至比没有进行调查还要大得多。因此，收集和提供真实的信息资料，是进行市场调查活动的首要原则。

2. 适用性原则

在不同的时期，房地产经纪企业所面临的外部环境和企业内部条件都会有很大的不同，不同的企业之间更是存在巨大的差别。在这种情况下进行市场调查，一定要有所侧重，针对自己企业的具体情况开展调查工作，使调查获得的信息资料能最大限度地为企业的经营决策服务。在资料的搜集上，切忌贪多，调查活动质量的高低与资料的多寡不是绝对成比例的。只要抓住问题的关键，把精髓的东西挖掘出来，就会给企业的生产经营活动带来帮助，产生意想不到的作用。

3. 系统性原则

在社会化大生产的条件下，房地产经纪企业的经营活动既受到自身条件的制约，也受到外部环境的影响。而这些影响因素之间，又多是相互关联的，正所谓牵一发而动全身。这就要求企业在进行市场调查时，眼睛不能只盯住某一方面，而忽略其他。为了抓住经纪事物的本质，对影响房地产经纪企业的关键因素做出正确的分析和归纳，房地产企业在进行市场调查时必须回顾过去，面对现在，展望未来，综合考虑房地产业与其他行业的联系，全面科学地收集、分析、整理、评价和使用相关资料，从而对房地产市场做出全面合理的判断，避免因资料不全或使用不当而给决策带来负面的影响。

4. 计划性原则

相比较其他的调查工作，房地产经纪调查工作量更大，任务更重，需要搜集的资料更庞杂，投入的人力、物力和财力也更多。为了确保调查工作的顺利进行，在调查工作开始以前，一定要有周密的计划，把整个调查过程划分成若干阶段，合理安排每个阶段的人、财、物，保证一步都做到心中有数。

5. 时效性原则

在现代社会中，时间就是金钱，效率就是生命。在竞争激烈的房地产行业，更是如此。每一天，房地产行业都面临新的变化，带来新的机会，而机遇只留给那些反应迅速，敢于挑战的人。对于房地产经纪企业而言，丧失机遇，可能导致整个营销策略的失败；抓住机遇，则会为营销策略的成功扫除障碍。时效性原则要求房地产经纪企业要随时捕捉市场变化情况，在第一时间掌握有用的情报，及时分析、及时反馈，为企业在整个营销过程中适时制定和调整策略提供良好的条件。

6. 动态性原则

市场中的任何事物都处于不断的变化和发展过程中，房地产经纪市场也不例外。这就要求房地产经纪企业在市场调查过程中，必须用发展的、变化的、动态的观点指导自身工作。不仅注意房地产市场的现状，还要结合房地产市场的过去，分析未来市场的变动态势；不仅关心本行业的发展情况，还要关注相关行业的发展动向；不满足于手中已有的信息资料，要注意发现和收集没有掌握的信息资料，特别是可信度相对较高的一手资料，而且要加紧信息的更新和完善，尽量保持信息资料与房地产市场变化同步。

7. 经济性原则

房地产经纪市场调查是一件费时、费力、费财的活动，不仅需要人的体力与脑力的支出，同时还要利用一定的物质手段，以确保调查工作的顺利进行和调查结果的准确。然而现实情况是，不同的企业在财力上差别很大，不可能用同一个标准要求不同的企业。调查结果没有“最好”，只有“最合适”，即在力所能及的前提下达到预期目标就可以了。只要安排合理，计划周详，较小的投入也能产生较好的效果。为了实现调查的经济性，各企业一定要根据自身的财务情况预先确定调查费用的支出，并据此制订相应的调查方案，力争以较少的投入取得满意的效果。

8. 科学性原则

科学性原则要求调查人员树立科学的态度，提高对信息的辨别能力，能够在冗杂的资料面前快速地去粗取精，去伪存真；摸索出信息在收集、整理和分析过程中的规律性；注意信息资料的有效性、保密性，规范调查人员的调查行为，防止各种伪科学的干扰；坚持对调查过程的规范和监督，以确保调查活动的质量，保证及时、准确、全面地利用所掌握的资料为企业服务。

二、房地产经纪市场调查的内容

房地产经纪市场调查的内容是由房地产行业的特点决定的。一般来说，凡是与房地产市场有关的、经济决策所需掌握的信息都应该成为房地产经纪市场调查的内容，如表 8－1 所示。

表8-1 房地产经纪市场调查的内容

调查项目	主要调查内容
市场环境调查	政治、法律环境，社区环境，人口环境，文化环境
市场需求调查	需求总量，供求状况，影响需求的因素，未来市场的发展变化趋势
消费者调查	数量、地理分布、收入状况、支出模式、购买动机、购买行为等
产品调查	质量、数量、结构、价格、性能等
促销调查	为提高房屋销售量而进行的全面调查，包括广告、人员推销、营业推广、公共关系等
竞争者调查	竞争者的数量、分布、优劣势、市场占有率、开发新产品的动向等
不作为调查	不需要开展市场调查的各种因素的分析

在上述七个调查项目中，有的项目，诸如市场需求调查、消费者调查、促销调查，是较为熟悉的，在此不再赘述。而其余几项，或者平时接触不多，例如不作为调查，或者调查项目所涉及的内容较多，范围较广，例如环境调查、产品调查、竞争者调查，这两种情形在理解上就有一定的难度。为了便于理解和把握，我们就对后两类项目进行逐一介绍。

（一）市场环境调查

与房地产企业的生产经营活动有关联的各种宏观因素和微观环境都是房地产经纪市场环境调查的范畴。

1. 政治和法律环境调查

政治和法律环境是影响企业发展的外部环境。在一个法治国家里，了解与房地产业相关的政治和法律，是每一个房地产企业得以生存的前提。这里讲到的政治、法律，是企业目标市场所在地目前的政治形势和未来的发展趋势，正在执行的各种方针政策、法律体制、各种法规等。

小常识：

房地产企业应该掌握的最基本的法律、法规和政策：

1. 国家、省、城市有关房地产开发经营的方针政策。如房改政策、开发区政策、房地产价格政策、房地产税收政策、房地产金融政策、土地制度和土地政策、人口政策和产业发展政策、税收政策等。

2. 有关房地产开发经营的法律规定。如《房地产开发经营管理条例》、《中华人民共和国房地产管理法》、《中华人民共和国土地管理法》。

3. 有关国民经济社会发展计划、发展规划、土地利用总体规划、城市建设规划和区域规划、城市发展战略等。

2. 经济环境调查

经济环境指的是一个国家或地区的经济发展速度、经济状况、消费信贷政策、居民的经济收入和储蓄习惯、消费构成、消费结构水平等环境因素。经济环境决定了房地产的市场容量和未来发展空间。

经济环境调查
- 国家、地区或城市的经济特性
- 经济发展规模、速度和效益
- 项目所在地区的经济结构、人口及其就业状况、基础设施情况
- 利率水平、预期的通货膨胀
- 项目所在地区的对外开放程度和国际合作情况
- 财政收支情况

图 8-3 经济环境调查

3. 社区环境调查

社区环境直接影响着房地产产品的价格,这是房地产商品特有的属性。优良的社区环境,对发挥房地产商品的效能,提高其使用价值和经济效益具有重要作用。社区环境调查内容包括:社区繁荣程度、购物条件、文化氛围、居民素质、交通和教育的便利、安全保障程度、卫生、空气和水源质量及景观等方面。

4. 人口环境调查

人口环境调查是房地产市场调查的一个重要内容。人口的多寡直接关系到对房屋的需求数量,进而影响到房地产业未来发展空间的大小。

人口环境调查
- 人口数量和人口容量
- 人口构成
- 人口流动和迁移
- 家庭生命周期
- 家庭结构变化

图 8-4 人口环境调查

5. 文化环境调查

文化是影响顾客购买决策的主要因素,文化环境是决定企业市场开拓是否成功的关键因素。房地产企业可以从大文化圈的角度、从次文化圈的角度、从民族风情的角度、从社会人群文化特点的角度等对目标市场消费者群的文化环境进行调查,得出结论,指导企业的经营决策。

(二)产品调查

房地产产品调查指的是对房地产行业现有产品的质量、价格等方面进行的调查。包括:

1. 房地产市场现有产品的数量、质量、结构、性能、市场生命周期。

2. 现有房地产租售客户和业主对房地产的环境、功能、格局、售后服务的意见及对某种房地产产品的接受程度。

3. 新技术、新产品、新工艺、新材料的出现及其在房地产产品上的应用情况。

4. 顾客对本企业产品的满意程度。

5. 房地产市场供求情况的变化趋势。

6. 开发商各种不同的价格策略和定价方法对房地产租售量的影响。

7. 开发个案所在城市及街区房地产市场价格。

（三）竞争者调查

要想在房地产经纪市场上做强做大，仅靠自身的努力是不够的，还要密切注意市场上其他企业的动向，尤其是与自己企业实力相当的同类企业，更是关注的焦点。通过市场调查，随时掌握竞争对手的第一手资料，针对竞争对手的动作做出迅速的反应，才能掌握先机，以免陷入被动，如图 8－5 所示。

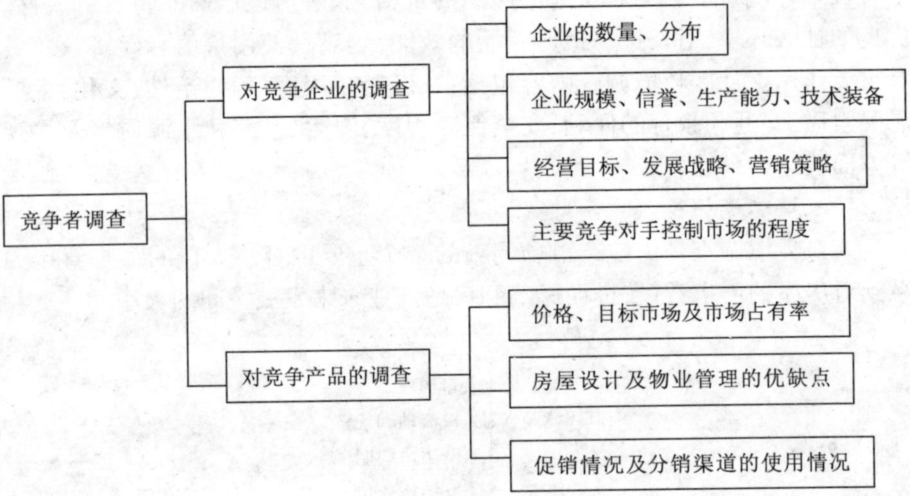

图 8－5　竞争者调查

（四）关于不作为调查

市场调查的重要性已经为越来越多的房地产企业所认识，在一个项目启动之前，绝大多数的企业都会开展市场调查，获取有用信息，帮助企业更好地决策。但凡事不能走极端，市场调查也不是万能的。另外何时开展市场调查，要遵守科学性，并不是随时随刻都要进行市场调查。市场调查的目的，是为了使企业获得更高的经济效益，如果通过调查没有给企业带来收益，或是带来的收益还不及调查付出的成本，那就违背了市场调查的初衷。为了把握时机，降低成本，必须在调查工作开始之前，先对现阶段是否需要开展市场调查进行论证，即不作为调查。论证结果显示有进行调查的必要性，再展开调查。也有的时候，调查的时机不充分，则可以暂缓调查。

在以下情况下，可以认为没有必要马上进行市场调查：

1. 企业缺乏经费

市场调查所需的费用越来越多，因此，经济实力一般的房地产企业可能很难承受，没有能力进行比较规范的市场调查。在现阶段，可以做一些不用支付资金的"调查"。

2. 调查成本大于收益

企业获取信息资料的意义，既取决于对信息资料的成本和收益的认知，也取决于对信息资料质量、价格和及时性的判断。如果调查所需要的经费超过了调查的预期收益，调查就失去了原有意义，应当取消调查计划。

3. 管理者已经做出决策

房地产市场调查是为房地产企业决策服务的。如果管理者已经做出了决策，一般情况下，应该取消调查活动。如果管理者希望做一些调查为决策进行佐证的话，可以考虑进行比较简单的调查活动。

三、房地产经纪市场调查的程序与方法

（一）房地产经纪市场调查的程序

房地产经纪市场调查是一项复杂又细微的工作，调查活动虽然不像工艺步骤那样严格，但是仍然应坚持科学的、严格的原则，具有目的性。为了提高调查工作的质量和效率，市场调查必须有步骤、有计划地进行。如图8－6所示。

为了提高理解的准确性，下面我们详细地看一下整个市场调查工作的流程。

1. 预备调查阶段

该阶段是为正式调查做准备的，这一阶段工作的质量，直接关系到正式调查能否顺利进行，所以非常重要。预备调查阶段的工作重点是明确问题所在，确定调查目的，开展初步调查。

（1）发现问题与酝酿

房地产经纪市场调查有一个酝酿的过程，即房地产经纪企业的市场信息部门发现问题，进行分析，进而确定是否需要申请展开市场调查。房地产经纪企业所提出的问题，往往只是问题的框架，并不具体，所以市场调查人员还要进一步明确调查研究的意图和主题。

（2）确定调查目的

这是进行市场调查时非常重要的一步。有了目的，也就有了行动的方向，不至于出现太大的过失。在这里，调查人员应明确为什么要进行市场调查，通过调查要解决哪些问题，以及调查结果对于企业来说将会起到什么样

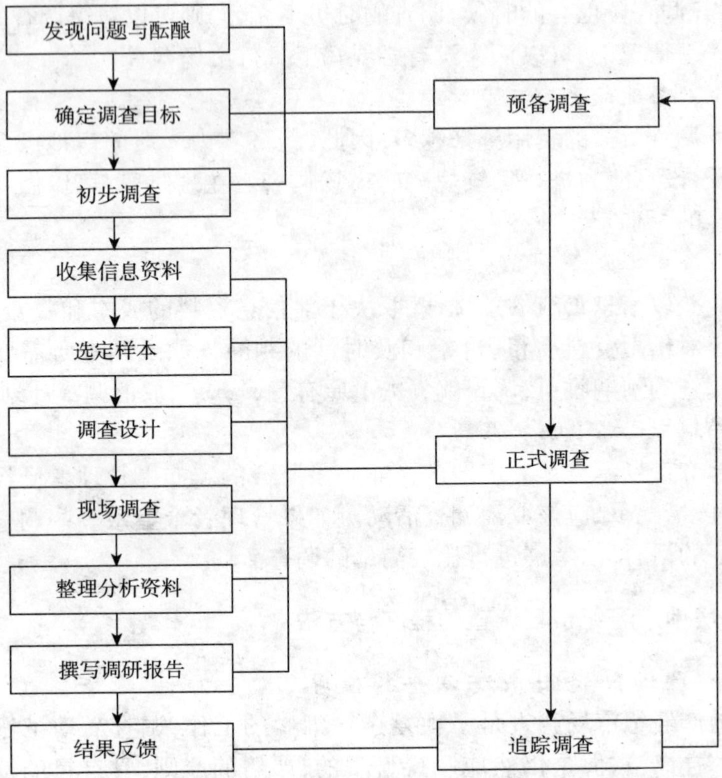

图 8-6　房地产市场调查的程序

的作用。这样才能保证调查工作按部就班地开展,既保证了质量,又在一定程度上降低了成本,可谓一举两得。一般来说,确定调查目的要有一个过程,一下子是确定不下来的。根据调查目的的不同,可以采用控测性调查、描述性调查、因果性调查来确定。

表 8-2　三种调查方法的比较

方法名称	应用领域	主要不足
探测性调查	帮助企业确定需要研究的问题和范围,确定应该调查的内容	只是发现问题,无法解决问题
描述性调查	从外部联系上找出问题间的各种相关因素,可以对某一专门问题提出答案	需要实现拟订计划,需要明确资料收集的步骤,工作量较大
因果性调查	帮助找出事情的原因和结果,以确定众多自变量对某一因变量的关系	影响因素的自变量和因变量往往都比较复杂,要寻找它们之间的因果关系,对工作人员在技术上提出了较高的要求,实施难度较大

(3)初步调查

这里的调查不同于正式调查阶段的调查工作,它也是为正式调查做准备的,且是预备调查阶段不可或缺的一步。通常来说,房地产企业会在大规模的市场调查开始之前,先邀请6至10位在房地产业有名望、有经验的人士到会座谈,倾听他们对未来房地产业发展动向的分析以及对本企业进行项目开发的意见和想法,为企业今后的调查工作铺平道路。这样做的好处是帮助企业缩小了市场调查的范围,降低了成本,使企业少走弯路。有的时候,倘若项目本身不具备可行性,只通过简单的初步调查就可以将这个项目枪毙,而不必通过大规模的市场调查才决定放弃,这样可以节省不少的时间和金钱。

2. 正式调查阶段

正式调查阶段是整个调查程序中最主要的阶段,也是核心阶段。房地产经纪企业可以按照计划,收集信息资料,选定样本,进行资料的筛选和整理,直至撰写出一份有使用价值的调研报告。

(1)收集信息资料

房地产经纪企业使用的资料分为直接资料和间接资料。直接资料又称第一手资料,指的是营销调查者通过观察、实验等手段直接获得的资料。间接资料又称第二手资料,既包括企业的各种凭证、报表等内部资料,也包括从政府机关、金融机构、报纸杂志等渠道获得的资料。应该说两类资料各有千秋,直接资料难获得,但可信度较高;间接资料收集容易,但可信度不及第一手资料。

为了提高资料的有效性,往往鼓励人们多收集第一手资料。一般来说,房地产企业在进行市场调查时,有四种收集一手资料的方法。

①观察法

这是一种通过对被调查者进行直接观察,在被调查者不察觉的情况下观察和记录他的行为、反应和感受的方法。房地产经纪企业在运用观察法进行市场调查中,也有许多具体的方法,如直接观察法、行为记录法等。直接观察法,即派人对被调查者进行直接的观察。行为记录法,是在被调查者同意的前提下,用某种装置记录被调查者的行为。

②小组深度访问法

小组深度访问是有选择的邀请6至10人,用几个小时的时间由一个有经验的访问人来组织实施,专题讨论某一个产品、服务或营销实体的相关问题。为了保证访问法的顺利实施,访问人必须客观地了解讨论的主题和房地产行业的相关情况,并具有演讲才能和消费者行为知识。同时,为了吸引参加者，访问需要支付一定的报酬。这种访问法的特点是要求在愉快的环境和气氛下进行。小组深度访问法是房地产经纪企业在设计大规模市场调查前的一个有用的步骤，它用以了解被调查对象的感知、态度和满意程度，而这些信息对更加准确地确定调研问题十分重要。

③ 调查法

一般说来，观察法和小组深度访问法适合探测性研究，而调查法适合描述性研究。调查法是通过对被调查者进行访问，要求其回答一些问题来收集资料的方法。调查法又分为直接调查和间接调查。直接调查一般采用登门拜访、开座谈会等形式；间接调查又可分为：a. 电话调研：调查人员对所选择的调查对象用电话进行询问。b. 邮寄调研：将设计好的问卷寄给被调查者，请被调查者填好后自行寄回。c. 留卷调研：调查人员将调查表当面交给被调查者，并说明答卷要求，然后让被调查者填写，调查人员定期取回。

④ 实验法

实验法是一种正式的调查方法。它是将实验产品在选定的市场中进行小规模试销，以测定各种营销手段的效果。其原理是把选定的市场当做实验室，来研究价格、广告等对销售量的影响。例如，房地产企业计划改变商品房的套型、功能、价格时，可以用此方法展开小规模实验，调查消费者的态度，然后决定是否大规模推广。房地产经纪企业可以关注并重视此方法的应用。

(2)选定样本

由于消费者的数目庞大，想要调查全部消费者是不现实、不经济的。因此在进行房地产市场调查时，可以选择一部分具有代表性的消费者进行调查，即抽样调查。抽样方法分为随机抽样和非随机抽样两类。如图 8－7 所示。

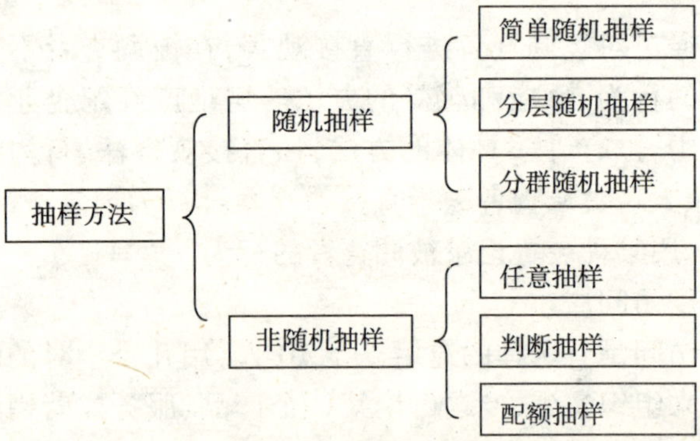

图 8－7　抽样调查方法

关于抽样方法的几个小定义：

1. **简单随机抽样**：整体中所有个体都有相等的机会被选作样本。

2. **分层随机抽样**：对总体按某种特征（如年龄、职业等）分层，然后从各层中随机抽取一定数量的样本，样本之间性质相同。

3. **分群随机抽样**：将总体按一定特征分成若干群体，然后将每个群体进行随机抽样，这样每个群体内部存在性质不同的样本。

4. **任意抽样**：市场调查人员根据最方便的时间、地点任意选择样本。

5. **判断抽样**：通过市场调查人员，根据自己以往的经验来判断由哪些个体来作为样本的一种方法。

6. **配额抽样**：市场调查人员通过一些控制特征，将样本空间进行分类，然后由调查人员从各组中任意抽取一定数量的样本。

（3）调查设计

在收集原始资料时，一般需要被调查者填写或回答各种调查表格或问卷。调查表及问卷的设计既要具有科学性又要有艺术性，以利市场调查工作的条理化、规范化。一项房地产经纪市场调查工作至少应设计以下四种基本调查表格。

①当地房地产资源统计表，包括房地产分布、面积、类型、单位价格、开发程度、居住密度、交易状况和规模、使用期限、竞争程度、发展远景、调查日期等项目。

②房地产出租市场统计表，包括出租房地产名称、所在地区、出租面积、租金水平、出租房的类型和等级、室内设备状况、环境条件、具体房东记录、房地产出租公司的资料和调查日期等项目。

③房地产市场出售统计表，包括已售和待售房地产的名称、地区、开发商、数量、结构类型、成交期、成交条件、出售时的房龄和状况、客户资料和调查日期等项目。

④房地产市场个案调查分析表，包括名称、区位、投资公司、产品规划、推出日期、基地面积、建筑密度、土地使用年限、单位售价、付款方式、产品特色、销售策略、客源分析、调查日期等项目。

（4）现场调查

现场调查即按调查计划通过各种方式到调查现场获取原始资料和收集由他人整理过的次级资料。现场调查工作的好坏，直接影响到调查结果的正确性。为此，必须重视现场调查人员的选拔和培训工作，确保调查人员能按规定进度和方法取得所需资料。另外，为了保证调查工作的正常进行，调查人员有必要对调查情况定期进行归纳和整理。

(5)调查资料的整理分析

这一步骤是将调查收集到的资料进行汇总整理、统计和分析。

首先,要进行编辑整理。就是把零碎的、杂乱的、分散的资料加以筛选,去粗取精,去伪存真,以保证资料的系统性、完整性和可靠性。在资料编辑整理过程中,要检查调查资料存在的误差,剔除那些错误的资料。

之后,要对资料进行评定,以确保资料的真实与准确。

其次,要进行分类编号,就是把调查资料编入适当的类别并编上号码,以便于查找、归档和使用。

再次,要进行统计,将已经分类的资料进行统计计算,有系统地制成各种计算表、统计表、统计图。

最后,对各项资料中的数据和事实进行比较分析,得出可以说明有关问题的统计数据,直至得出必要的结论。

(6)撰写和提交调查报告

撰写和提交调查报告是房地产经纪市场调查工作中关键的一环。运用市场调查研究得到大量的市场信息,分析问题、分析市场,然后撰写调查报告,提供给经纪决策部门参考。

调查报告反映了调查工作的最终成果。要重视调查报告的撰写,并按时提交调查报告。撰写调查报告应做到:

①客观、真实、准确地反映调查成果。

②报告内容简明扼要,重点突出。

③文字精练,用语中肯。

④结论和建议应表达清晰,可归纳为要点。

⑤报告后应附必要的表格、附件与附图,以便阅读和使用。

⑥报告完整,印刷清楚美观。

3. 追踪调查阶段

实施追踪调查是要了解调查报告中搜集到的数据信息、提出的建议是否符合实际,有可参考性,调查报告是否被合理地采用。另外,由于房地产经纪市场处在不断的变化发展中,随着时间的推移,形势的变化,即使最新提交的调研报告也可能与事实有一定的出入。这时,通过追踪调查,调查人员可以在第一时间内得到反馈信息,及时地根据情况的变化对已形成的调查报告进行补充和完善,提高调查报告的使用价值。

以上房地产经纪市场调查程序对房地产经纪市场调查工作具有指导性意义。在实际工作中,可视具体情况,科学合理地安排调查工作的内容。

（二）房地产经纪市场调查的方法

在进行房地产经纪市场调查时，应当综合运用各种调查方法，力争最大限度获取资料，以保证调查结果的客观性、真实性和有效性。通常情况下，包括以下七种调查方法。

1. 传统的电话访问

传统意义上的电话调查是房地产经纪市场调查人员在收集信息时常用的一种方法，调查人员按照样本名单，选择一个被调查者，通过拨打电话向被调查者提问以收集信息资料。这种方法的优点是调查成本低，信息搜集容易，且备选对象的范围广，不受地域的限制；缺点是由于没有面对面的沟通，所以不能询问较为复杂的问题，也无法观察被调查者的真实反应，致使调查的质量大打折扣。

2. 计算机辅助电话调研（CATI）

在发达国家，特别是在美国，计算机辅助电话访问比传统的电话访问更为普遍。目前在国内有少数调查公司采用。如图 8－8 所示。

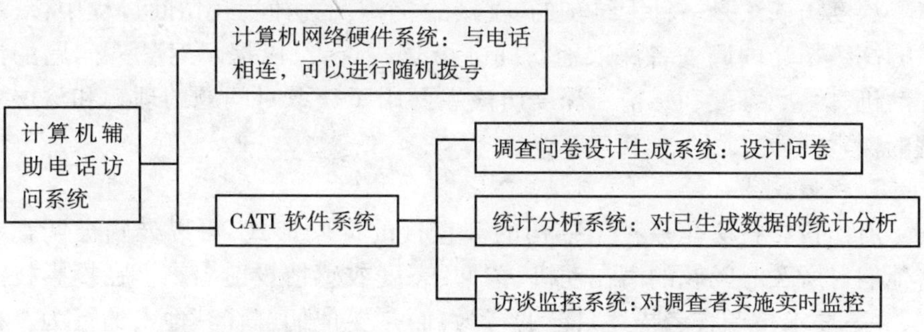

图 8－8　计算机辅助电话调研的工作原理

由 8－8 图可以清楚地看到，计算机辅助电话访问系统主要由计算机网络硬件系统和 CATI 软件系统两部分组成，它们相互合作，完成电话访问。应该说，CATI 系统一般是一个相对集中的系统，很多调查者可以同时工作。每位调查者坐在一个计算机网络终端前，根据屏幕上出现的问题对被调查者进行提问，并将答案用键盘记入计算机的记忆库之中。使用计算机辅助电话调研，数据的收集过程是自然的、平稳的，而且访问时间大大缩减，数据质量得到了加强，不再需要数据的编码和录入等过程，极大地提高了访问效率。

3. 入户访问

入户访问指调查者到被调查者的家中或工作单位进行访问，直接与被调查者接触。这是目前国内最为常用的一种调查方法。调查的户或单位都是按照一定的随机抽样准则抽取的，入户以后确定的访问对象也有一定的法则。

4. **拦截访问**

拦截访问是指在某个场所(一般是较繁华的商业区)拦截在场的一些人进行面访调查。这种方法常用于商业性的消费者意向调查中。拦截面访的好处在于效率高，但是，无论如何控制样本及调查的质量，收集的数据都无法证明对总体有很好的代表性。这是拦截访问的最大问题。

5. **小组座谈**

小组座谈是由一个经过训练的主持人以一种无结构的自然的形式与一个小组的被调查者交谈。主持人负责组织讨论。小组座谈法的主要目的，是通过倾听一组从调研者所要研究的目标市场中选择来的被调查者，获取对一些有关问题的深入了解。这种方法的价值在于常常可以从自由进行的小组讨论中得到一些意想不到的发现。

6. **深度访谈法**

深度访谈法是一种无结构的、直接的、个人的访问，在访问过程中，一个掌握高级技巧的调查者深入地访问一个被调查者，以揭示对某一问题的潜在动机、信念、态度和感情。深度访谈主要用于获取对问题的理解和深层了解的探索性研究。

7. **投影技法**

所谓投影技法是一种无结构的非直接的询问形式，可以鼓励被调查者将他们对所关心问题的潜在动机、信仰、态度或感情投射出来。在投影技法中，并不要求被调查者描述自己的行为，而是要他们解释其他人的行为。在解释他人的行为时，被调查者就间接地将他们自己的动机、信仰、态度或感情投影到了有关的情景之中。因此，投影技法被视为利用心理学的知识对被调查者进行调查研究的方法。由于投影技法的花费相当高，在房地产企业的营销研究中，应用并不广泛。

四、房地产经纪市场调查的结果与分析

(一)房地产经纪市场调查结果的特点

市场调查的结果是经过科学方法处理分析后的基础性数据和资料。调查中发现的问题，受到的启示以及有关的建议都应在报告中提示，以帮助管理决策部门有效地利用这些信息并实施相应的行为。但必须强调指出：市场调查的结果只是用于帮助管理部门做出正确的决策。其结果本身不是一种目的。

通常情况下，房地产经纪市场调查的结果具有以下特点。

1. 房地产经纪市场调查结果的详略程度有伸缩性

市场调查所收集数据的多少和复杂程度是可以选择的，这取决于所需求的信息和所拥有的经费。简单的调查可以设计得只需几页记录纸和一个可装在口袋里的计算器，结果也就是几页报告。复杂的大规模的调查要采用高级的计算机和数据分析程序，用于处理、计算并生成大量精确的信息。

2. 房地产经纪市场调查的结果是有效的

因为调查采用抽样的方法，所以从一个相当小的样本就可以得到一个很大的总体信息。调查的样本量一般很少超过一千人的水平，即使调查的结果要用于推断千万人。很好的设计和组织对保证调查研究的效率十分重要。通过精心的设计和安排，上百个问题的问卷几分钟就可以答完。

3. 房地产经纪市场调查的结果不是完美无缺的

就像其他调查工作那样，房地产经纪市场调查也不可避免地会有错误、误差和疏忽。对方案的缜密设计和细心实施的目的就是为了避免较大的误差和疏忽。只要对调查信息的价值没有严重损害，出现小的错误是正常的。如果在调查或结束之后发现了细小的错误，就应当考察它们对调查信息有什么影响。仅仅因为一些细小的错误就贬低或抛弃调查的结果是不合适的。应当按照错误的具体情况进行修正处理，这样可能需要在解释结果时作些修改，或是对调查发现的依赖方面作些变动。

4. 房地产经纪市场调查的结果不能直接指示决定

即使没有发现错误或疏忽，调查完全按设计的方案进行，结果也不是完全可靠的，不能指示最终答案。调查结果只是一种数据参考。还要结合一般经验和其他信息来进行评价。对调查的结果要认真思考，看与我们对问题的感性认识是否吻合；如果不相符，原因何在；必要时需作进一步的调研和分析。调查结果是重要的决策参考依据，但并不等于准确地给出了决策答案。

（二）提高房地产经纪市场调查结果利用率的途径

随着经济的发展，社会的进步，房地产逐步走进了人们的生活。而房地产业的市场调查问题频频出现，越来越不能满足市场的需求。为了提高市场调查结果的利用率，应该做到：

1. 确保调查结果的真实性

由于房地产供应是实的，流量是虚的，所以调查统计必须站在中间立场，才能产生准确的数据，得到有用的结论。做房地产市场调查需要第一手资料，有业内资深专业人士和公众媒体参与，调查才有可信度。

2. 确保结果的实用性和可操作性

对房地产企业而言，市场调查是利用这个信息平台，为其提供准确、全新的动态信息。但是在行动中，由于调查透明度不大，样本采集也不广泛，没有准确的代表性，导致房地产经纪企业市场调查得到的结论不能令人完全信服。为了实现调查结果的实用性和可操作性，房地产企业应该重点关注调查过程，寻找一些做市场调查和信息分析较好的机构帮助企业进行市场调查，以求得到更具参考价值的结论。

3. 确保调查结果的前瞻性

房地产是一种特殊的商品，房地产项目开发周期长，房屋使用周期也长，比起其他商品，建筑的设计一定要超前，所以房地产市场调查的内容设置也要超前，以保证所得结论的前瞻性。也只有这样才能真正反映未来市场需求，为开发商经纪商等起到参谋作用。

第二节　房地产经纪市场的预测与开发

一、房地产经纪市场预测的概念、内容和基本方法

（一）房地产经纪市场预测的概念

房地产经纪市场预测是市场预测的一个分支，市场预测又是由预测派生而来，因此要了解房地产经纪市场预测的含义，首先我们要把握预测的含义。

> 预测指的是运用科学的手段去探索事物发展变化的规律，在有规律可循的基础上依据历史和现状去预期未来，推断事物的变化趋势和可能出现的具体现象。

其实对这个定义我们没有必要死记硬背，只要记住预测是“找寻规律、立足现在、推测未来”就可以了。

作为市场预测的一个组成部分，房地产经纪市场预测也满足上述十二字方针。具体来说，它的定义如下：

> 房地产经纪市场预测指的是运用科学的方法，对影响房地产市场需求的诸多因素进行调查研究，在掌握大量信息资料的基础上，对未来房地产市场的需求变化及经纪市场发展趋势，进行分析、判断和预见，为房地产经纪企业提供决策的依据。

谈到市场预测，很容易让我们联想起市场调查，因为市场预测是以市场

调查为依托的，而市场预测又是市场调查的延伸。市场预测与市场调查也是有差别的。如表8－3所示。

表8－3　对比市场调查和市场预测

市场调查	区别	市场预测
重点研究市场的过去和现在	研究重点不同	重点研究市场的未来
通过了解市场的实际状况，及时捕捉市场机会	目的不同	通过预测性研究，对市场未来的发展做出研究和判断
获得的结果涉及市场的各种数据资料和调查报告，内容广泛	获得的结果不同	获得的结果是关于未来市场发展的预测报告，内容相对单一
主要运用定性研究方法	研究方法不同	主要运用定量测算技术

在社会化大生产条件下，为使房地产企业的生产经营活动与瞬息万变的市场需求相适应，也为了降低预测的难度，房地产经纪市场预测已经被划分为几种不同的类型。

1. 按时间层次，房地产经纪市场预测可以分为以下三种：

(1)短期市场预测

短期市场预测一般只针对近期形势，主要用于指导房地产企业每天或一周的运营安排，这种预测的期限通常只有未来一到两个月。

(2)中期市场预测

中期市场预测的时限跨度从两个月到一年不等，主要对房地产企业制订年度生产计划提供参考。

(3)长期市场预测

长期市场预测指的是对两年以上房地产市场前景的预测，主要用于指导房地产企业新项目开发和长期财务管理安排。

2. 按性质层次划分，房地产经纪市场预测可以分为两种：

(1)定性市场预测

定性市场预测又称为判断市场预测，它主要参照房地产行业业内人士的意见，在缺乏量化数据的情况下使用。使用定性市场预测的关键是确定合格的人员，力求他们对预测结果达成一致。

(2)定量市场预测

定量市场预测又称为客观分析法，主要是用房地产企业的历史数据来预测企业的未来表现。通常情况下，在相关数据充分的情况下，比较适合运用定量方法进行预测。

（二）房地产经纪市场预测的内容

房地产经纪市场预测的内容与房地产企业需要进行决策的内容息息相关，凡是企业需要进行决策的问题都应该进行预测。具体说来，主要有以下几种重要内容。

1. 环境预测

环境预测主要是对影响房地产企业进行经营活动的各种宏观环境和微观环境进行的预测。

作为国民经济的重要组成部分，房地产业的发展与整个国民经济的发展密不可分。国民经济向前发展了，人民收入提高了，人们就要改善住房条件，从而客观上推动了房地产业的发展。不仅如此，国民经济的发展，还能从资金和技术上为房地产业的发展提供保证；反之，国民经济不景气，必然限制和阻碍房地产业的发展。因此，在进行环境预测时，做好对国民经济发展趋势的预测是第一要务。

2. 对房地产需求的预测

对消费者需求的预测主要着眼于一定的目标市场，针对需求者在房屋面积、功能等方面的需求进行预测。这种预测既要考虑需求者的现实需求，也要考虑其潜在需求。

3. 房屋供应量预测

房屋供应量预测指的是通过各种渠道对最终提供给需求者的各种类型的房屋的数量进行预测。对于房地产企业来说，对房屋的供应量进行预测是非常关键的内容，因为市场上的房屋数量直接关系到该企业未来的发展空间。

4. 市场占有率预测

市场占有率是指在一定的市场范围内，房地产企业开发房屋的销售量（或销售额）占同类产品总销售量（或销售额）的百分比。

用公式表示：

$$\text{市场占有率} = \frac{\text{本企业开发房屋的销售量（或销售额）}}{\text{市场上同类产品总的销售量（或销售额）}} \times 100\%$$

由公式可以清楚地看到，市场占有率表明了房地产企业的产品在市场上所占份额的大小，它能够直接反映出房地产企业的竞争力。市场占有率高，说明房地产企业所开发房屋的销量好，需求者的认可度高，也体现了较高的企业知名度，这样的企业在竞争中才能占据优势，获得可观的经济效益。因此，追求较高的市场占有率是企业的经营目标，也是检验企业的营销策略成功与否的一项重要标准。通过市场占有率的预测，可以促进房地产企业改善经营管理，提高生产技术水平，促进产品的更新换代。

5. **产品生命周期预测**

任何产品都有其生命周期，房地产也不例外。房地产的生命周期指的是一种类型的房屋从投放市场到被市场淘汰的全过程。整个生命周期中，要经历导入期、成长期、成熟期和衰退期四个阶段，如图 8－9 所示。

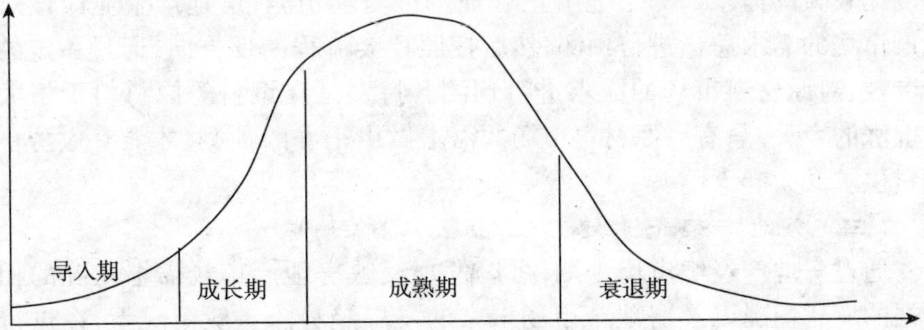

图 8－9　产品生命周期

(1) 导入期

这是产品生命周期的第一阶段。房地产企业刚刚开发了一个项目，此项目还没有为市场所熟悉。这时，企业的全部努力就是使自己的产品尽快树立产品形象，建立社会知名度，为下一步大规模的销售打基础。

(2) 成长期

经历一段时间，已经有很多顾客了解了这个项目，企业也打开了一定的销路，销售量直线上升，此时市场上的竞争对手不多，企业的销售前景看好。

(3) 成熟期

到这个阶段，房地产市场上同类房产开始趋于饱和，竞争对手也逐渐增多，竞争压力加大。好在此时的企业在房屋销售、营销策略方面已经轻车熟路，所以房屋销售量在这个阶段达到最高水平。

(4) 衰退期

市场上竞争对手已经创造出了更为新颖的产品，自己的产品没有了吸引力，也失去了市场，只能被淘汰。

以上就是对产品生命周期四个阶段的简要描述。房地产企业通过对房地产生命周期进行预测，可以及时开发新产品、淘汰老产品，进行产品的更新换代，针对不同时期，制定相应的营销策略，以尽量延长成长期和成熟期，推迟衰退期，使企业创造更高的经济效益。

6. **企业营销前景预测**

房地产企业营销前景预测主要涉及：该企业开发的房地产项目的市场销售量的变化趋势；房地产项目的知名度、美誉度的变化趋势；该企业的销售渠道和网络变化趋势;企业促销活动效果的预测等。

7. **原料市场的需求预测**

原料市场的需求,主要针对房地产企业因为生产活动所产生的需求。原料市场的需求属于房地产市场需求的一个延伸,是一个滞后的,也是变化幅度比较大的需求。为了能够正确地进行需求预测,房地产企业应该对房地产市场的需求总量进行预测,然后按照社会流程的反方向,通过一定的技术参数,对原材料市场的需求进行预测。特别是在钢材等原材料价格大幅度上涨的今天,只有对原材料市场的需求做出正确的预测,才能有效防止原材料供求的大起大落。

(三)房地产经纪市场预测的基本方法

通过房地产经纪市场预测,可以发现反映房地产市场需求状况的相关数据的变化情况以及房地产市场未来的发展趋势。一般情况下,在进行房地产经纪市场的预测时,会使用定性预测和定量预测两种方法。

1. **定性预测法**

定性预测法也被称为经验判断法,是一种历史悠久的传统预测方法,它就是依靠预测者的阅历、知识和经验,对所收集到的资料进行分析、整理,对市场未来的发展趋势做出推测和判断。定性预测法具有简便易行、费用省、效率高等优点。按照不同的划分标准,可以把定性预测法分为若干类型。比较常见的是按照预测参与者分类,具体包括以下四种类型。

(1)专家个人预测法

这是一种邀请个别专家进行预测的方法,专家可以是公司经理、高级主管,也可以是教授类学者、有经验的销售人员等。在进行预测时,由主办方说明需要专家给予帮助的具体内容和要求,然后由专家按照自己的方法独立进行预测。采取这种方法省时、省力,能在不受任何干扰的情况下进行预测,能充分发挥专家个人的聪明才智。但是专家个人预测法对单个专家的依赖性过大,缺乏信息的交流和沟通。为了避免出现误差,在使用这种方法时,企业通常同时邀请多个专家就同一课题独立进行预测,以减小预测的误差。

(2)经理会议预测法

这是一种小组预测的方法,把企业内不同部门的经理召集到一起,按照一定的程序,以小组会议的形式,就预测的内容进行充分的信息交流,会议参与者发表各自的意见,最后由会议主持人进行汇总和整理,形成预测结果。这种方法的优点是减轻了对个人意见的依赖,能够增强企业的凝聚力。但是也有明显的不足,就是决策进程缓慢,受干扰大,而且预测结果难以统计。

案例：某房地产经纪公司将其财务部经理、营销部经理和广告部经理召集到一起，运用经理会议预测法，预测明年本公司房屋的销售量情况。

各位经理对销售量的估计如表8－4所示。

表8－4　经理会议预测表

参与预测人员	销售量(平方米)	概率	销售量×概率	权数
财务经理				
最高销售量	7 000	0.3	2 100	
最可能销售量	6 000	0.5	3 000	
最低销售量	5 000	0.2	1 000	
期望销售量			6 100	0.2
营销经理				
最高销售量	8 000	0.4	3 200	
最可能销售量	7 000	0.3	2 100	
最低销售量	5 000	0.3	1 500	
期望销售量			6 800	0.4
广告经理				
最高销售量	9 000	0.3	2 700	
最可能销售量	7 000	0.3	2 100	
最低销售量	6 000	0.4	2 400	
期望销售量			7 200	0.4

预测值＝6 100×0.2 ＋ 6 800×0.4 ＋ 7 200×0.4 ＝ 6 820(平方米)

考虑到各个预测人员对市场的了解程度和各自的经验水平有所差别，为了提高预测的准确性，在实际工作中，对于预测人员可以赋予不同的权数，最后结果采用加权平均法获得。在上述案例中正是运用了这种方法。

(3)营销人员预测法

营销人员预测法指的是召集在企业各个营销业务部门、对于顾客和中间商比较了解的实际工作人员，运用小组讨论的形式进行预测的方法。实施这种方法时，一定要充分重视业务人员的意见。因为业务人员处于市场交换的前沿，他们与目标购买者接触最多，对于市场和产品销售情况的了解比较实际和全面，对于市场变化的感觉也是比较客观和敏感的。同时，还要重视对营销人员的培训，使他们不仅懂得推销产品，而且懂得对市场信息的收集和分析，懂得对目标市场消费者的研究和调查，以期提高他们预测的准确性。

(4)德尔菲预测法

所谓德尔菲预测法指的是预测者根据预测的目标和内容挑选若干专

家,并使专家在匿名情况下充分、反复地进行信息交流,从而得到预测结果的一种预测方法。德尔菲预测法的最大优点是匿名交流,在整个预测过程中专家们互不见面,完全是通过预测工作的组织者和预测意见表格来实现专家们的交流与沟通。当然,这种方法也有不足,一是费时、费力,二是一旦预测方案设计不合理,就会给预测工作带来很大困难。

2. *定量预测法*

所谓的定量预测法,指的是预测者在掌握充足的统计数据的基础上,应用数学的方法,建立模型,分析预测对象及其相关事物的历史变化规律。与定性预测法相比,定量预测法更为精确,有据可循。

按照预测的思路和计算方法,可以把定量预测方法分为时间序列预测法、相关分析预测法和类推预测法三种。

(1)时间序列预测法

时间序列预测法指的是对预测对象的时间序列发展过程进行状况分解,通过计算发现预测对象的历史发展变化规律,并且对这种规律加以延伸而进行预测的方法。

下面,我们介绍几种常用的时间序列预测法。

①简单平均法

简单平均法,就是我们常说的算术平均法,它是把过去时期的时间序列数据全部相加,再除以资料的期数,求得平均值,然后将这个平均值作为下一期的预测值。

假设有 n 期资料,分别是 $X_1, X_2, X_3, \ldots, X_n$,则简单平均法的计算公式为:

$$\overline{X} = \frac{1}{n}\sum_{i=1}^{n} X_i$$

$\overline{X}$ 为预测对象 X 的历史数据平均值,这一平均值就是下一期即 $n+1$ 期的预测值。

简单平均法的优点是简便易行,但使用这种方法时,在预测过程中没有考虑到时间、季节变化对数据的影响,因而在使用上有所限制,只能用于资料本身变化不大的情况。

②移动平均数法

移动平均法是由简单平均法发展而来,使用范围比简单平均法更为广泛。使用这种方法时,主要是对历史数据按顺序逐点分段移动,以反映预测对象长期发展变化的情况。

移动平均法又分为一次移动平均和二次移动平均两种方法,在这里,我们只介绍一次移动平均法。

一次移动平均法就是对原始数据逐点分段移动,其计算公式为:

$$\hat{X}_{t+1} = M_t = \frac{X_t + X_{t-1} + \cdots + X_{t-n+1}}{n}$$

式中:M_t 表示第 t 期的一次移动平均值

X_t 表示第 t 期的实际值

n 表示移动平均期数

用一次移动平均法进行预测,本期的移动值就是下一期的预测值,即 $\hat{X}_{t+1} = M_t$。

案例:某房地产经纪企业 2004 年 1 至 12 月份商品住宅的中介销售额如表 8－5 所示,分别以三期和四期为移动期,预测 2005 年 1 月份的销售额。

表 8－5　某房地产商品住宅中介销售情况　　单位:万元

月份	销售额	三个月的移动平均预测值（t＝3）	四个月的移动平均预测值（t＝4）
1	190		
2	230		
3	200		
4	250	(200＋230＋190)/3＝206	
5	210	(250＋200＋230)/3＝226	(250＋200＋230＋190)/4＝217
6	260	(210＋250＋200)/3＝220	(210＋250＋200＋230)/4＝222
7	240	(260＋210＋250)/3＝240	(260＋210＋250＋200)/4＝230
8	200	(240＋260＋210)/3＝236	(240＋260＋210＋250)/4＝240
9	230	(200＋240＋260)/3＝233	(200＋240＋260＋210)/4＝227
10	200	(230＋200＋240)/3＝223	(230＋200＋240＋260)/4＝232
11	210	(200＋230＋200)/3＝210	(200＋230＋200＋240)/4＝217
12	240	(210＋200＋230)/3＝213	(210＋200＋230＋200)/4＝210

由这个例子,我们能够发现,当 t 值分别取 3 和 4 时,得到的预测值是不一样的。到底哪个更真实呢?我们用实际值作为参照,可以看到 t＝4 时的移动平均预测值比 t＝3 时的移动平均预测值的误差大,即准确度低。之所以出现这种现象,是因为 t 取 4 时,它的修匀作用要大于 t＝3 时的效果,这样预测线就会更平滑,但是精确度也就有所降低。在运用过程中,我们要根据实际需要,决定 t 值的大小。当数据较多,统计复杂时,为了看到预测对象长远的发展趋势,我们应该将 t 值取大一些;反之,当数据较少时,为了提高预

测的精确度，我们可以将 t 值取小。

③指数平滑法

在实际的预测过程中，考虑到距预测期远近的数据不同，对预测值的影响是不一样的，为了充分发挥不同时期数据的作用，提高预测准确性，有人提出了指数平滑法，即对各期数据按照发生顺序的先后，分别给出具有指数变化规律的不同权数，求出加权平均值，在此基础上再对时间序列问题进行科学的预测。实际上，指数平滑法就是一种特殊的加权平均法，只是不必一个一个地去确定权数，降低了工作量，提高了预测精确度。至于指数平滑法的具体计算方法，涉及公式较多，本书不做介绍。

(2)相关分析预测法

相关分析预测法是指利用一个或两个与预测对象有密切关系并且是已知的事物，对预测对象进行预测的方法。采用这种方法时，需要熟悉事物间的相关原理，再通过研究分析预测对象及其相关事物之间的相互影响程度，揭示事物发展变化的因果关系。

(3)类推预测法

类推预测法就是依据主观判断或者时间序列的分析，利用与预测对象可能有类似关系的事物举一反三来进行预测的方法。房地产商在运用这种方法时，首先要全面掌握事物之间类似原理的内涵，再通过分析其他房地产商项目开发的过程来预测自家项目未来的发展情况。

二、房地产经纪市场开发的思路与方法

（一）房地产经纪市场开发的思路

1. 房地产经纪市场开发流程

房地产行业是一个对资金需求量非常高的行业，因而，房地产企业在进行市场开发时都非常慎重，严把各个环节，争取将工作做到最细。通常情况下，房地产市场开发可以分为以下四个步骤：

(1)市场分析

主要针对消费者，通过市场分析，可以让房地产企业加深对现有市场的了解，对产品及其营销策略进行评估，了解消费者的购买习惯和偏好，不断发现新的市场机会。

(2)市场细分

它是按照消费需求的差异性，把整个房地产市场划分为若干个子市场，以便找出公司最容易成功的服务对象和市场，作为目标市场。

(3)进入市场

房地产经纪企业一旦选定了目标市场，就进入了实战阶段，进入到目标

市场中，开发并销售自己的房地产项目。

(4)占有市场

房地产经纪企业若想在激烈的竞争中立于不败之地，不仅要进入到既定市场中，而且要想尽办法打败竞争对手，成为市场领导者。

2. **市场分析**

对房地产经纪市场进行分析时，要分别分析现有房地产企业的情况和消费者的情况。

(1)对现有房地产经纪企业进行分析

这里的现有房地产经纪企业是已经存在于市场上的企业，也是本企业未来的竞争对手。他们的实力直接影响着进入这个市场的难易程度。通过对现有房地产企业声誉、经济实力等方面的分析，可以为本企业制定战略提供帮助，使本企业早做准备，未雨绸缪。

(2)对消费者的购买行为进行分析

消费者是房地产企业的衣食父母，是房地产市场营销活动的中心。研究消费者的购买行为，有助于企业制定相应的营销策略，迎合顾客的需要，扩大其产品销售量。

购买动机源于购买行为，而购买行为又源于需要。当消费者有了某种需要而又未得到满足时，内心就会出现紧张感，进而产生购买动机，也就是常说的购买驱动力。在驱动力的促使下，消费者实现了某种购买行为，满足了自身需要。在旧的需要满足后，由于内外部诱导因素的刺激，消费者又会产生新的购买欲望。所以说，消费者的购买行为是一个循环往复的过程。

语言的表述总有些晦涩，我们用图的形式把消费者购买行为的形成过程直观地表示出来，如图 8－10 所示：

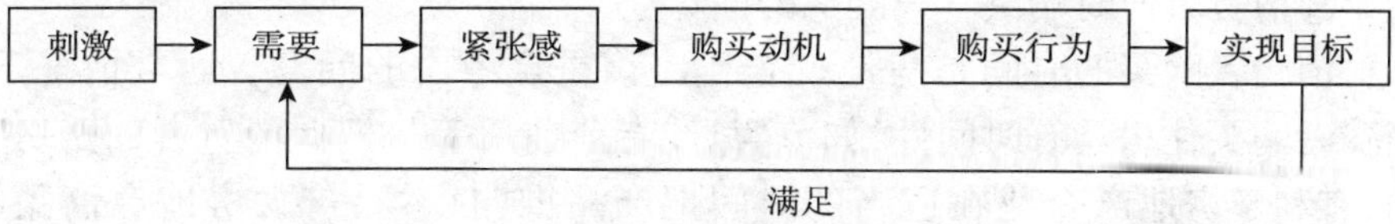

图 8－10 消费者购买行为形成过程

针对房地产市场的消费者，分析其购买行为，可以从以下六个方面着手：

①谁在房地产市场中——购买主体

一般情况下，房地产的购买主体有三部分：单个消费者、家庭和某些组织。这三个部分都是房地产的实际或潜在的购买者，购买的目的是用于消费或投资。受收入、工作背景、受教育程度、个性、心理等因素的影响，他们对房屋的要求各有不同。

对于房地产企业来说,必须充分了解每一类人群的购买特点,对消费者了解得越清楚,制定策略时才能越行之有效。

②消费者购买什么——购买对象

在房地产市场上,消费者购买的是房屋还有服务。但是,消费者购买的房地产项目是多种多样的,包括别墅、高级公寓、普通住宅、经济适用房等,这就需要房地产企业将物业分类,清楚了解消费者所需,只有这样才能帮助企业有效地发展产品,满足消费者需求。(如表8-6所示)

表8-6 房屋分类示例

细分标准	具体分类
消费者收入状况	商品房 经济适用房 廉租住房
住房式样	别墅 公寓 四合院
住房档次	高档房 中档房 低档房
房屋楼层数目	高层住房 多层住房 低层住房

③消费者何时购买——购买时间

消费者购买的时间是房地产企业应该重点考虑的问题。通常情况下,消费者购买住房具有时间性,如节假日、春节前后等。把握消费者的购房时间,有利于房地产企业在适当的时间把产品推向市场,扩大房地产商品的销售。

④谁参与购买决定——购买角色的认定

很多情况下,在房地产的购买活动中,购买者、决策者、消费者是分离的。房地产企业应该了解不同的人所扮演的角色,采取营销策略影响其购买行为。

⑤消费者的购买目的是什么——购买原因

消费者花钱买房是为了满足自身的需求,房屋能带给消费者的不仅是产品本身,同时还能满足消费者心理和精神上的需要。所以说,房地产企业要把营销重点放在满足消费者内心需要上。

⑥消费者怎样购买——购买方式

这里讲到的购买方式，主要涉及消费者购买房屋时是一次性付款还是分期付款。为了满足不同消费者的需要，房地产商应该实施营销组合设计策略，尽量多提供一些购买方式。

3. 市场细分

市场细分是一个由一系列活动组成的连续过程，其客观基础是消费需求的差异性。通过市场细分，可以帮助房地产企业了解市场中不同的顾客需求，寻找有利的市场机会。

市场细分一般由以下步骤完成：

(1)划定细分范围

房地产经纪企业首先要界定产品的整体市场，包括别墅、高级公寓、普通住宅、经济适用房等。细分范围的大小，取决于多种因素，其中主要的是：企业已掌握的信息量、企业的任务和目标、企业的经济实力等。

(2)确认细分依据

细分依据指的是构成消费者对物业需求产生差异的主要因素，如人口统计因素、心理因素等。在很多情况下，往往要将多种细分进行综合考虑，因为经验表明，性别、年龄收入等人口统计因素与心理因素是紧密相关的。

(3)权衡细分变量

对细分变量进行权衡，主要是考察子市场的界定是否清晰以及在同一个子市场，消费者对物业的需求是否相似。

(4)实施经纪市场调查

即房地产经纪企业对细分市场的消费者进行以需求特征、购买行为、对营销策略的反应为主要内容的调查，以取得有关的第一手资料。

(5)评估细分市场

根据调查得到的信息，对各个子市场的价值(规模、竞争状况、发展潜力)进行评价、分析。

(6)选择目标市场

通过分析评估，可能发现几个有利可图的子市场，这时应将这几个有价值的子市场按照预期盈利能力的大小进行排列，选择赢利潜力最大的子市场作为房地产企业的目标市场。

4. 进入市场

在选定目标市场后，房地产经纪企业就进入到目标市场中，按照既定规划，开发房地产项目。因为是初涉某一目标市场，市场定位是企业的关键一步，为此企业应该小心谨慎，步步为营，争取一炮打响。在进行市场定位时，房地产企业应该从以下几个方面着手。

(1)目标消费群定位

企业的一切努力都是围绕消费者展开的,因此明确目标群体是房地产经纪企业市场定位时的第一要务,也是企业成功的起点。

> 深圳万科金色花园,是面向都市年轻白领开发的特色楼盘。为了扩大知名度,开盘前,开发商大做宣传,突出了楼盘地段好、配套齐全(泛会所)的优势,但对其目标群体只字未提。看到这种宣传,大家误以为金色花园是为事业成功人士设计,于是开盘当天,当地许多成功人士开着奔驰、宝马前往选房,却发现房型多为小户型,造成当天捧场者多,购买者少的尴尬局面。后来,开发商及时调整宣传策略,把重点放在其目标消费群上,针对年轻白领,展开大力宣传,房屋的市场销量迅速攀升。

(2)产品定位

产品定位与目标消费群的定位是相辅相成的。明确了目标消费群,产品自然就有了一定的市场位置。现在的房地产市场上,各式楼房琳琅满目,要想在众多的楼盘中脱颖而出,在进行产品定位时,就一定要突出本企业楼盘的特色,形成卖点。

> 在众多的房地产开发商拿着房屋性价比大做文章之时,北京奥林匹克花园独辟蹊径,以运动型会所、高尔夫球场、游泳池、健身房等设施作为支撑,将楼盘定位于"运动健康社区",突出了其健康的卖点,吸引了不少事业成功一族前往购房,给企业带来了可观的经济效益。

(3)区域板块定位

消费者在选择房屋时,楼盘的地段是其重点考虑的因素。好的地段也是房地产开发商要高价的筹码。因此房地产企业在进行产品的市场定位时,都非常看中地理位置因素。当然,好的地理位置开发成本自然也高,有时是有钱买不到的。精明的开发商目光都比较长远,不仅关注某区域目前的价值,还重视其未来的升值潜力。一块有巨大升值空间的土地,房地产企业开发时成本低,销售成品房时又能叫上价去,可谓一举两得。本书前面提到的山东潍坊金庆房地产公司开发的金都花园就是这方面成功的典范。

(4)品牌形象定位

因为是刚刚进入一个目标市场,不为消费者所认可。所以,房地产企业一定要通过营销努力在最短的时间内树立企业(或楼盘)形象。在进行品牌形象定位时，应用比较广泛的策略是营造楼盘的人文意境，比如创造一种江南风情，给人一种“二十四桥明月夜，玉人何处教吹箫”的梦幻感觉。这种形象定位一定要具有区别于竞争对手的，能够进行概念描述的功能。通常情况下，这种定位通过统一的广告、包装、模型与样板房等形式来表达。

> 北京宣颐家园，是一个集现代建筑特色与江南园林之美于一身的项目。它的广告选取了一个江南风格亭子飞扬的一角和一组青瓦白墙的江南居民马头墙，极大地展现了楼盘特色，赢得了消费者的好感，给企业带来了较高的销售量。

(5)价格定位

在购买房屋的过程中，价格永远是消费者重点考虑的因素。房地产经纪企业怎样分析价格定位呢？比较可取的一种定价手段是参照竞争对手楼盘的价格为自己的产品定价。当然，定价过程中还要充分考虑楼盘的特点。一般来说，经济适用房的价格最为敏感，为此类房屋定价时，只要比竞争对手的价格略低，就可获得可喜的效果。倘若开发的是中高档楼房，有数据表明，只有与竞争对手的价差在300元/平方米以上时，才能在竞争对手面前占据价格优势。至于豪宅，其价格弹性非常低，这时开发商就不好在价格上做文章了，而要把重点放在提高房地产品质以及周边环境上。

5. **占有市场**

房地产开发企业，如果已经积累了大量的经验，为了能在特定的房地产目标市场上长期立足，就要竭尽全力扩大市场占有率，争取成为市场领导者。为此，房地产企业应该做到：

(1)提升企业形象

随着经济的发展，消费者购物越来越看中品牌。房地产企业要想在市场上谋求长久发展，首先就要树立企业的形象，在消费者心目中建立高信誉、高质量、高舒适度的印象。

(2)开发楼盘系列

在第一座楼盘成功开发后，房地产企业应该乘胜开发系列楼盘，采取企业与楼盘品牌联动战略，扩大企业的知名度，提高企业在房地产界的声望。

(3)加强房地产开发过程管理

要想成为市场领导者，房地产企业还要从价格上下工夫。为此，应该加强房地产开发过程管理，提高钢筋等原材料的利用率，降低成本，对比竞争对手的定价，争取在价格上战胜竞争对手，提高市场份额。

(二)房地产经纪市场开发的方法

在房地产经纪市场开发的过程中，要借助多种成型的方法，作为企业的理论和技术支撑。这里介绍几种主要的方法。

1. SWOT 分析法

应该说，在房地产经纪企业进行市场开发的整个过程中，都会用到这个分析法。所谓 SWOT 分析法，是一种综合考虑企业内部条件和外部环境的各种因素，进行系统评价，从而选择最佳经营战略的方法。这里，S 是指企业内部的优势（Strengths），W 是指企业内部的劣势（Weaknesses），O 是指企业外部环境的机会（Opportunities），T 是指企业外部环境的威胁（Threats）。

房地产经纪企业内部的优势和劣势是相对于竞争对手而言的，一般反映在企业的资金、技术设备、职工素质、产品、市场、管理技能等方面。判断企业内部的优势和劣势一般有两项标准：一是单项的优势和劣势。例如：企业资金雄厚，则在资金上占优势；市场占有率低，则在市场上占劣势。二是综合的优势和劣势。为了评估企业的综合优势和劣势，应选定一些重要因素加以评价打分，然后根据其重要程度通过加权确定。

房地产经纪企业外部环境的机会是指环境中对企业有利的因素，如政府支持、高新技术的应用、购买者和供应者良好的关系等。企业外部的威胁是指环境中对企业不利的因素，如竞争对手的出现、市场增长率缓慢等。这是影响企业当前竞争地位或未来竞争地位的主要障碍。

运用 SWOT 分析法，可以帮助房地产经纪企业把握企业内部的优劣势与外部环境的机会和威胁，并在此基础上制定符合企业未来发展的战略，发挥优势，克服不足，利用机会，化解威胁。

2. 标杆管理法

《国际项目管理专业资质认证标准》中将标杆管理定义为："优胜基准学习法"——就是对产生最佳绩效的行业最优的经营管理实践的探索，也就是以行业中的领先团队为标准或参照，通过资料收集、分析比较、跟踪学习等一系列规范化程序，改进绩效，赶上并超过竞争对手，成为市场上的领先者。当房地产企业进入某一目标后，要想在这个市场站稳脚跟，并谋求长期的发展，就要用到这个方法。

实施标杆管理时，应该严格按照以下步骤进行：

(1)确定标杆管理指标的目的和原则

标杆管理是一种提高绩效的方法，房地产企业实施标杆管理的目的在于找出与行业内其他企业的差距，并通过向其他企业学习以改进自己的行为。

实施标杆管理时，要遵循以下原则：

①前瞻性：在短期利润和长期价值创造之间取得平衡；

②全面性：指标体系能全面评价企业的经营情况；

③独立性：各指标之间相互独立；

④熟悉度：指标应为大众所熟悉，便于评价；

⑤代表性：尽量用最少的指标反映重大的方面；

⑥过程性：指标体系的建立不仅是一个结果，更是一个过程。

（2）确定绩效差距

所谓的绩效差距就是自己目前的做法与当前房地产行业的领导者的做法之间的绩效差异。这种差距包括综合绩效差距和关键绩效差距，前者包括企业的规模、消费者数量等；后者包括企业的财力、技术力量与市场战略的一致、技术创新等。

（3）绩效差距成因分析

明确绩效差距之后，就要判明其产生原因，以便对症下药。一般来说，造成本企业与房地产行业领先者之间差距的原因主要包括企业知名度低、研究投入量低、产品过于单一、全员劳动生产率低等方面。

（4）拟定未来的最佳实践

通过标杆比较借鉴最佳操作典范，为房地产企业未来的行动指明努力方向，企业可以创建属于自己的最佳实践，以赶上并超过标杆对象，争取成为房地产行业的领导者。

3. CIS 策划方法

CIS（Corporate Identity System），意即企业识别系统，是一种刻画企业形象的系统方法。它将企业的经营观念与文化，运用统一的整体传达系统（特别是视觉手段的表达），传达给与企业有关系的团体或社会大众，使其对企业产生一致的认同感。

房地产经纪企业要想成为行业内的领导者，必须在公众心目中建立起良好的企业形象。一般来说，房地产企业实施 CIS 策划方法时，可分为五个阶段：

（1）CIS 策划的准备

以房地产经纪企业的经营者为中心，先研究 CIS 计划，慎重讨论企业必须实施 CIS 的理由，了解实施 CIS 的意义和目的。然后，再决定 CIS 计划的大概范围：是改良企业标志？还是要彻底、重新检讨整个企业理念？

一旦决定要实施 CIS，就要组织 CIS 委员会，以设计今后计划的预定时间表，并同时决定由哪一家专业 CIS 设计公司负责。一般 CIS 计划的导入时间约需一年半左右，最短也需一年的时间。

（2）企业现状分析

现状分析包括企业内部环境和外部环境。再对企业环境进行分析时，可结合 SWOT 分析法，在此不再赘述。

（3）理念和领域的确定

根据第二阶段对现状的把握，便可进而重新检讨企业理念和事业领域。

以企业的经营意志和社会、市场背景等为基础，预测十年后、二十年后的情况，以确定公司的事业领域。同时，将现存的企业理念和现在、未来相对照，据此而规划出企业的活动范围。

(4)企业结构的调整

根据企业理念、事业领域来检讨企业内部的结构后，着手改善企业素质的工作就必须紧接着展开。在外界 CIS 专业公司或幕僚人员的协助下，设定企业内的组织和体制，以及信息传递系统，以塑造新的企业素质。

(5)表现整合

“表现”包括行动表现和视觉表现两方面。

行动表现是指透过企业结构的调整过程，必然会表现出来的新企业活动，关于员工行动方面，可积极推行内部促进运动，展开全公司的企业理念浸透计划，使企业整体的行动统一化。

其次，企业在视觉媒体上的表现，也必须加以统一。根据统计，在人的生理性情报的摄取机能中，视觉情报约占 80%，所以必须特别重视。

以上五个阶段，只是 CIS 计划的基本程序。CIS 计划中各阶段和程序的配合，依各企业情况而异，企业一定要考虑公司本身的需要和状况，才能发挥 CIS 的效果。

除以上三种方法，调研分析法在房地产经纪市场开发的过程中应用也比较广泛，因为在第一节中已经详细介绍，在此不再赘述。

第三节　房地产经纪市场营销的理念与策略

一、房地产经纪市场营销的理念

(一)房地产经纪市场营销的概念

房地产经纪市场营销是市场营销的一个分支，要了解房地产经纪市场营销的含义，我们首先要弄清市场营销的含义。

2004 年美国市场营销协会提出的定义是：

> 市场营销是一项组织功能，是一系列创造、交流和传递价值给顾客，并通过满足组织和其他利益相关者的利益来建立良好的客户关系的过程。可见，市场营销是一项管理职能，也是一个建立良好的顾客关系的过程。

房地产经纪市场营销是市场营销在房地产经纪领域的应用，从市场营销的定义中我们能够总结出房地产经纪市场营销的含义：

> 房地产经纪市场营销指的是通过中介房地产市场交换，满足现实或潜在房地产需求的综合性的经营销售活动过程。

（二）房地产经纪市场营销的理念

房地产市场的特性，决定了房地产经纪市场的营销活动有其固有的运作模式。通常情况下，房地产经纪市场的营销理念包括以下十个方面。

1. 区域营销

大多数的房地产经纪企业对区域营销并不陌生，但对其中深刻的内涵所知不深。一般来说，房地产经纪市场的区域营销理念包含三个层次，如图8－11所示：

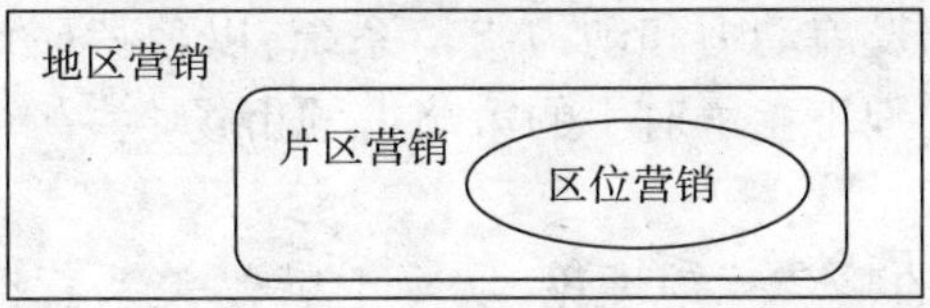

图8－11　区域营销示意图

（1）地区营销

由于各地区经济发展水平参差不齐，使得房地产投资的预期收益也有所差别。因此，实施地区营销时，应主要依靠政府部门，宣传综合投资环境，全面展示地区营销优势，以赢得本地区投资意向。

（2）片区营销

实施片区营销，首先要求整体定位，使得各片区形成一定的商业氛围，然后推进个盘营销。

（3）区位营销

在片区营销已成定局的态势中，经纪企业将独立完成个盘的营销活动，突出个盘特征。

2. 信息营销

信息营销是21世纪营销理念的核心，谁掌握了信息，谁就意味着掌握了市场。对房地产企业而言，在进行项目可行性研究的过程中，信息拥有量以及信息处理方法的选择，直接决定了决策的正确性与科学性。因此，如何建立一套行之有效的“营销信息系统”，对房地产企业来说至关重要。

3. 品牌营销

随着市场经济发育日渐成熟，商品的品牌形象已成为消费者认知的第一要素，房地产产品也不例外。但是，很多房地产企业没有真正意识到品牌营销的重要性，而是过多借助新闻炒作和广告轰炸，企图快速树立公司品牌。实际上，这种做法会严重阻碍房地产业的良性发展。对于经纪企业而言，要想在激烈的市场竞争中求生存、谋发展，只有脚踏实地，进行一流的规划设计、提供一流的配套服务，构建良好的品牌形象，营造名牌企业和名牌产品。

4. 竞争营销

经纪企业能否在当前激烈的市场竞争中站稳脚跟，对竞争对手的深入分析和准确应对以及培育自身独特的竞争优势很重要。为此，开发商必须树立竞争营销理念，练好内功，不断提高自身素质，加强培养企业的核心竞争力。开发商要在各区域市场上取得竞争优势必须建构完善的企业治理机构，创造一种持久的发展动力和动力支持系统，以独特而优越的品牌、质量、技术、营销网络等区别于竞争对手的策略占领市场。

5. 关系营销

当前业界流行的整合营销理论，实际上就是关系营销思想的体现。其营销主张重视消费者导向，强调通过企业与消费者的双向沟通，建立长久稳定的对应关系，在市场上树立企业和品牌的竞争优势。在营销组合中，产品、定价、通路等营销变数都可能被竞争者仿效甚至超越，唯独商品和品牌的价值难以替代，而这与消费者的认可程度紧密相关。因此，经纪企业必须完全从消费者的角度安排经营策略，必须充分研究消费者需求，努力加强与消费者的沟通，注意关系营造。

6. 文化营销

随着经济的发展，社会的进步，人们在选择房地产时越来越关注小区的人文环境。为了迎合消费者的这种需要，房地产经纪企业必须注意在建筑风格上尽量体现文化内涵，通过富有特色的主题创意，提升住宅小区的文化价值，同时要努力创造一种和谐的邻里关系、温馨的居住环境，采取各种有效的措施加强业主之间的沟通、交流。

7. 特色营销

消费者特别是新成长起来的年青一代，往往把个性能否得以发挥和张扬，作为衡量和选择商品的一个重要标准。为此，开发商必须注意特色经营的重要性，把研究市场需求、强化使用功能、追求个性特色、营造人性空间的思想作为经营理念，不仅在小区布局、建筑外形、色彩、楼层、阳台、内部结构等产品策略方面力求避免雷同，突出居住者个性，而且在广告宣传、价格确定、促销方式等方面也要独具风格，努力成为市场亮点。

8. **诚信营销**

目前，虚假广告的大量存在导致了消费者对房地产经纪企业的不信任。对于消费者来说，在选房时，他们关注的是房屋的价格、质量、地理位置等具体的要素。经纪企业要想获得消费者口袋里的钱，先要赢得消费者的口碑。为此，经纪企业必须树立诚信营销的经营理念，塑造出自身的良好社会形象。

9. **环保营销**

随着环保意识的逐渐兴起，消费者已愈来愈关心自己的居住环境，更加关注房屋的环境设计。他们不仅希望小区内有充足的阳光和清新的空气，而且要求住宅小区远离工厂，附近没有污染源。在这种背景下，开发商应该以环境保护为经营理念，改变过去见缝插针的开发模式，充分考虑小区的住宅空间、阳光照射、绿化间隔等，为消费者营造人与自然和谐共生的理想家园。

10. **知识营销**

随着知识经济时代的来临，企业经营法则在逐步发生着改变。企业营销活动不再只关注物质分配，更强调为消费者提供更多的应用支持。在这一前提下，以知识推动市场的营销新思想，应该为精明的开发商所采纳。经纪企业通过开展大规模的住房知识普及活动，向广大消费者介绍房屋建筑选择标准、住宅装修知识、住房贷款方法和程序等知识。在增加消费者房地产知识的同时，也增加消费者对开发商的认同感，这必然会在引起社会极大反响的同时，也使经纪企业的销售业绩不断上升。

二、房地产经纪市场营销的策略

房地产市场营销策略是一种组合策略，是房地产企业针对选定的市场，综合运用内部资源和外部环境，满足消费者需求，实现企业经营目标的一系列行为的总和。这一营销组合由四大策略构成，即产品策略、定价策略、渠道策略和促销策略。

（一）产品策略

房地产经纪企业的市场营销活动是以满足顾客需要为核心的，而顾客需要的满足只能通过提供某种房地产产品来实现。因此，产品策略是整个营销组合策略中的核心。

现代社会，随着消费者需求的不断变化，产品的概念已经不局限于产品实体本身，而是泛指企业能够向消费者提供的所有的有形商品和无形服务，即形成了产品整体概念。（如图 8－12 所示）

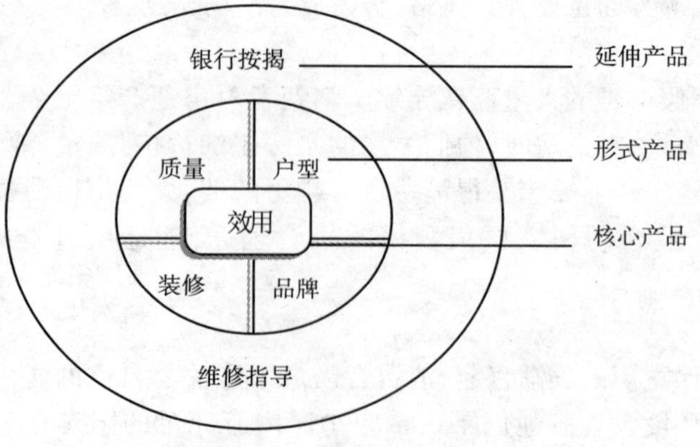

图 8－12　房地产产品整体的构成

如图 8－12 所示，现代市场营销中的产品整体由三部分构成：核心产品、形式产品、延伸产品。

1. 核心产品

核心产品是构成产品的最基本内容，向消费者提供该产品的基本效用或使用价值。在购买房地产时，消费者能够获得的基本效用是拥有了家庭感和安全感，这就是房地产的核心产品。

2. 形式产品

形式产品是构成产品实体的具体形态。对于房地产而言，其形式产品就是房屋的朝向、面积、质量，等等。通过上述具体形态，向消费者展示产品核心层次的外部特征，以满足消费者对同类产品的若干差异性需求。

3. 延伸产品

延伸产品也叫附加产品，是消费者购买某一产品实体的同时所附带得到的各种服务。针对房地产，开发商提供的银行按揭贷款服务，房屋维修保养指导都是提供给消费者的延伸产品。

在竞争激烈的房地产行业，房地产企业要想把企业做大、做强，必须牢固树立产品整体概念，在保证所开发的楼盘具有优质的内在和外在质量的同时，确保向客户提供令人满意的完善服务。企业营销活动的实践表明：只有那些重视服务并尽企业之所能为顾客提供扎扎实实服务的企业，才能在同行业竞争中占据优势。

（二）定价策略

对于大多数的中国人来说，个人购房首先考虑的还是价格问题。由于房产价格变化大，所以各个房地产经纪企业在进行房地产市场营销时，价格运作最具操作性，往往容易为消费者所关注。在这里主要介绍房地产定价策略和价格调整策略。

1. **房地产定价策略**

楼盘销售往往是跨年度的，而消费市场变化莫测。要想使楼盘的定价为消费者接受，需要一定的超前意识和科学预测。影响价格的因素有很多，主要包括：成本、楼盘素质、顾客承受的价格、同类楼宇的竞争因素等。房地产企业必须全面考虑各方面因素，采取一系列定价步骤和措施如图8－13所示。

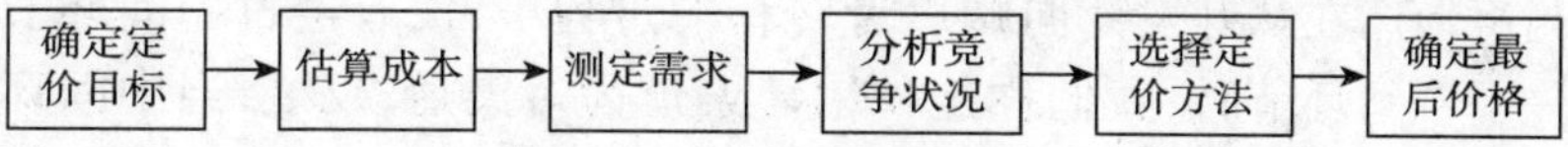

图8－13　房地产定价步骤

2. **价格调整策略**

房地产价格调整策略可以分为直接的价格调整、优惠折扣两方面内容。

直接的价格调整就是房屋价格的直接上升或下降，它给客户的信息是最直观明了的。直接的价格调整主要有两种形式：①基价调整。基价调整就是对一栋楼的计算价格进行上调或下降。这样的调整，每套单元的调整方向和调整幅度都是一致的。②差价系数的调整。差价系数由房屋基价加权所制定。对每套单元视产品的差异而制定不同的价格，将好卖单元的差价系数调高一点，不好卖单元的差价系数调低一点，以均匀各种类型单元的销售比例，反映出市场对不同产品需求的强弱。

优惠折扣则是在限定的时间范围内，配合整体促销活动计划，通过赠送、折让等方式对客户的购买行为进行直接刺激的一种方法。通过优惠折扣，能够有效地活跃销售气氛，提高销售量。

（三）渠道策略

作为房地产经纪市场营销组合策略中的一个构成要素，渠道策略对房地产经纪企业营销策略的实施具有重要的影响。通过合理设计渠道，房地产企业可以以最快的速度、最低的费用把产品送到消费者手中。

1. **渠道的分类**

房地产的销售渠道可以从多个角度进行分类。这里我们主要介绍两种分类方法。

（1）直接销售渠道和间接销售渠道

直接销售渠道和间接销售渠道的划分，是以有无中间商的介入为标准的。

采用直接销售渠道时，房地产生产者直接把产品出售给消费者。这种做法便于企业了解市场，降低了销售费用；但它不符合社会分工的需要，而且一旦市场发生变化，开发商要承担全部损失，这就加大了生产者的经营风险。

采用间接销售渠道时，房地产生产者通过中间商将房屋出售给消费者。这种做法的优点是利用中间商庞大的营销网络，能够扩大房屋销售量；不足是流通环节多、费用高、时间长，不利于开发商及时掌握市场信息。

(2)长渠道和短渠道

按照流通环节的多少，可以将房地产销售渠道分为长渠道和短渠道。

当房地产在从开发商向购房者转移的过程中，没有经过中间环节或只经过一个中间环节时，我们称这种销售渠道为短渠道；反之，当中间环节是两个或两个以上时，我们就称之为长渠道，如图 8 - 14 所示。

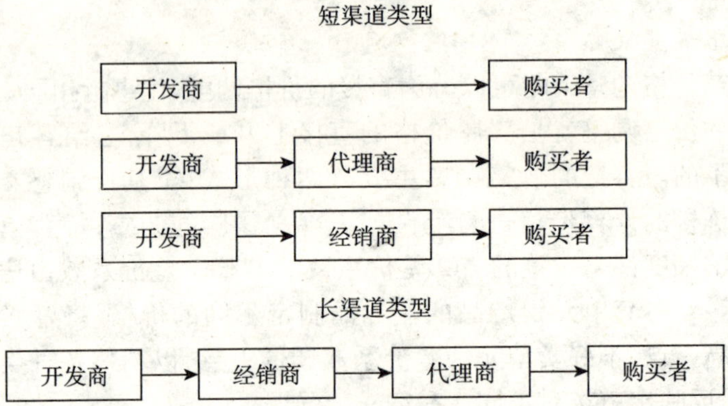

图 8 - 14　渠道类型

关于渠道的分类，还有单渠道和多渠道、宽渠道和窄渠道等多种划分方法，在这里不再一一介绍。

2. **渠道的选择**

房地产企业在选择销售渠道时，不仅要求本企业的产品能及时到达目标市场，还要求选择的渠道销售费用低，以获得最佳的经济效益。具体说来，房地产企业在选择销售渠道时，应遵循以下原则：

(1)经济性原则

选择的销售渠道不同，投入的成本和得到的产出各有不同。在面对多条可供选择的销售渠道时，房地产企业切忌草率，一定要综合比较各种渠道，本着少花钱、多办事的原则，从中选出投入少、产出大的最佳渠道。

(2)可控性原则

可控性指的是房地产企业对所选择的销售渠道的控制能力。只有选择能够控制的销售渠道，当企业和中间商发生冲突时，企业才能灵活地解决问题，而不至于陷入被动。

(3)协同性原则

房地产企业在选择中间商时,不仅要考虑其经营实力、管理水平,还要考虑其合作意愿。只有选择有诚意愿意与自己合作的中间商,才能产生合力,共同把蛋糕做大。

(四)促销策略

在现代市场营销中,促销是企业不可或缺的营销策略。通过促销,房地产企业可以将有关其产品、服务的信息传达给消费者,以达到扩大房屋销售量的目的。

惯用的促销策略主要有广告、人员推销、营业推广和公共关系四种方式。

表 8－7　四种促销方式的比较

促销方式	优点	缺点
广告	传播面广,传播及时,形象逼真	无法与消费者面对面交流,成本高
人员推销	针对性强,与消费者直接沟通,能够及时得到反馈信息	占用人员过多,波及范围窄
营业推广	震撼力强,短期效果明显	接触面窄,无法形成长期效应
公共关系	树立了企业形象,影响力大,可信度高	组织难度大,无法直接追求销售效果

研究思考题:

1. 房地产市场调查的目的、原则、内容。
2. 房地产市场调查的程序与方法。
3. 房地产市场预测的内容和方法。
4. 房地产市场开发应遵循什么样的思路与方法?
5. 如何运用房地产市场的营销理念与策略?

第九章

房地产经纪人管理

本章概要：

房地产经纪人的素质与技能要求；

房地产经纪人的执业资格管理；

房地产经纪人的行业与市场管理。

第一节　房地产经纪人员的素质与技能要求

一、职业道德

（一）房地产经纪人职业道德的内涵

简单地说，职业道德就是从事某一职业的人，在履行其本职工作的过程中应当遵守的道德要求和行为准则。

房地产经纪人的职业道德从本质上讲，也不外乎如此。但是由于不同行业的服务对象和服务方式各有千秋，这就导致了各行业的职业道德又有其侧重点。就房地产经纪行业而言，由于经纪人是为客户提供有关房屋的各种服务的，其职业行为的特点，决定了房地产经纪人要特别强调提高自身的职业道德修养。

（二）房地产经纪人职业道德的基本要求

1. 诚实信用

房地产经纪人员提供的服务是促成他人交易，这种服务实质上是一个信息沟通的过程。因此，要想使买卖双方达成交易，首先要以诚实信用的态度取得双方的信任。诚实，要求房地产经纪人在执业过程中以实事求是的态度去开拓业务；同时，核对委托人提供的一切信息和资料，确保其真实性。信用，要求房地产经纪人在经纪活动中一诺千金，恪尽职守，严格按合同办事。

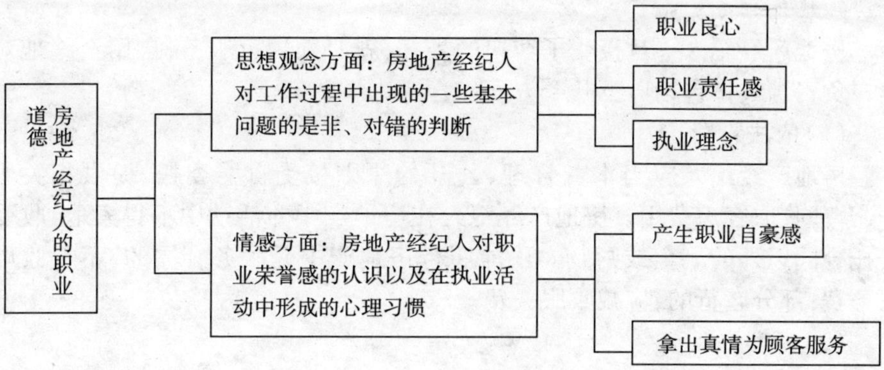

图 9－1　房地产经纪人的职业道德构成图

市场经济是一种契约经济，在众多的竞争对手面前，每一个想脱颖而出、获得更多业务量的房地产经纪人，都必须具备诚实信用的道德素质。个别经纪人心存侥幸，认为业务往来一宗是一宗，与客户的合作只是一次性买卖，无所谓给客户留下印象的好坏。于是为了促使双方达成交易，经常不择手段。事实上，这种做法是极不明智的。因为经纪人只要有一次不公平的交易，就会引起客户、客户身边人的注意，造成极为恶劣的影响。而良好社会形象的树立，正是通过一次次短暂的、真诚的服务不断积累而成的。房地产经纪人的信誉是其获得业务的前提和保证，良好的信誉能使房地产经纪人联络旧客户，结识新客户，编织越来越密的客户关系网。

2. **守法经营**

法律法规是维护社会主义经济秩序的重要保障，遵纪守法也是每个公民的基本道德修养。作为房地产经纪人，更应该牢记于心，要学法、懂法、用法和守法。在执业过程中，房地产经纪人必须严格遵守各项法律、法规，认真贯彻落实国家政策和行业规定，保证经纪活动的合法性；公平地从事房地产中介业务，不以压价、回扣等不正当竞争手段揽取生意，实行平等协商、自愿委托的原则，坚持在法律允许的范围内为买卖双方提供服务，自觉接受主管部门的监督，杜绝一切有悖法律的行为。

3. **爱岗敬业**

房地产经纪行业的竞争日趋激烈，给每一位房地产经纪人提出了严峻的挑战。要想在众多的房地产经纪机构中，取得生存的空间并独占鳌头，房地产经纪人都必须热爱本职工作，用真诚、真心和真情为顾客提供优质的服务，并将其贯彻到房地产经纪活动的始终。付出必将获得回报，房地产经纪人的热情和努力定能获得更多客户的信赖和合作，在业界树立自己的品牌。

4. 规范服务

房地产经纪人一旦接受了客户的委托，就必须规范服务，自始至终地对客户负责。具体包括以下几个方面：

(1)依法收费

房地产经纪人应当本着合理、公开的原则接受自愿委托，提供相关服务，合理收取客户费用。房地产经纪人在房地产中介活动中不得索取、收受委托合同以外的酬金或财物。不能履行房地产中介服务合同的，不得收取服务费；部分履行的，应减收服务费。

(2)为客户保密

房地产经纪人员由于受到客户委托，掌握着客户的大量材料甚至商业秘密，一旦秘密泄露，会给委托方造成难以估计的损失。所以，房地产经纪人必须妥善保管委托方提供的文件、资料，未经委托方许可，不得将相关信息擅自公开或出售给他人。

5. 公平竞争

市场经济遵循的是优胜劣汰的基本法则，在房地产经纪行业中，也存在着激烈的同行竞争。这种竞争本是很正常的事，关键是要正确地看待同行竞争，把这种竞争视为同行间相互学习、不断提升自我水平的机会。房地产经纪人员不仅要不怕竞争、勇于竞争，而且要以坦荡的胸怀，公平、公正、公开的参与竞争。

6. 团结协作

房地产经纪人之间，应当相互尊重、团结协作。要提倡房地产经纪人之间跨地区、跨部门的联合协作、优势互补、利益共享，共同推动房地产经纪行业向更高层次迈进。

二、知识结构

作为一名优秀的房地产经纪人员，必须具备扎实的知识结构和较高的文化修养，以适应新形势下市场经济发展的要求，概括起来，房地产经纪人必须掌握以下知识。

(一)基础知识

市场经济的推进，促进了房地产业的蓬勃发展，进而给房地产经纪行业带来了生机和活力。房地产经纪行业涉及的内容非常广泛，要做一名成功的房地产经纪人，就必须掌握经济学、金融学、心理学等多方面的知识。

1. 经济学

由于房地产的高价值性，每笔交易数目巨大，银行成为房地产业的强大后盾。一般来说，房地产投资者和消费者都需要和银行发生业务关系。房地产经纪人只有对其交易双方的资金来源、经济实力等有所了解，才能有效地促成双方的交易。

2. 金融学

为金融机构寻找可靠的贷款对象、为各种需求者代办各种贷款手续，都是房地产经纪人的职责范围，因而房地产经纪人只有具备丰富的金融知识，才能有效地开展业务，提升自我的知名度。

3. 法律知识

房地产经纪人的执业活动必须在法律允许的范围内进行，所以房地产经纪人必须掌握房地产权属方面的知识，了解诉讼法、经济法的相关问题，帮助交易双方避免法律误区或法律盲区，顺利地完成交易。

4. 公共关系学知识

对公共关系学了解的程度，直接关系到房地产经纪人是否能顺利地拓展业务。房地产经纪人要经常斡旋于买卖双方之间，协调各种矛盾和纠纷，这就要求房地产经纪人具有良好的公共关系意识和较强的公关能力。

5. 心理学知识

在执业过程中，房地产经纪人要与各式各样的人打交道，只有灵活运用心理学的知识，揣测客户心理并把握时机，才能使事情朝着促成交易的方向发展。

三、专业知识

房地产业是一个高度专业化的领域。随着市场经济的发展，房地产业务本身也更加趋向专门化，这就对房地产经纪人提出了更高的要求。不仅要熟练掌握自己开展业务所需知识，还要对整个房地产业有所认识。专业知识是房地产经纪人知识的核心，具体包括：

1. 建筑学知识

房地产业与建筑业关系非常密切，为了更好地开展工作，建筑学的相关知识都是房地产经纪人的必备知识。

表 9－1　建筑学相关知识一览

知识名称	主要内容
房屋建筑类型	（1）按使用性质分类：生产性建筑和非生产性建筑。 （2）按结构类型分类：砖混结构、框架结构、钢筋混凝土板墙结构和空间结构。 （3）按照高度分类：低层、多层、中高层、高层。 （4）按照施工方法分类：现浇现砌式、预制装配式、部分现浇现砌式、部分预制装配式。

续表

知识名称	主要内容
房屋建筑构造	(1) 基础:位于建筑物最下部,起承重作用。 (2) 墙:建筑物的维护和承重构件。按受力特点,可分为承重墙、自承重墙、维护墙和隔墙四种类型。 (3) 楼板层:房屋建筑中水平方向的承重构件。 (4) 地坪层:底层房间与土层相接的部分,承受着底层房间的荷载。 (5) 楼梯:房屋建筑的垂直交通设施。 (6) 屋顶:位于建筑物最上层,起覆盖作用。其类型大概分为平屋顶、坡屋顶和曲屋顶三种。 (7) 门窗:均属非承重构件。
建筑面积测算	房产面积测算包括房屋面积测算和用地面积测算两类,其中房屋面积测算又分为房屋建筑面积、共有建筑面积、产权面积、使用面积等测算。
常用的建筑装饰材料	(1) 木工材料:质轻而强度高,易加工,能承受冲击和振动,大部分木材有天然纹理,能作为高级饰面材料。 (2) 金属类材料:常被用于做金属骨架、饰面和线形装饰材料。 (3) 饰面石料:日常用到的有大理石、花岗岩、人造石材以及各种陶瓷饰面材料。 (4) 饰面玻璃材料:包括平板玻璃、中空玻璃、压花玻璃、磨砂玻璃、钢化玻璃等。 (5) 合成装饰材料:常用的有镁铝曲板、模压饰面板、富丽板、宝丽板、硬质 PVC 装饰材料等。
工程质量评定	质量评定的等级标准有三种:分项工程的质量等级标准、分部工程的质量等级标准、单位工程质量的等级标准。每一种标准又都划分成“合格”和“优良”两个等级。

2. 房地产商品知识

房地产经纪人应该对房地产商品的性能、用途规格、档次、价格、优劣等方面达到精通的程度,这是开展房地产业务的出发点。

3. 房地产交易知识

房地产经纪人应该全面了解交易过程中的服务项目、环节、交割程序以及行业术语等。应该说,房地产经纪人能否扩展业务,能否得到客户的信赖,取决于经纪人对房地产交易知识与技巧掌握的程度。

4. 其他必备知识

外语和计算机已经成为我们日常生活中频繁使用的交流工具。对于房地产经纪人来说,要处理专业性强、难度大的房地产经纪业务,更要灵活掌握外语和计算机。

(1)外语

这里的外语,主要针对的是英语。随着国际一体化进程的加快,外商纷纷来华投资。所以,房地产经纪人在从事经纪活动的过程中经常会碰到“老外”,这就要求他们用流利的英语与其交流。可以想象,如果房地产经纪人在基本语言交流上存在障碍,将大大妨碍双方的沟通,丧失很多难得的商业机会,甚至无法建立彼此的信任。

(2)计算机

21世纪是信息化时代,计算机已经成为房地产经纪人搜寻房地产信息和进行通信不可或缺的工具。在激烈的市场竞争中,不懂计算机和网络的房地产经纪人很难生存。

四、职业技能

从事房地产经纪工作,房地产经纪人不仅要有良好的职业道德、广博的知识结构,还要具备很好的职业技能。

(一)洞察能力

由于不同的人在天资、能力、阅历等方面存在着不同的差异,因而对一件事情可能产生不同的看法,所谓“仁者见仁、智者见智”。房地产经纪人的洞察能力是指其通过客户的外表去了解客户的购买心理的能力。房地产经纪人可以从客户的言辞中挖掘他们内心世界潜存的信息。对客户的观察,有助于掌握客户的特点和动机,从而在执业过程中做到有的放矢,提高交易率。

知识是揣摩客户的基础。房地产经纪人所具备的知识越丰富,对客户的观察也就会越深入。例如,掌握公共关系学的经纪人,就能很好地周旋于买卖双方之间,化解矛盾,促成交易。

科学的观察方式,要求正确的观察路线,从客户的外表进行目测,先外后内、先个别后整体。注意力的分布要合理,视觉和听觉要密切配合,观察和判断也要有机结合起来。

(二)调研能力

房地产经纪人以信息作为生存发展的根本,在采集信息的过程中,都要经过大量的市场调查和研究。具体说来,房地产经纪人在接受委托时,需要对委托双方进行详细的调查和研究,如房地产开发商的信誉状况、房屋质量以及购买者的购买力等,做到心中有数。只有掌握了第一手资料,在与客户洽谈中才可能占据主动,赢得客户的信任,为成功达成交易奠定坚实的基础。

（三）市场分析能力

市场分析能力是指房地产经纪人根据所掌握的信息，采用一定的方法对这些信息进行分析，进而对市场供需、价格的现状及变化趋势进行判断。对信息的分析方法包括：数学处理分析、比较分析、因果分析等。

（四）组织协调能力

房地产经纪人在从事中介服务过程中，需要随时对买卖双方关系的沟通、合同的签署等进行协调。因此，良好的组织协调能力是房地产经纪人成功开展经纪活动的保证。

（五）创新能力

创新能力是在现代激烈的市场竞争条件下，房地产经纪人所必须具备的一种能力。对于房地产经纪工作而言，每一次交易都是一个新的起点，交易的环境和对象是在变化的，交易中的人际关系也在发生变化。因此，房地产经纪人不能简单地重复过去，而要不断地提高，以此来不断地取得交易的成功。

（六）公关能力

房地产经纪人在从事房地产经济活动时，不仅要接触买卖双方，还要与政府机构、新闻媒体、保险公司、金融机构等打交道。因此，一个称职的房地产经纪人必须具备较强的社交能力，在任何场合都能应付自如。可以说，社交能力是衡量房地产经纪人能否适应现代开放社会和做好本职工作的一项重要标准。为此，房地产经纪人应该具备以下能力。

1. 较强的语言表达能力

在任何交际场合，房地产经纪人都要以清晰的思路、冷静的头脑出现在众人面前。在与人沟通时，一定要逻辑缜密、口齿清楚，让对方很快明白自己的意思。在清晰表达的同时，若能用恰到好处的动作、真诚的态度相配合，言辞会更具感染力。

2. 娴熟的社交能力

拥有良好的社交能力是对房地产经纪人的基本要求。房地产经纪人在人际交往过程中，要热情开朗，坦率真诚，创造和谐的气氛，体现出亲和力，使交易顺利进行。

3. 优良的谈判技能

从事经纪活动时，房地产经纪人要与各式各样的人打交道，遇到一些麻烦事是在所难免的，需要通过谈判解决。此时，拥有一流的谈判技能，对于房地产经纪人至关重要。特别是在处理一些涉及自身或客户权益的案例时，一个谈判高手可以化不利为有利，通过谈判获取主动，捍卫正当的权益。所以说，房地产经纪人必须掌握一定的谈判技巧，提高谈判能力。

4.应变能力

房地产经纪人在进行谈判或面对突发事件时,要做到灵活应变,从容解决各种危机。为了适应不同客户的具体要求,房地产经纪人要认真观察客户特点,掌握客户的风土人情和个人爱好。同时,房地产经纪人还要善于观察、幽默机警,在买卖双方产生争执时,能引导双方求同存异,尽快达成一致。在房地产营销陷入困境时,房地产经纪人应该本着基于实际,着眼于现实,对发展商和客户负责的态度,与委托人协商,积极解决问题。

(七)供需搭配的能力

房地产经纪人是以促成交易为根本目标的,因此,不论是居间经纪人,代理经纪人,还是行纪经纪人,都要一手牵两家。实际上,就是要使供需双方在一宗房源上达成一致。由于房地产商品具有个别性,每一宗房地产都有自己独特之处,这就要求房地产经纪人准确把握买方的具体要求,并为其选择适当的房源。

(八)把握成交时机的能力

交易达成,是房地产经纪人的辛勤劳动得到回报的前提,因此它是房地产经纪业务流程中关键的一个环节。然而,由于房地产商品的复杂性、个别性,房地产商品的买卖双方都会在最终决定成交的时候反复思索,犹豫不决。为了尽快促成双方交易,房地产经纪人要准确判断客户犹豫的真正原因,只有抓住根源,才能帮助客户消除疑虑,从而使交易达成。

[实战演练]

一客户来到某房屋中介,打算通过中介购房。具备良好职业技能的房地产经纪人应该如何作为呢?

面对前来购房的客户,房地产经纪人应该遵循服务流程三部曲,如图9-2所示。

由图9-2可见,房地产经纪人在其整个工作流程中,真诚、热情与顾客沟通都是非常重要的。同时,房地产经纪人的一切工作都是围绕客户展开,客户的满意是其工作成功的标准。为了提高顾客满意度,房地产经纪人更要加紧职业技能的修炼,争取将最优秀的一面呈现在顾客面前。

五、心理素质

房地产经纪人要与各式各样的客户打交道,要随时处理各种棘手的问题,所以说房地产经纪活动是一项复杂的工作,要遭遇很多挫折,要面对失败的打击。这种种问题的潜在可能性,要求房地产经纪人必须具备较高的心理素质,有比较强的心理承受能力,坚韧不拔,不轻易言败。要提高心理素质,需要从以下五个方面下工夫。

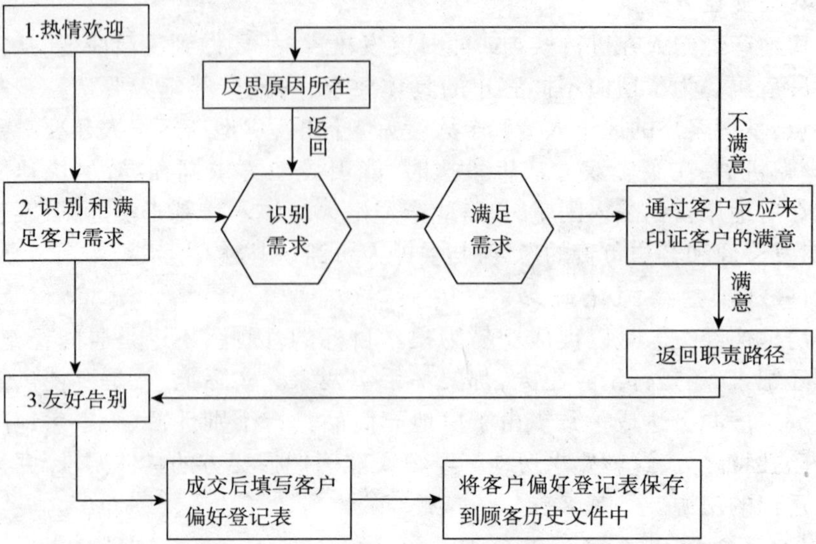

图 9－2　服务流程三步曲

（一）坚定信念

信念是房地产经纪人要具备的起码的心理素质。在开展业务的过程中，难免会遭遇很多烦心事，在困难面前，房地产经纪人若没有一个坚定的信念，就无法抵抗挫折，很难在业务上有所发展。要想减少工作阻力，就要拿出自己的真心，用真诚去打动客户。房地产经纪人要相信客户是理性的，只要有坚定的信念和百分百的努力，胜利的曙光就在眼前。

（二）储备知识

这里讲的知识，不同于一般的常识，而是通过专门、系统的学习获得的前人总结的经验和规律。知识的内容是多层次的：第一层次的知识与产品有关，如产品的功能、价格；第二层次的知识与交易有关，如市场营销、交易技巧；第三层次的知识是辅助性的，如论理学、美学等。房地产经纪人必须全方位了解和掌握各种知识，只有知识丰富、见多识广了，房地产经纪人遇到问题时才能处变不惊，沉着应对。

（三）控制自己的情绪

在与客户交往的过程中，房地产经纪人经常会遭遇客户的怀疑、抱怨等。此时，房地产经纪人一定要控制自己的情绪，不怒、不躁，尝试着站在客户的角度思考问题，体谅客户，保持一份平静的心情。

（四）乐观豁达

积极乐观的态度可以鼓舞房地产经纪人的士气，调整其低落的情绪，使其保持一份旺盛的斗志，从容面对各种困难。豁达表现在对经纪业务活动充满信心，相信自己的实力，敢于面对困难和挫折的勇气和决心。豁达还可使房地产经纪人时刻保持冷静，准确分析形势，抓住机遇，获得成功。

（五）敢于挑战

房地产经纪人的工作是一项十分富有挑战性的工作，必须要有足够的耐心和毅力，敢于面对挑战。在房地产经纪活动过程中，经纪人会接触到各种各样的客户和业务类型，由于自身能力限制，总会有力不从心的时候。另外，随着房地产经纪行业的发展，同行之间的竞争会越来越激烈。如果没有接受挑战的勇气，房地产经纪人就不会一路披荆斩棘，战胜对手，最后走向成功。

六、礼仪与形象

作为房地产经纪人，必须十分重视自己的礼仪与形象。第一印象往往是向客户推销自己的敲门砖。而优雅的举止和富有亲和力的形象正是房地产经纪人在客户心目中建立良好第一印象的关键。房地产经纪人只有在平时注重个人修养，进行系统的专业礼仪训练，关键时刻才能将最美好的一面呈现给客户，促成交易的实现。

（一）仪表

房地产经纪人在仪表方面应该做到：

1. 仪表整洁

房地产经纪人要与客户面对面打交道，一定要给客户洁净的感觉。为此，房地产经纪人要坚持早晚刷牙，保持口气清新；经常洗手，保持双手卫生；经常洗澡，保持身体无异味。为了给客户留下良好的印象，女性经纪人还应该化淡妆，将美好的形象呈现给客户。

2. 衣着整齐

服装可以体现出一个人的品位和性格，还能反映内心的感受。所以，房地产经纪人要注意自己的衣着，在视觉上给客户留下良好的印象。

一般来说，现代商务活动中，男性在正式场合以西装为宜。穿西装讲究规范，大小必须合身，肥瘦以穿一件羊毛衫后松紧适宜为最佳，裤子应与上衣搭配合理。穿西装时，一般要求系领带，这是标准搭配。领带的质地通常为真丝，图案各异，领带的最下端不能超过皮带扣的位置。与西装配套的还有皮鞋，要保持鞋的清洁和光亮，同时要穿深色的袜子。

在正式场合，女性穿着以职业装为佳，还可以适当地配搭一些首饰，以增添女性的魅力。佩带首饰也有很多讲究，首饰要选择质地好、质量好、做工好的，且要与服装相和谐，随着季节、场合要有所改变。同时，首饰不宜过多，否则会引起别人的反感。

（二）仪态

姿势，又叫肢体语言，能反映一个人的修养。由于房地产交易金额较大，房地产经纪人要想让客户放心地把如此重大的事委托给自己，一定要保持适合自己的仪态，给人以稳重的感觉。

1. 基本姿势

站立时，双脚要平衡，双肩收拢，挺胸收腹，目视前方。坐下时，要挺胸抬头，双腿微分，双手自然地放在双腿上。走路时，步速均匀，手臂自然下垂，切勿把手放入口袋或叉在腰间。

2. 接待客户时的具体仪态

有客户上门时，房地产经纪人员要面带微笑，给人留下亲切、和蔼的感觉。然后请客户入座，等客户坐下后，经纪人员再就座。与客户交谈时，应注重与客户的目光交流，这是了解客户心理活动的重要方法。引领客户看房时，房地产经纪人要走在客户侧前方，用手势引领前进方向。客户离开时，应将客户送到门口，为客户开门，然后双手重叠，略微欠身，向客户道别。

3. 应该杜绝的习惯性动作

（1）咳嗽或吐痰时，要用手帕纸掩住口部。

（2）不能当着客户的面整理衣服或头发。

（3）不要当众耳语或指指点点。

（4）不能在公众区域搭肩或挽手。

（5）与人交谈时，不应该随意打断对方的讲话。

（三）语言

房地产经纪人以不同途径、不同方式接触大量客户，其语言表达在很大程度上影响着交易的成败。

1. 电话语言

通常来说，电话是客户与房地产经纪人首次接触的方式。如果房地产经纪人通过电话给客户留下了良好的印象，就有利于与客户进一步的接触。因此，房地产经纪人要注意电话语言的运用，始终带着微笑接听电话，还要采用正确的接听方式，保持用语的礼貌。

2. 见面语言

在与客户面对面交流时，语言是表情达意最主要的方式。通过语言的交流，可以使双方的情感得到互动，实现沟通。房地产经纪人在与客户交谈时，要注意以下几个方面。

（1）声音洪亮

声音洪亮是自信的表现，易于获得客户的信任。同时，声音洪亮也便于客户听清自己要表达的意思，有助于双方的交流和沟通。

(2)针对性强

在与客户交谈中,语言的针对性要强,做到有的放矢。模糊,啰唆的语言,会使对方疑惑、反感,降低己方威信。

(3)灵活应变

交流过程中往往会遇到一些意想不到的事情,为了赢得主动,要求房地产经纪人具有灵活的语言应变能力,与应急手段相联系,巧妙地摆脱困境。

(4)表达清晰

房地产经纪人在表达个人意思时,一定要口齿清楚、逻辑性强,让客户一听就明白。

(5)无声语言

房地产经纪人在与客户沟通的过程中,有时可以适当运用手势、眼神、表情等无声语言。在某些特殊环境里,甚至需要沉默,恰到好处的沉默可以取得意想不到的效果。

第二节　房地产经纪人的执业资格管理

房地产经纪服务人员的素质关系到房地产经纪工作的质量,进而影响到房地产经纪行业的发展。严把质量关,加大对房地产经纪人的管理,是发展和完善房地产经纪行业、规范房地产经纪行为的前提和保证。

这里提到的"房地产经纪人",受字面意思的影响,很多人认为指代的是某一具体个人。其实,这种认识只是对房地产经纪人狭义上的理解。在广义上,房地产经纪人既包括房地产经纪个人,也包括从事房地产经纪活动的各种组织机构,如房地产中介公司。一般来说,经纪人以个人名义开展的经纪服务,在资金、技术、社会信誉度等方面都不及房地产经纪组织。因此,通常情况下要求房地产经纪个人从事房地产经纪业务时要受聘于一个房地产经纪机构,个人不能独立从事经纪活动。但是,在讲到房地产经纪人的执业资格管理时,要分别讨论房地产经纪个人和房地产经纪机构的资格管理。

一、房地产经纪个人的资格管理

对房地产经纪个人的资格管理,主要是通过经纪人从业资格的确认、资格考试管理、从业记录的考核以及职业资格的注册登记等方式进行的。

(一)房地产经纪个人从业资格的获得

目前,世界各国从事房地产经纪业务基本上都实行资格考试和执业资格登记制度。也就是说,若想取得房地产经纪从业资格,个人首先要经过统一的资格考试,考试合格后,再到当地建设行政主管部门和工商行政管理机关注册登记方可。

1. 房地产经纪个人的从业资格要求

按照国际惯例,公民申请参加房地产经纪人统一考试,应具备以下条件:

(1)年龄规定

年满18周岁的自然人,具有正常的行为能力,能够独自承担法律责任和经纪义务。

(2)信誉规定

具有诚实、良好的名声。通常来说,在申请人填写完履历表后,还要由有关部门提供书面材料以证明申请者的诚信。

(3)学历规定

通常情况下,要想获得房地产经纪业务的从业资格,申请人要高中毕业或具有同等学力,有些国家要求更高。

(4)身份规定

房地产经纪人必须具有正式户口。

(5)道德规定

要从事房地产经纪业务,申请人必须具有良好的道德品质,有为房地产市场服务的目的。同时,要严格执行房地产市场管理的方针政策,遵纪守法,保证在国家法令允许的范围内开展业务。

(6)经验规定

通常情况下,申请人应该从事过房地产工作或相关工作,具有一定的经验,要了解房地产业的技术知识。同时,还要具备一定的人际交往能力和社会活动能力。

(7)从业范围规定

房地产经纪业务种类繁多,从事这一行,要事先确定一定的经营方向,并按照业务的种类确定经纪活动的范围。

2. 我国对房地产经纪个人的资格要求

与国际通用规定相比,我国对申请人的要求较为简单。根据我国《城市房地产中介服务管理规定》,从事房地产经纪业务的人员,必须具有房地产及相关专业中等以上学历,有与房地产经纪业务相关的初级以上专业技术职称并取得考试合格证书的专业技术人员。房地产经纪人员的考试和注册办法,由省、自治区人民政府建设行政主管部门和直辖市房地产管理部门制定。

（二）房地产经纪人员执业资格考试

我国由于房地产经纪行业起步较晚，尚未形成规范，在房地产经纪人从业资格方面要求相对较低。但是，从 2002 年 12 月 21 ~22 日，我国参照国际惯例，举行了首次全国房地产经纪人执业资格统一考试，这标志着我国房地产经纪人员职业资格制度已开始全面启动。这对于规范我国房地产经纪行为和市场秩序，提高房地产经纪人员的业务水平和职业道德，保护交易双方的权益，营造良好的住房消费环境，促进住宅与房地产业健康、持续、快速发展具有重要意义。

1. 考试报名条件

按照《房地产经纪人员执业资格制度暂行规定》，凡中华人民共和国公民，应遵守国家法律、法规，已取得房地产经纪人协理资格并具备以下条件之一者，可以申请参加房地产经纪人执业资格考试。

（1）取得大专学历，工作满六年，其中从事房地产经纪业务工作满三年。

（2）取得大学本科学历，工作满四年，其中从事房地产经纪业务工作满两年。

（3）取得双学士学位或研究生班毕业，工作满三年，其中从事房地产经纪业务工作满一年。

（4）取得硕士学位，工作满两年，从事房地产经纪业务工作满一年。

（5）取得博士学位，从事房地产经纪业务工作满一年。

2. 考试时间

房地产经纪人执业资格考试从 2002 年开始实施，原则上每年举行一次，考试时间定于每年的第三季度。考试成绩实行两年为一个周期的滚动管理。参加全部四个科目考试的人员必须在连续两个考试年度内通过应试科目；免试部分科目的人员必须在一个考试年度内通过应试科目。

3. 考试科目与考试内容

实行全国统一大纲、统一命题、统一组织的考试制度。建设部负责编制房地产经纪人执业资格，编写教材和命题，组织或授权组织房地产经纪人执业资格的考前培训等有关工作。人事部负责审定房地产经纪人执业资格考试科目、考试大纲和考试命题，组织考务工作。会同建设部对房地产经纪人执业资格考试进行检查、监督、指导和确定合格标准。

房地产经纪人执业资格考试分为基础理论和经纪实务两个部分（如表 9－2所示），用来考察房地产经纪人对基础理论知识以及相关知识的掌握程度、经纪技术与技巧的熟练程度、运用理论知识解决实际问题的能力。

表 9-2　房地产经纪人员执业资格考试科目

科目名称	主要内容
《房地产基本制度与政策》	包括与房地产管理有关的各项制度和政策，例如法律基础知识、建设用地制度与政策、城市房屋拆迁管理制度与政策、规划设计与工程建设管理制度与政策、房地产开发经营管理制度与政策、房地产权属登记制度与政策等
《房地产经纪概论》	包括房地产经纪业和房地产经纪人的管理，房地产经纪人职业道德，国外房地产经纪情况介绍等
《房地产经纪实务》	主要包括房地产市场调研、市场细分、项目定位、营销策略与营销渠道等相关知识，以及房地产代理业务、居间业务的有关内容
《房地产经纪相关知识》	主要包括房地产经纪人应该掌握的经济、法律、金融、保险、投资、房产测绘等相关学科的知识

在 2005 年以前(包括 2005 年)，报名参加房地产经纪人执业资格考试的人员，可以不需要先取得房地产经纪人协理从业资格。

凡已经取得房地产估价师执业资格者，报名参加房地产经纪人执业资格考试可免试《房地产基本政策与制度》科目。

房地产经纪人执业资格考试合格，由各省、自治区、直辖市人事部门颁发人事部统一印制，人事部、建设部用印的《中华人民共和国房地产经纪人执业资格证书》。该证书全国范围有效。

(三)房地产经纪个人注册登记

申请人在通过了全国房地产经纪人执业资格统一考试后，要想从事房地产经纪业务，还需要经过以下程序。

1. 申请人持考试成绩证明及相关资料向房地产行政管理部门申请资质审查，经全面审查合格后，由房地产行政管理部门颁发《房地产经纪人资格证》或《房地产经营资格证书》。

2. 凭《房地产经纪人资格证》或《房地产经营资格证书》和其他相关资料，申请人向当地房地产行政主管部门申请注册，接受房地产行政主管部门的监督和管理。

(四)房地产经纪个人从事经纪活动的原则

房地产经纪个人在从事房地产经纪活动时，必须遵循如下原则：

1. 诚信原则

房地产经纪个人在从事经纪服务时，必须全面核实买卖双方提供的信息资料，对信息的真实性负责。房地产经纪人要如实向客户介绍房产的实际情况,不能夸大产品功能、掩盖产品不足。同时,房地产经纪人对买卖双方负有同等的信用义务,在交易过程中对买卖双方的情况要实事求是,不得为一方利益而损害另一方的利益或他人利益。

2. 保密原则

在房地产经纪个人与客户的双向信息流动中,可能涉及客户的商业秘密。如果客户要求对其商业秘密进行保密时,房地产经纪个人就应当严格遵守约定,为客户保守商业秘密。

3. 服务原则

工作中,房地产经纪人必须在业务范围内从事中介服务工作,为交易双方提供中介和咨询服务。在为双方牵线搭桥的过程中,房地产经纪人有义务及时地将一方的意见传递给另一方,不得无故拖延,不得利用信息优势骗取商业利益,把"客户是上帝,全心全意为客户服务"的宗旨贯彻房地产经纪工作中的每一个环节。

4. 公平竞争原则

在开展经纪业务时,同行竞争在所难免。这种竞争本是很正常的事情,关键是要妥善处理好同行间的关系,彼此之间相互学习,相互勉励,取长补短,共同提高。

5. 合法开展经济活动原则

房地产经纪个人在从事经纪活动时,必须在法律允许的范围内。同时,房地产经纪个人还要自觉接受工商行政管理部门和税务部门的监督和检查,依法纳税。

二、房地产经纪机构的资格管理

在房地产经纪活动中,法人机构是骨干力量,在房地产经纪业的发展中起着举足轻重的作用。加强对房地产经纪机构的管理,对于促进房地产经纪活动向规范化发展有着极其重要的影响。

(一)房地产经纪机构的资质审查

作为房地产经纪机构,必须满足以下资质条件:

1. 具备独立的法人资格,实行独立核算、自主经营、自负盈亏。

2. 有自己的名称、合法的法人代表、健全的管理和组织机构,并有相应数量的专业技术人才。

3. 有固定的办公场所以及合法的经营方式。

4. 有规定数量的财产和经费。

5. 有独立、健全的财务管理体系和完善的财务管理制度。

符合以上资质条件的组织,要开办房地产经纪业务,还要由房地产主管部门进行资质审查,由工商部门登记、发照。有关部门必须严格限定房地产经纪人的业务范围和服务费的收取数额,对非法从事房地产经纪活动的组织进行严惩。

(二)房地产经纪机构的申办程序

从事房地产经纪业务的组织必须履行下列程序:

(1)由已经从事或计划从事房地产经营的企业和其他经济组织向其主管部门申报,并取得其主管部门的同意。

(2)向房地产行政主管部门申请资质审查,并提交有关的证件和各种资料。经审查合格,由房地产行政管理部门颁发"房地产经营资格证书"。

(3)凭"房地产经营资格证书"和其他有关的证件、资料,到工商行政管理部门办理开业登记手续,由工商行政管理部门核发"营业执照"。

任何从事房地产经纪业务的组织,只有在同时获得"房地产经营资格证书"和"营业执照"后,才能从事房地产经纪活动。

第三节 房地产经纪人行业与市场管理

一、房地产经纪人的行业管理

房地产经纪活动是房地产经营活动中的一个重要组成部分。为规范房地产经纪业务市场,加强对房地产经纪人的管理,需要健全和完善行业管理体制。在市场经济管理体制中,行业管理处于宏观管理和微观管理之间,是宏观管理和微观管理的结合。在具体的运行过程中,行业管理包括两个层次。

(一)政府层次的管理

由政府对房地产经纪人进行管理,指的是在一定时期,根据社会经济发展的需要,为房地产经纪行业制定明确的发展目标,并采取配套措施对房地产经纪行业的发展予以调控和管理。

1.政府管理的必要性

房地产经纪人的政府管理目标,从宏观上说是要完善房地产市场,规范房地产交易;从微观上说是要规范房地产经纪行为,培育公平的房地产经纪服务市场。所以说,在当前形势下,加强房地产经纪人的政府管理是非常必要的。

(1)加强房地产经纪人的政府管理是维护关系人权益的需要

通过政府管理,一方面可以约束房地产经纪人的行为,促使其合法经营,确保房地产各关系人在房地产经纪活动中的权益不受侵害。另一方面可以保护房地产经纪人在提供服务后,能够按照规定获取报酬。

(2)加强房地产经纪人的政府管理是规范房地产经纪行业的需要

房地产经纪行业对技术水平要求比较高,如果对从业的个人没有统一的管理,就会造成行业内各经纪机构从业水平的参差不齐,容易导致行业运作的混乱。通过加强政府管理,可以规范房地产经纪机构的运作,帮助实力较弱的房地产经纪机构提高业务水平,树立机构形象。

2. 政府管理的手段

具体来说,政府管理包括以下几个方面:

(1)制定法律法规,运用法律手段规范房地产市场秩序和竞争规则

近些年来,国家工商行政管理局、建设部等国家有关部委及各省、直辖市、自治区分别出台了房地产经纪行业的相关政策、法规,这些政策、法规的出台,确立了房地产经纪人的合法地位,规范了房地产经纪人的行为,为实现房地产经纪市场的依法管理,奠定了基础。

(2)制定培训大纲,对经纪人进行培训和资格认定

我国由建设部、人事部负责拟订全国统一的房地产经纪人考试大纲,组织考前培训和考试,对考试合格者,颁发盖有人事部、建设部用印的《中华人民共和国房地产经纪人执业资格证书》。自从 2002 年实施房地产经纪人资格考试以来,通过系统培训和组织统一考试,我国房地产经纪从业人员的素质普遍提高。

(3)对符合登记条件的房地产经纪机构进行登记注册管理

通过对合法房地产经纪机构的登记注册,使我国的房地产经纪业务逐步走向正规化,为房地产经纪人完成从房虫的蜕变奠定了基础,从而也使对房地产经纪机构的管理更加规范。

(4)对违规违法经纪行为进行较大力度的整治查处

近年来,各级政府按照《经纪人管理办法》及有关法律规定,对不符合规范要求的房地产经纪机构实施了限期整改、勒令关闭等管理手段,有效地促进了我国房地产经纪行业的健康发展。

3. 政府出台的管理制度

为了规范房地产经纪市场,保证房地产经纪机构的正常运行,我国政府出台了一系列的管理制度。

(1)年检制

每年,房地产行政主管部门都要对房地产经纪机构的业务运营情况进行一次检查验证,并于年初公布上一年检查合格的房地产经纪机构名单,而那些检查不合格和拒绝检查的经纪机构不得再从事房地产经纪工作。

(2)备案制

对房地产经纪人业务开展情况建立档案,通过记录经纪人的资产变动、经营范围、业务开展情况等,掌握经纪人的活动情况,对其加强管理。

(3)监督检查制度

房地产行政主管部门负责对房地产经纪机构的经营活动进行定期的监督检查,一般要求房地产经纪机构按季向房地产行政主管部门报送业务统计报表,如实汇报经营情况。

(二)中介层次的管理

在相关政府行政部门的引导下,受房地产经纪业发展的刺激,在一些房地产交易相对发达的城市纷纷成立了房地产经纪协会,实现了对房地产经纪机构中介层次的管理。

1.行业协会的作用

在一个有效率的市场经济体制中,政府的作用是有限的。这时,需要充分发挥行业协会的作用。房地产行业协会主要是在政府和房地产经纪机构之间搭建沟通的桥梁,在行业内部发挥协调、服务、监督等功能,把国家的各项方针政策传达给各个房地产经纪组织,把房地产经纪机构的要求反馈给政府。同时根据本行业的特点,制定行规、行约,对各个房地产经纪机构的发展加以引导和扶持。随着政府职能的转变,行业协会在我国房地产经纪业的行业管理中发挥着越来越重要的作用。

在2001年北京首届房屋置换大会上,北京市25家房屋中介机构共同签署了“放心中介”承诺书,向社会郑重承诺:提供放心中介,不提供虚假信息,不签订虚假合同,不伪造、涂改各种房地产交易文件和凭证;不用胁迫、欺诈、贿赂和恶意串通等手段招揽业务或促成交易;严格按照规定收费,并现场明示收费标准,不向当事人索要佣金以外的酬劳或其他费用。由此可见,房地产经纪机构的行业自律活动已经产生了巨大的影响力,正推动房地产经纪行业向合理、健康的方向迈进。

2.行业协会的主要职能

房地产经纪人协会应具有以下职能:

(1)制定房地产经纪人行业规范、行为准则和道德标准。

(2)组织房地产经纪人的职业培训。

(3)制定房地产经纪行业的行业检查和评比制度,建立行业自我监督机制。

(4)管理房地产经纪活动中的投诉,组织调查,并向有关部门提出处理意见。

(5)向政府主管部门反映房地产经纪人员的意见和要求,维护房地产经纪机构和经纪人员的合法权益。

(6)调解房地产经纪业内部的争议。

(7)组织房地产经纪机构之间的业务交流与信息共享。

(8)办理主管部门委托的其他事项。

行业规范不同于法律约束,是以道德约束为主。对于违反行业规范的,可能不会受到法律的制裁,但会受到业内人士的共同谴责,为整个行业所不容,甚至遭到退出行业的威胁。因此,要想实现房地产经纪行业的健康发展,离不开行业协会的努力。

二、房地产经纪人的市场管理

(一)我国房地产经纪人市场管理的现状

由于房地产经纪行业在我国是一个新兴行业,法律法规不健全,发展尚不成熟。近些年来,我国政府及许多大中型城市纷纷建立起了规范房地产经纪人行为的市场管理机构,制定了一系列管理法规和措施,在一定程度上促进了房地产经纪人市场的健康发展。主要表现在:

1. 依托房地产市场管理机构,加强了对房地产经纪人的市场管理

目前,在我国许多大城市先后建立起了以房地产管理局为主的房地产市场管理机构,加强了对房地产经纪人的市场管理力度,并取得了一定成效。

2. 房地产经纪业务由分散逐步走向集中

我国城市的房地产经纪市场长期处于有组织、无纪律的状态,许多房地产经纪个人独立从事房地产经纪活动的现象屡见不鲜。随着经济的发展和社会的进步,房地产市场逐步走进了人们的生活,国家下大力气规范房地产经纪人市场,房地产经纪个人"独立作战"的现象在逐步减少,取而代之的是信誉好、实力强的房地产经纪机构。

3. 法律法规不健全

目前,我国还没有一部专门规范房地产经纪人行为的法律法规,这与房地产市场的迅速发展极不协调,阻碍了房地产经纪行业的健康成长。在新形势下,房地产经纪领域出现的许多新问题亟待解决,现有的法律、法规也需要修正和完善。在这种情况下,及时地制定房地产经纪人市场管理法规和行政管理办法是加强房地产经纪人市场管理的重要途径。

(二)房地产经纪人市场管理的原则

加强房地产经纪人的市场管理,要把宏观调控和市场调节结合起来,一

方面微观搞活，另一方面从宏观上进行适度管理。概括起来，房地产经纪人的市场管理要遵循三项原则：

(1)市场管理必须由房地产行政管理机关统一组织和领导，必须服从国家和地方政府的法律法规。

(2)市场管理要保护和鼓励房地产经纪人之间的合法竞争，促使各房地产经纪机构降低服务成本，提高服务质量。

(3)禁止房地产经纪人的非法活动，保护合法房地产经纪人的经纪活动。

(三)房地产经纪人市场管理的手段

对房地产经纪人实行市场管理，主要依靠宏观调控和市场调节两种方法。

1. 宏观调控

宏观调控包括经济手段、行政手段和法律手段。

(1)经济手段

这是指有关行政管理部门利用价格、税收等手段，通过规范房地产价格，引导价格构成的合理化，从而在源头上规范房地产经纪人的行为。

(2)法律手段

我国在房地产经纪人管理方面还存在法律空白，通过制定稳定、规范的制度，作为房地产经纪人执业过程中必须遵循的法律法规，并由国家强制力量保证实施。

运用法律手段管理房地产经纪人市场，必须抓好立法和执法两个环节。立法是搞好房地产经纪人市场管理的前提，只有建立健全房地产经纪人市场的法律法规，才能确保国家管理房地产经纪人市场时有法可依。执法是搞好房地产经纪人市场管理的保证，为此要培养房地产方面的法律人才，提高执法水平，才能逐步把房地产经纪人的行为纳入依法管理的轨道上。

(3)行政手段

各级房地产行政管理部门可以依靠国家权威，通过制定行政管理办法和加强日常监管等办法来管理房地产经纪人市场。通常情况下，国家机关运用行政手段管理房地产经纪人市场时，制定有关房地产经纪人的管理办法，明确规定房地产经纪人的经营范围、权利和义务，为房地产经纪人的经纪活动提供必须遵循的行为准则，促进房地产经纪业务的顺利实施。同时，加大对房地产经纪人的监察力度，确保房地产经纪市场持续、快速、健康的发展。

2. 市场调节

对房地产经纪人的行为进行市场调节是运用了相机治理的原理，即通过市场对房地产经纪人的治理来保护所有者的权益。市场可以提供房地产经纪机构绩效的信息,市场可以评价房地产经纪人的行为,并通过自发的优胜劣汰机制约束房地产经纪人的机会主义行为。具体来说,是房地产经纪人市场上的竞争对房地产经纪人的行为进行了约束。如果房地产市场上的竞争是充分的,则同类房地产经纪机构提供服务的费用是公开的,这样一来,试图以超过国家规定标准的价格收费的不法房地产经纪人就没有了市场。为了能在这一行继续干下去,房地产经纪人不得不按照国家规定的收费标准为客户提供服务。

研究思考题:

1. 房地产经纪人的素质与技能要求。
2. 房地产经纪人的资格管理要求。
3. 房地产机构的资格管理要求。
4. 房地产经纪人的行业管理。
5. 房地产经纪人的市场管理。

第十章

国外房地产经纪人制度

本章概要：

国外房地产经纪行业的管理情况；

国外房地产经纪行业的法规制度；

国外房地产经纪业务的运作模式。

第一节　美国房地产经纪人制度

一、美国房地产经纪人的法规制度

美国的房地产经纪业比较发达，为了保证房地产业的健康发展，美国房地产经纪业建立了严格的法规制度，以规范房地产经纪人的资格和行为。这些法规大致有如下几种：

(1)一般代理法(Common - law Agency)；

(2)契约法规(Contract Principles)；

(3)各州的执照法(State Licensing Laws)；

(4)联邦法(Federal Laws)；

(5)职业伦理法则(Professional Codes of Ethics)；

在这些法律中，不动产执照法是规范房地产经纪人行为最严密的法令。该法通过规定发给经纪人执照所需符合的标准和所具备的资格，确保不动产业能够维持一定的专业水平，进而保证社会大众的利益，同时也保护所有执照拥有者免受不正当的竞争。

二、美国对房地产经纪人的管理

（一）美国对房地产经纪人的资格管理

1. 房地产经纪人资格的取得

美国房地产经纪人分为两类：销售员和经纪人。无论是销售员还是经纪人，要想获得从业资格，都必须先经过执照考试，即通过笔试，考试合格获得执照后才能从业。

（1）销售员

销售员相当于我国房地产经纪人协理的角色，他们在房地产经纪人的指导下，以机构的名义协助开展房地产交易中的居间、代理及代书等具体业务，但不得自行设立房地产经纪机构。

销售员要取得执照，必须具备以下条件；

①年满 18 周岁的自然人。

②具有诚实正直的优良品质。

③高中毕业或同等学力（各州对销售员受教育程度的规定标准不一，有的州还规定销售员必须有专门的训练时数）。

④必须持有已执业的房地产经纪人的推荐信，并证明该经纪人日后有意向雇佣该申请人。

⑤通过房地产销售员的考试。

⑥在取得执照的 18 个月内，持照人必须再修两门房地产相关学科，并考试合格。

（2）经纪人

经纪人的主要职责是管理销售员和房地产经纪机构，是经营者、管理者或者是负一定责任的人。经纪人既可以设立自己的房地产经纪机构，也可加入他人成立的房地产经纪机构，并以该机构名义开展房地产经纪业务。

经纪人要取得执照，必须具备以下条件：

①年满 18 周岁的自然人或法人。

②具有诚实正直的优良品质。

③大学毕业或同等学力，受过专业知识训练，在房地产行业有两年以上工作经验，修完了一定数目的房地产领域的核心课程（各州对课程数目的规定各有不同）。

④曾经做过销售员工作。

⑤通过了房地产经纪人考试。

另外，为了保证房地产经纪人的专业水平，取得执照的经纪人还要定期参加测验，接受再教育。

2. 房地产经纪人资格考试的内容

在美国，房地产经纪人资格考试一般都由各州政府指定专门的非营利机构来组织。考试命题工作由房地产经纪方面的知名专家负责，考试的周期及具体时间安排各州没有统一规定。

美国房地产经纪人考试内容主要包括：财产权利关系、土地利用控制与规则、房地产估价与市场分析、理财、经纪人法律、法定信息披露、合同、产权转让、房地产实务、房地产应用数学以及相关领域的专业知识。

（二）美国对房地产经纪人执照的管理

1. 执照发放的范围

美国的房地产经纪人制度强调“执照管理”。凡是受雇或与一个不动产经纪人联合执行房地产相关业务者，都必须持有房地产经纪人执照。

这些相关业务主要包括：

(1) 销售：通过自己开发、销售房地产项目，获得经济效益的行为。

(2) 代销：自己不直接开发房地产项目，而是通过为他人的房地产项目做销售代理从而获取利润的行为。

(3) 出租：通过将自己的全部房地产对外租赁，获得利益的行为。

(4) 购买：自己为了获得价格差，而购买房地产，待涨价再卖出的行为，或是为他人做代理买卖房地产，使被代理人从中得利的行为。

(5) 收租：自己或代理他人从承租人那里收取租金的行为。

(6) 期约：自己或代理他人从事远期房地产的签约工作。

(7) 交换：自己或代理他人从事房地产交换工作，并办理与此工作有关的事项。

(8) 有意向从事或洽谈以上活动者。

(9) 表示从事以上活动者。

2. 执照发放的程序

(1) 接受相关教育培训

无论是房地产销售员或是经纪人，在领取执照之前，都必须接受一定时间的房地产相关课程的教育培训，同时还要有一定的工作经验。

(2) 通过考试

房地产销售员或经纪人在具备了申请资格后，还要参加房地产考试，考试通过后，才能领取执照。

3. 执照的更新

早在 1983 年之前，美国经纪人法律规定，不论是销售员还是经纪人，持照三年期满就要申请更换执照。1983 年，该项法律有所变动，规定持照人每四年就必须申请更换执照，申请人同时必须提出证据以证明持照人已经完成了四十五小时有关不动产的教育,或参加了讨论会或会议。

4. 执照的暂停或吊销

美国非常重视房地产经纪人的职业道德,为了加大管理力度,美国通过法律手段规范房地产经纪人的职业行为。一旦违反法律,房地产经纪人就会被暂停或吊销执照。美国商业职业法典10176项和10177项中列举了各种有关房地产经纪人和销售员执照暂停或吊销的规定,主要包括以下几项:

(1)不实的陈述:经纪人捏造事实,没有实事求是地向买方反映房屋的实际状况。

(2)虚假的承诺:经纪人或销售员夸大或虚构土地未来发展状况,致使买主上当受骗。

(3)不实的广告:对于土地分割或其他不动产所做的广告,夸大其词、弄虚作假。并因此引起争端。

(4)混淆公私款项:将客户交付的定金存入自己的银行账户。

(5)多方代理:在没有取得各个客户同意的情况下,房地产经纪人身兼数职,为多个客户工作,从而赚取佣金。

(6)以欺诈手段骗取执照:执照持有人在申请执照时,隐瞒事实真相,未把以往的行为瑕疵填写于申请表中。

(7)违反职业规范。

(8)隐瞒真实利润:经纪人在买卖双方之间互相欺瞒价格,以从中赚取买卖之间的差价。

(9)渎职:因持照人能力限制或疏忽大意,给客户造成经济损失的。

(10)没有负起监督责任:经纪人对其属下的销售员也负有监督的责任,因销售员的失职给客户造成了严重损失,经纪人就要负连带赔偿责任。

(三)美国对房地产经纪人的组织管理

1. 政府管理

政府对房地产经纪人的管理主要是通过执行房地产执照法,颁发执照等方式实现的。一般来说,房地产执照法的执行机构是州房地产委员会,该委员会主要通过三种方式来执行该法:

(1)拒发执照

(2)扣留执照

(3)吊销执照

在执法过程中,为了使法律更具有针对性,各州的房地产委员会大都根据该法并结合本州情况另订实施细则。另外,各州的房地产委员会有权发给房地产经纪人执照,并向领取执照的人员或社会公众提供有关房地产方面的资料和信息。

2. 行业自律

美国对房地产经纪人的管理采取行业自律的管理模式，通过组建行业协会，制定行业标准，规范房地产经纪人行为。

目前，在美国有较大影响力的房地产行业协会有两个：

(1)全国房地产师协会

这个成立于1908年的协会，至今已有近百年的历史。其会员是有执照的房地产经纪人——房地产师，协会宗旨是促进协调、联络、沟通、交流，实现执业行为的约束与谋求福利，提高房地产经纪人的专业水平。

(2)全国房地产经纪人协会

该协会成立于1947年，最初从事黑人房地产经纪业务。其会员是有执照的销售员——房地产士。该协会的宗旨在于增进业内合作、沟通、交流，提高从业人员的水平，保护公众利益。

三、美国房地产经纪业务的运作方式

(一)运作方式的分类

根据房地产经纪人与卖主签订的代理合同的不同，美国的房地产经纪人运作方式主要有以下六种：

1. 独家销售

卖主只委托一家房地产经纪人进行房屋销售工作。属于独家销售的，卖主就不得与其他经纪人联系。

2. 开放式销售

卖主可以选择多家经纪人，进行房屋销售工作。大家平等竞争，谁卖掉谁拿佣金。在合约的有效期内，如果卖主自行找到买家，则无需给经纪人支付佣金。

3. 独家代理

独家代理与独家销售有相似点。唯一的不同是，在卖主自行找到买家的情况下，就不再付给经纪人佣金。

4. 报底价销售

卖主向房地产经纪人给出房屋出售的底价，超底价(售价与底价之间的差价)部分作为佣金支付给经纪人。这种做法尽管存在，但与美国的法律相违背。美国法律规定，经纪人作为卖房人的代表，应该尽力卖出好价钱，而不应该有限制，所以法律不允许报底价销售，也不允许经纪人与卖房人对超底价部分分成。

5. 联网销售

为了加快卖房的进度，各种类型的房地产公司与多位经纪人联手，共同建立信息系统,组成联合销售服务。在联合销售组织内部,公开所有待售合同,实现信息共享,以提高市场流通率。房屋卖掉后,最初掌握该信息的经纪人仍可获得部分佣金。

6. 优先购买

当房地产经纪人与卖主签约后,对于卖主欲出售的房屋,该经纪人有优先购买权。

(二)经纪契约

与上述六种运作方式相对应的经纪契约也有六种:

(1)独家销售权契约;

(2)公开销售契约;

(3)独家代理销售权契约;

(4)净值销售契约;

(5)联合销售契约;

(6)优先选择权契约。

(三)运作程序

现实中,根据运作方式的不同,房地产经纪人在从事经纪业务时的运作程序也各有差异。但通常来说,要完成一笔房地产经纪业务,主要经过以下几道程序:

1. 洽谈业务

在美国,如果有人要出售自己的房屋,一般通过经纪人协会或上网挑选,选择多个经纪人进行洽谈,从中选择较满意的一位,与之签订房地产委托代理合同。合同签订,表明该房地产经纪人接受了卖主的委托。

2. 广告宣传

接受委托后,房地产经纪人就要想方设法把房子卖出。通过经纪人协会内部刊物或其他的报纸、杂志、网上刊登广告,把房子推向市场。

3. 检查房屋

找到买主后,为确保万无一失,房地产经纪人要请一名专业工程师到现场仔细检查房屋质量。如果是抵押贷款买房,银行或抵押贷款公司也同样会派专人来检查。

4. 查阅资料

卖房时,房地产经纪人要查阅大量的信息、资料,对土地规划等方面的政策以及买卖双方的情况要进行全面翔实的了解。

5. 评估房价

房地产经纪人要替卖主卖房,必须进行房价评估。评估工作由专业的估价师承担。

6. 合同谈判

在房屋的价格、付款时间、付款方式等问题上,买卖双方有时存在分歧。为了尽快达成协议,房地产经纪人就要根据自己的专业知识,在买卖双方之间斡旋,帮助他们通过谈判达成一致。

7. 签订合同

买主同意买房后,即与经纪人签订买房合同。通常情况下,房地产经纪人会出具一份格式合同让买主填写。合同中会列明买卖双方的姓名、房屋地址、交易价格、交易时间、交易方式等,最后双方当事人签字确认。

8. 产权转移

美国实行契约登记生效制度。买卖双方订立合同之后,要签署买卖契约,并将房屋产权转移送交有关部门公证、备案。

至此,买卖过程全部完成。

四、美国房地产经纪人的佣金与不动产复原基金

(一)美国房地产经纪人的佣金

在美国,房地产经纪业务的佣金率通常根据总销售额、销售房地产的种类和房地产经纪契约的类型而定。一般来说,经纪人收费即佣金通常是按总售价的6%左右,如是租赁,则为一年租金的6%左右。具体标准随所销售的房地产种类而有所不同:未开发的土地,佣金率一般为6% ~8%;单栋独立住宅的佣金率为3% ~8%;大型商业房地产的佣金率为3% ~6%。

佣金率和牵涉到买卖双方利益的相关内容通常都载入销售契约中。销售契约是房地产经纪人和买卖双方签订的建立代理关系的合同,用以明确双方的权利和义务。

(二)美国房地产经纪人的不动产复原基金

不动产复员基金的设立是基于保护无辜公民的出发点。在美国,许多州都设立房地产复原基金,该基金是由领照人在申请注册时所缴纳的特别款费积累而成。有了这一基金做后盾,一旦因某一经纪人的不良行为给社会公民造成财产损失时,公民都能得到复原基金的赔偿。

第二节　日本房地产经纪人制度

一、日本房地产经纪人的法规制度

一直以来,日本非常重视对房地产经纪人的管理。早在1952年,日本就

出台了《不动产交易法》，用来规范房地产交易市场，约束房地产经纪人的行为。

该法共八章，主要内容如下：

第一章：总则，说明订立该法的目的和此法用语定义；

第二章：许可，本章明文规定，要想从事房地产交易与流通相关行业，交易从业人员必须到相关部门申请许可；

第三章：房地产交易主任，宅地建物交易主任，即房地产经纪人。该章就经纪人的设置，考试，资格的认定，执照的核发、更新、取消等都有详细规定；

第四章：营业保证金，类似于美国的不动产复员基金，下文中将专门介绍日本营业保证金的相关内容；

第五章：业务，规定房地产经纪人业务内容、广告方式与内容、交易类型、定金金额的限制、损害赔偿的预订等事项；

第六章：监督，即严格限制交易主任的行为；

第七章：其他细则；

第八章：法则。

二、日本对房地产经纪人的管理

（一）日本对房地产经纪人资格和执照管理

日本对房地产经纪人的管理模式与美国类似，也是通过制定健全的立法来约束和规范房地产经纪人。房地产经纪人管理法规的核心也是“执照管理”。日本法律规定，经纪人若只在一个县市内营业，必须领有当地县市政府所核发的营业执照；若同时在两个及两个以上地方县市内营业的，则必须领有建设大臣核发的执照。未取得执照者，不得从事经纪业，也不能刊登以经营经纪业为目的的广告。

日本房地产经纪人制度中的专业人员称为“交易主任”。申请人最低必须具有高中学历，并且要修满一定时数的专业课程，具有实际工作经验，通过资格考试后才能领取“交易主任证”。该证的有效期为三年，三年期满，应重新申请更换执照。

（二）日本对房地产经纪人的组织管理

1. 政府监管

日本政府对房地产经纪人的管理主要是制定立法、政策引导等，行政管理正在逐步淡化，管理方向也在逐渐向行业监督迈进，将权力逐步转移给行业协会。

2. 行业自律

近年来，日本比较重视并不断加强民间机构的功能，通过民间行会的作用，引导房地产经纪业向规范化迈进。

日本与房地产经纪业相关的组织主要有两个：一个是房地产交易保证协会；另一个是房地产交易协会联合会。为了确保业务的正常营运，日本的房地产经纪制度重视民间产业界的公众组织。在政府、民众各方的共同努力下，日本于1980年11月成立了“房地产流通近代化中心”，为房地产经纪业创造了更加健全的发展环境。

三、日本房地产经纪的主要组织形式与特点

日本房地产中介经营方式比较统一，几乎全部都是店头式的经营模式。其组织方式与我国台湾地区的中介业组织形式相同，分为3种形态：加盟连锁式、直营连锁式、加盟直营混合式。其经营特点主要有：成立“房地产流通促进协议会”，设立“电脑连线物件流通中心”，交易契约标准化。

四、日本房地产经纪人的佣金与营业保证金

（一）日本房地产经纪人的佣金

日本对房地产经纪人的业务报酬通过立法的形式进行强制规定。法律上明确规定：在交易完成和契约订立之后，由经纪人向委托的一方或双方收取佣金。根据交易金额的不同，佣金比例各有差异。一般来说，交易金额小于200万日元的，收费上限为5%；200万～400万日元的，收费上限为4%；400万日元以上的，收费上限为3%。同时规定，租赁业务的报酬最高不超过一个月的租金。

（二）日本房地产经纪人的营业保证金

之前已经提到，日本房地产经纪人的营业保证金类似于美国的不动产复原基金，也是为无辜公众设立的基金保障。法律明确规定：房地产交易人员必须将营业保证金寄到事务所附近的信托所，办妥信托储备金后，向建设部长或地方市政府首脑报告，才准予正式营业。通过营业保证金的设立，可以更有效地保护公众的利益，对房地产经纪人进行约束，使社会公众在因房地产经纪人的不当行为导致财务损失时能够得到赔偿。

研究思考题：

1. 美国房地产经纪人制度史的主要内容。
2. 日本房地产经纪人制度的特点。
3. 如何借鉴其他国家的房地产管理经验？

第十一章

我国港台地区房地产经纪人制度

本章概要：

我国港台地区房地产经纪行业的管理情况；

我国港台地区房地产经纪行业的法规制度；

我国港台地区房地产经纪业务的运作模式。

第一节　我国香港地区房地产经纪人制度

一、我国香港地区房地产经纪机构的种类

房地产经纪公司在香港地区被称为地产代理公司，房地产经纪行业被称为地产代理业。香港有房地产经纪公司近百家，对于促进房地产市场的兴旺繁荣起着重要的作用。

这众多的房地产经纪公司，在服务对象、服务内容上，每家各有侧重，归纳起来大体有以下七种类型：

(1)由地产发展到大企业下属的地产代理公司，专门销售、购入和管理所属集团的不动产业。

(2)当地商业界公司开设的多元化的不动产代理部。

(3)专门推广海外地产物业的公司。

(4)国际性物业顾问公司，其规模庞大，办事处遍布世界各个国家和地区的主要城市。

(5)规模相对较小，在写字楼开设或地铺式的代理公司。

(6)本地专业设计师兼营的物业代理部。

(7)业余独立的房地产经纪人。

二、我国香港地区房地产经纪行业的特点

香港地区由于特殊的历史地位，接受西方先进的管理理念、管理思想比

较早,因而房地产经纪的发展时间较长。在发展过程中,也逐渐呈现出独有的特点。

1. 经营手法灵活多样,适应性及弹性相对较大

香港地少人多,因而对房地产的需求量很大。房地产中介公司为了满足不同阶层人群的购房需要,往往能随机应变,根据客户的不同要求提供满意服务。同时,由于在香港房地产中介业务投资少,领取营业执照又相当简单、方便,房地产经纪公司能根据房地产市场的淡旺季而自由选择开业或结业。

2. 从业人员的水平参差不齐

香港没有房地产经纪业行业协会,因而经纪公司、经纪人的行为相对比较自由。对经纪人的资格要求也不如美国、日本严格,更没有法律规范。香港的房地产经纪人也不要求必须参加专业考试,考试合格后才可领取执照。因此香港房地产经纪人的业务水平与能力高低不等,个别经纪人的经营手法也倾向于投机的性质。

3. 佣金低,但抽佣模式特殊

香港房地产经纪业的佣金是全世界最低的,只有 1%,而美国和加拿大是 6%,台湾地区为 3%,新加坡和日本是 2%。对于佣金收取对象也没有统一规定,据不成文的行规规定,小型住宅收取买方佣金,整幢出租则抽取业主佣金。

三、我国香港地区房地产经纪行业的管理

(一)设置了系列管理制度

香港的房地产经纪行业由于缺乏行业自律和政府的有效监管,在较长的一段时间内,该行业处于无序状态,极大地阻碍了房地产市场的健康发展。为了改变这种局面,香港当局建立了系列管理制度,来规范房地产经纪市场。

1. 建立发牌制度

香港立法局于 1993 年 6 月通过了一项决议,要求建立发牌制度,对房地产经纪行业进行有效的监督和管理。根据该项决议,所有房地产中介机构均需取得牌照方可营业。牌照主要有房地产中介代理牌照、公司牌照和营业员牌照三类。

(1)房地产中介代理牌照

房地产中介代理人要想取得房地产中介代理牌照,必须达到政府所规定的标准。例如要熟知相关的法律、法规和政策,要掌握专业知识,要有一定的服务水平及实践经验等。

(2)公司牌照

公司牌照是针对经营房地产中介代理的公司设立的。该类公司要从

业，就必须获得公司牌照。其基本条件是：公司董事必须有适合的人选，董事中负责房地产中介代理业务的人员必须持有房地产中介代理牌照。

(3)营业员牌照

拥有营业员牌照是对房地产经纪从业人员要求的底线。在房地产中介代理机构任职的人员，若没有取得房地产中介代理牌照，就必须拥有房地产中介营业员牌照。

2. 设立资格考试制度

香港的房地产经纪从业人员也需要通过资格考试，方能从业。考试内容主要包括地产代理业发展史、代理实务、法规条例、物业管理、土地注册、房地产估价以及租赁等几个方面。

3. 建立纠纷处理制度

根据香港《地产代理条例》的规定，在地产代理活动中出现的纠纷，主要由监管局负责处理。另外，在购房或物业租赁过程中出现的纠纷，也可由消费者委员会、警方及廉政公署酌情处理。

(二)建立监察机构

监察机构为财政自给的独立机构，其成员包括专家、学者、社会人士等。在政府授权下，监察机构拥有以下权力：

(1)制定发牌办法和经营准则。

(2)为房地产中介代理机构设立格式化条款。

(3)受理消费者对房地产中介代理机构及其工作人员的投诉，并组织调查。

(4)调解房地产中介代理人与委托人的纠纷，裁定合理的佣金。

四、我国香港地区房地产经纪业务运作模式与运作程序

(一)运作模式

从业务类型上看，香港房地产代理机构的业务运作模式大体上有四种，如表11－1所示：

表11－1　香港房地产代理机构的业务运作模式

编号	类型	特点
1	以房地产投资决策服务为重点的顾问型专业性中介代理	(1) 对房地产市场的研究起点高、覆盖面广； (2) 代理重点是一手市场上大型的国际酒店、写字楼商铺、工业楼盘； (3) 业务范围广。

续表

编号	类型	特点
2	以租售代理为重点的实业型专业性中介代理	(1) 以代理租售二手楼为主,兼顾一手市场; (2)公司将员工的代理业绩作为其晋升、加薪的主要参考依据; (3) 以提供优质的物业代理服务为公司的最高目标和公司员工的从业宗旨。
3	全面发展的综合性房地产中介代理	(1)主营业务是房地产的居间和代理活动; (2)辅助业务是房地产的咨询、代办和拍卖活动; (3)积极开展诸如搬家、房屋保洁等顾客相关业务。
4	管理型房地产中介代理	(1)业务开展具有相对独立性; (2)代理业务的范围受上级发展商的限制; (3)公司主要关注物业管理服务。

(二)运作程序

香港房地产中介代理业务的运作程序大致分为以下几个阶段:

1.接受委托

地产代理人接受了客户的委托,着手进行房地产相关代理活动。

2.寻找买方

地产代理人通过各种渠道,为被代理人寻找合适的交易对象。

3.商议

地产代理人与有意向的买家进行洽谈,并引导买家查看房源。

4.审查

审查工作由买卖双方的律师负责,以确保买卖双方的利益。

5.签订合约

在买卖双方意见达成一致的前提下,由地产代理人联络双方律师签订买卖合约。

6.成交

买方卖方付清购房资金,卖方将物业及地契资料正式交于买方,双方签署《买卖过户契约》。

7.注册

产权过户后,由卖方律师将有关产权过户契约交有关政府机构进行登记注册。

至此,买卖过程全部完成。

第二节　我国台湾地区房地产经纪人制度

一、我国台湾地区房地产经纪人的经纪业务内容

在台湾地区，由于房地产中介业竞争十分激烈。为了更好地满足消费者的需求，在竞争中获得一席之地，许多房地产中介机构不断增加服务内容，以吸引消费者的注意。

目前，房地产中介服务分为买方和卖方两方面，内容大致如表 11－2 所示：

表 11－2　台湾房地产中介服务内容

服务内容	为买方提供的服务	为卖方提供的服务
市场活动	市场分析、寻找合适交易房产、提供所需房地产销售物件供其选择、组织房屋物件展示与促销活动、带领买主现场看屋等	市场调查与分析、接受卖方委托销售房地产、促销与销售等
咨询服务	充当投资置业顾问、房地产产权咨询、房地产估价、资金运用与计划的咨询、房地产有关税费咨询、引代办银行贷款等	提供销售房屋及税费须知、估价与鉴价服务、代替客户广告、提供由签订买卖契约至收完价金的一系列服务、提供换屋计划与安排等
房产维护	提供房屋整修服务、提供搬家服务、提供换屋计划服务等	销售前房屋的检修、提供搬家服务等
售后服务	信息反馈、客户回访、业务再开发等	信息反馈、客户回访、业务再开发等

二、我国台湾地区房地产经纪人的经营方式

（一）采用日本、美国经营模式的经纪人的经营方式

这种方式一般模仿美国或者日本经营管理的理念，采用连锁经营的方式，即通过连锁店形式把各种经纪人联合起来，使用统一的品牌，由各个连锁机构独立运作。母公司一般行使战略上的指导，负责收集市场情报，并对经营技术进行指导开发，为各个连锁店培训经纪人以及各种其他从业人员。具体说来，其内容大致如表 11－3 所示：

表 11 - 3 连锁经营的内容

经营模式	团体大型化的组织形态	直营连锁化组织形态	加盟式组织形态	半直管细胞分裂连锁化组织形态
办公场地	大部分设在办公大楼内一楼或二楼,占地面积 330 ~ 990 平方米,各单位办公室采用开放式不分隔	由总公司下辖分公司,一般在全省各个区域人口密集、人流量大的路口,统一招牌,一般都设有接待、办公、会议、培训、休息、职能科室等场地	加盟店管理总部负责品牌建设、战略计划,在各个地区人口集中的社区设立加盟店	一般的具有经营条件的场地即可
人员组织	以单位作业,每单位 8 ~ 12 人,设有 10 个单位至 30 个单位不等,开发及行销人员采用底薪加奖金制,有责任业绩,并有团体旅游、聚餐、出国旅游等福利	按照连锁店复制成大致相同的人员分配形式,每店 10 ~ 20 人	各个连锁店规模大致为10 ~ 20人	社会志愿加盟、公司经审核后辅导其开店创业
组织结构	设有董事长、总经理、执行副理、单位经理、襄理、副理、主任、组长、开发专员、行销专员等	总公司设有董事长、总经理,直营店或分公司设店长(分公司经理)、副店长(分公司副经理)、经纪人(开发人员)、销售人员等	店内设置店东、店长、店助、主任、会计、开发、销售等不同职能的人员	总公司直接管辖各个加盟店

续表

经营模式	团体大型化的组织形态	直营连锁化组织形态	加盟式组织形态	半直管细胞分裂连锁化组织形态
公司管理	由公司高层共同制定经营战略，由总经理决定及统筹管理，由各个副总分别执行战略的某一方面，处理具体业务（包括销售广告、推广业务及单位管理）由各单位经理负责	总公司统一规划制定业务政策、教育训练、公关、企划、研究、广告、促销；直营店负责具体营运及业务推展与执行、开发案源、销售、客户服务	管理总部负责人员培训、公关、企划、研究、广告、促销等软件的提供与经营辅导，管理总部负责软件的提供与辅导，加盟店需付权力金、保证金及每月辅导费用。各加盟店采用电脑连线买卖物件交流，实行联卖制度	总部负责人员培训、公关、企划、研究、广告、促销等软件的提供与经营辅导
运营方式	各个单位由单位经理负责单位的营运，实行自负盈亏，采用责任中心制	采用目标管理法，具体做法是：店长或分公司经理参与总公司营运计划，然后直营店店长或公司经理按计划执行，自负盈亏	各加盟店属独立经营单位，自行负责经营管理。使用电脑联网销售，共同广告由各加盟店分担付费。日常工作由店东或店长执行业务拓展，开发、销售业务	店东与公司共创利润并分享盈余，总公司提供50%的创业股份资金，其余50%的资金由创业人员自行负担，共同开店创业

（二）零星户公司的经营方式

零星户公司可以选择传统模式，也可以选择美国、日本的模式，企业形象是其生存发展的基本。零星户公司的经营方式，一般有普通专员和高级专员两种经纪人职称。对于不同职称的经纪人其权利、责任、业务范围等方面有较大差异。普通专员一般属于公司内部编制以内的人员，实行固定上班的坐班制、实行责任中心制，薪金有底薪保障并根据业务要求获得相应的提成，但是奖金比例较低、流动率偏高；高专公司相对于普通专员来说，采取弹性工作制，没有固定的上下班时间，实行业绩工资制，无底薪保障和业绩要求，但奖金水平较高。

三、我国台湾地区房地产经纪人的佣金制度

（一）我国台湾地区房地产经纪人的佣金收取情况

台湾地区房地产经纪人收取的报酬方式较多，主要有四种，如表11－4所示：

表11－4　台湾房地产中介公司佣金收取形式

佣金形式	佣金费率	佣金计算方式	典型经纪人	备注
固定费率，不赚超价	佣金费为成交价的4%	成交金额×4%	太平洋房屋	
固定费率，超价部分由卖方和经纪人对分	固定费率约为2%～3%	成交金额×2%＋超价×50%		
不付佣金	无	超价		
固定费率，超价归经纪人	无	超价		租赁介绍成功由出租人付一个月或半个月租金额给经纪人作为介绍费

附：台湾地区部分房地产中介公司收取佣金实例

表11－5　台湾部分房地产中介公司收取佣金的情况

公司名称	佣金收取标准
鸿来建设	总价200万元以下固定收取10万元； 总价200万元以上收取总价的5%
中信房屋	总价100万元以下固定收取4万元； 总价100万元以上收取总价的4%
住商加盟店王格房屋	总价100万元以下固定收取4万元； 总价100万元以上，买方收取4%，卖方收取1%； 总价1 000万元以上，酌情降低佣金费率，卖方至少收3%
巨东建设	佣金费率以5%为标准，高总价佣金酌情减收
太平洋房屋	佣金费率以4%为标准
台湾房屋	佣金费率以4%为标准
信义房屋	佣金费率以4%为标准

（二）我国台湾地区房地产经纪人的付款中间人制度

由于房地产交易涉及的金额较大，存在相当的交易风险，台湾地区房地产业执行付款中间人制度来保障购房者的资金安全和利益。付款中间人制度是指房地产经纪人通过与专门的建筑监理公司专业机构合作将其作为公证的第三方，将过户前的房款由第三方代为保管，以求免除卖方一屋二卖，或者买方付款后卖方避而不见的现象。由于中间有专业的房地产界人士和法律人士全程参与，站在公正、专业的第三人立场，做好流程控管的工作，若交易过程中任何一方有违约情况发生，经查证属实，则在律师的监督下，通过合法程序，尽快解决纠纷，从而有效保障了买卖双方的权益，有效地避免交易风险。台湾地区在当初实施这一制度的时候也存在一定的问题，即市场倾向于买方，但是随着房地产中介也越来越重视品牌建设，纠纷又相对增多时，该制度成为台湾社会普遍接受的制度。

四、我国台湾地区房地产经纪人的行业管理

对台湾地区房地产经纪行业行使监管职能的机构是地政司。1988 年 3 月地政司专案小组反复讨论通过了《房地产中介管理条例草案》，并以此为监管主要规范，加强对房地产经纪行业的监管力度。台湾地区房地产经纪行业的监管主要措施有：设立监管，从事房地产经纪行业的机构必须由主管机关许可后方可设立并且设置营业保证金；人员资格审查，房地产经纪人必须具有相应的学历、经历，并通过一定的讲习测验，方可取得执业执照；人员资质鉴定，房地产经纪人级别分为中介经理和中介教导员；佣金方式，佣金按照各自的经营模式收取。

研究思考题：

1. 我国香港地区房地产经纪行业的管理要求。
2. 我国台湾地区房地产经纪人的管理内容。
3. 如何借鉴其他地区的房地产管理经验?

主要参考书目

[1] 孔凡文. 房地产经纪人. 大连:大连理工大学出版社, 2002.

[2] 谭继存,陈保启. 房地产经纪基础. 北京:中国环境科学出版社, 2005.

[3] 葛红玲. 房地产经纪人. 北京:中国经济出版社, 2003.

[4] 周云. 房地产经纪人概论. 南京:东南大学出版社, 1999.

[5] 高荣,周云. 房地产经纪概论. 南京:东南大学出版社, 2004.

[6] 周云. 房地产经纪实务. 南京:东南大学出版社, 2004.

[7] 廖俊平. 房地产中介实务. 广州:广东经济出版社, 2004.

[8] 孙永岳. 房地产经纪人基础教程. 上海:上海三联书店, 2000.

[9] 王德超. 房地产中介. 济南:山东人民出版社, 2001.

[10] 廖俊平. 中国房地产经纪人员职业资格制度. 广州:南方日报出版社, 2003.